हिन्दी साहित्य का आदिकाल

हिन्दी साहित्य का आदिकाल

हजारी प्रसाद द्विवेदी

वाणी प्रकाशन

प्रकाशन के उत्कृष्टतम 61 वर्ष

vaniprakashan.com

सजिल्द पहला संस्करण : 2006
सजिल्द दूसरा संस्करण : 2012
सजिल्द तीसरा संस्करण : 2013
सजिल्द चौथा संस्करण : 2021
सजिल्द पाँचवाँ संस्करण : 2024

वाणी प्रकाशन

4695, 21-ए, दरियागंज, नयी दिल्ली-110 002

फ़ोन : +91 11 23273167, 23275710

शाखाएँ

अशोक राजपथ, पटना-800 004, बिहार
कॉफ़ी हाउस कैम्पस, महात्मा गांधी मार्ग, प्रयागराज-211 001, उत्तर प्रदेश
महात्मा गांधी अन्तरराष्ट्रीय हिन्दी विश्वविद्यालय, वर्धा-442 001, महाराष्ट्र
36/ए, शेक्सपियर सरणी, रानी बिरला गर्ल्स कॉलेज के पास, कोलकाता-700 017, प. बंगाल

sales@vaniprakashan.in
vaniprakashan@gmail.com

HINDI SAHITYA KA AADIKAL
by Hazari Prasad Dwivedi

ISBN : 978-93-5000-406-7
History of Hindi Literature

मूल्य : ₹ 250

सिटी प्रेस, दिल्ली-110 095 में मुद्रित

वाणी प्रकाशन का लोगो मक़बूल फ़िदा हुसेन की कूची से

भूमिका

(द्वितीय संस्करण)

'हिन्दी-साहित्य का आदिकाल' दूसरी बार छपकर प्रकाशित हो रहा है। यह पुस्तक 'बिहार-राष्ट्रभाषा-परिषद्' के तत्त्वावधान में दिए गए पाँच व्याख्यानों का संग्रह है।

उस समय मेरे मन में हिन्दी के आरम्भिक साहित्य के सम्बन्ध में जो उलझनें थीं और उनका जो समाधान समझा था, उसे विद्वानों को सामने यथासम्भव स्पष्ट भाषा में मैंने कह दिया था। प्रकाशित होने के बाद विद्वन्मण्डली का ध्यान इस पुस्तक की ओर आकर्षित हुआ और इसकी अनुकूल-प्रतिकूल चर्चाएँ हुईं।

जो आलोचनाएँ मुझे देखने को मिलीं, उनकी सहायता से मैंने भरसक अपनी जानकारी को ठीक करने का प्रयत्न किया। मुझे इस बात से कुछ संतोष है कि विद्वानों ने मेरे विचारों को महत्त्व दिया और ऐसे सुझाव दिए जो उन्हें उचित जान पड़े।

कई सुझावों से मैं अपने को बहुत लाभान्वित नहीं कर सका; क्योंकि वे प्राप्त प्रमाणों के आधार पर युक्ति-संगत नहीं जँचे। परन्तु, कुछ सुझाव स्वीकार-योग्य जान पड़े। यथास्थान मैंने इस दूसरे संस्करण में इनका उपयोग किया है।

कई मित्रों ने सलाह दी कि जिन अपभ्रंश-पदों की व्याख्या व्याख्यानों में नहीं आ सकी हो, उनका हिन्दी-भाषान्तर दे दिया जाय। इस संस्करण में

मैंने उनकी सलाह मान ली है। परन्तु, जहाँ केवल भाषाविषयक उदाहरण देने के लिए एकाध पंक्तियाँ उद्धृत की गई हैं, उनका अनुवाद छोड़ दिया गया है। इन पंक्तियों का उद्देश्य केवल भाषा-सम्बन्धी वैशिष्ट्य का उदाहरण प्रस्तुत करना था और वह उद्देश्य अनुवाद दिए बिना भी सिद्ध हो जाता है; परन्तु ऐसे स्थलों पर भी जहाँ पूरे पद्य उद्धृत किए गए हैं, उनका भी भाषान्तर दे दिया गया है।

इस प्रकार, इस दूसरे संस्करण में थोड़ी-सी नवीनता आ गई है। जिन विद्वानों ने उस पुस्तक की आलोचना की है, उनके प्रति मैं हार्दिक कृतज्ञता प्रकट करता हूँ।

बिहार-राष्ट्रभाषा-परिषद् ने पुस्तक के दूसरे संस्करण में भी उतनी ही रुचि और तत्परता दिखलाई है, जितनी प्रथम संस्करण में दिखलाई थी।

इस दूसरे संस्करण का प्रूफ मैं नहीं देख सका; इसलिए कदाचित् कुछ अशुद्धियाँ रह गई हों। गुणज्ञ पाठक उन्हें सुधार लें।

परिषद् के अधिकारियों ने जिस उत्साह और प्रेम से इसे निर्दोष बनाने का प्रयत्न किया है, उसके लिए किन शब्दों में आभार प्रकट करूँ।

काशी-विश्वविद्यालय

फाल्गुन-शिवरात्रि **—हजारीप्रसाद द्विवेदी**

सं० २०१३

विषय-सूची

प्रथम व्याख्यान

मित्रो,

मैं बिहार-राष्ट्रभाषा-परिषद् के प्रति अपनी आन्तरिक कृतज्ञता प्रकट करता हूँ, जिसने मुझे हिन्दी-साहित्य के आदिकाल के 'काव्यरूपों' के उद्भव और विकास की कहानी कहने का अवसर दिया है। यह काल नाना दृष्टियों से अत्यन्त महत्त्वपूर्ण है। शायद ही भारतवर्ष के साहित्य के इतिहास में इतने विरोधी और स्वतोव्याघातों का युग कभी आया होगा। इस काल में एक तरफ तो संस्कृत के ऐसे बड़े-बड़े कवि उत्पन्न हुए, जिनकी रचनाएँ अलंकृत काव्य-परम्परा की चरम सीमा पर पहुँच गई थीं और दूसरी ओर अपभ्रंश के कवि हुए, जो अत्यन्त सहज-सरल भाषा में, अत्यन्त संक्षिप्त शब्दों में, अपने मार्मिक मनोभाव प्रकट करते थे। श्रीहर्ष के नैषधचरित के अलंकृत श्लोकों के साथ हेमचन्द्र के व्याकरण में आये हुए अपभ्रंश दोहों की तुलना करने से यह बात अत्यन्त स्पष्ट हो जायेगी। फिर धर्म और दर्शन के क्षेत्र में भी महान् प्रतिभाशाली आचार्यों का उद्भव इसी काल में हुआ था और दूसरी तरफ निरक्षर सन्तों के ज्ञान-प्रचार का बीज भी इसी काल में बोया गया। आगे चलकर हम विस्तारपूर्वक इन बातों की चर्चा करने का अवसर पायेंगे। संक्षेप में इतना जान लेना यहाँ पर्याप्त है कि यह काल भारतीय विचारों के मन्थन का काल है और इसीलिए अत्यन्त महत्त्वपूर्ण है।

यद्यपि हिन्दी-साहित्य के इस काल की कहानी को स्पष्ट करने का प्रयत्न बहुत दिनों से किया जा रहा है, तथापि उसका चेहरा अब भी अस्पष्ट ही रह गया है। पिछले बीस-पच्चीस वर्षों में इस साहित्य के वास्तविक रूप का अन्दाजा लगाने में सहायता करने योग्य बहुत-सी नई सामग्री प्रकाशित हुई है और अब आशा की जानी चाहिए कि हमारे साहित्य का रूप अधिक साफ और सुदृश्य हो सकेगा। इस विषय पर मैंने

जो कुछ थोड़ा सोचा-समझा है, उसे आपकी सेवा में प्रस्तुत कर रहा हूँ।

आज से कोई अड़सठ वर्ष पूर्व सन् १८८३ ई० में शिवसिंह सेंगर ने प्रथम बार हिन्दी-साहित्य के इतिहास का एक ढाँचा तैयार करने का प्रयास किया था। इस प्रयत्न के कोई छह वर्ष बाद सुप्रसिद्ध भाषाविज्ञानी डॉ० (बाद में सर) जार्ज ग्रियर्सन ने अंग्रेजी में एक ऐसा ही प्रयत्न किया। उनकी पुस्तक का नाम है—'मॉडर्न वरनाक्यूलर लिटरेचर ऑव नॉर्दर्न हिन्दुस्तान'। ये दोनों पुस्तकें बहुत थोड़ी सामग्री के आधार पर लिखी गई थीं। इनमें कवियों और रचनाओं के विवरण संग्रह कर दिये गये थे; पर उनको किसी एक ही जीवन्त प्रवाह के चिह्नरूप में देखने का प्रयत्न नहीं था। उन दिनों यह बात सम्भव भी नहीं थी। इतस्ततो विक्षिप्त संयोगलब्ध पुस्तकों और सूचनाओं के आधार पर विचार-प्रवाह की अविरल और अविच्छिन्न विचारधारा को खोज निकालना सम्भव नहीं था। अपने उत्कृष्ट रूप में वह अटकल की बात होती और निकृष्ट रूप में गलत नतीजे तक ले जानेवाली। स्वर्गीय पण्डित रामचन्द्र शुक्ल ने इन पुस्तकों को 'कविवृत्तसंग्रह' कहकर इनका बहुत ठीक परिचय दिया था। ईसवी-सन् की उन्नीसवीं शताब्दी के बाद से काशी की सुप्रसिद्ध 'नागरी-प्रचारिणी सभा' ने पुराने हिन्दी-ग्रन्थों की खोज का कार्य शुरू किया और थोड़े ही दिनों में सैकड़ों अज्ञात कवियों और ग्रन्थों का पता लगा लिया। सभा की खोज-रिपोर्टों के आधार पर मिश्रबन्धुओं ने सन् १९१३ ई० में 'मिश्रबन्धु-विनोद' नामक अत्यन्त महत्त्वपूर्ण ग्रन्थ लिखा, जो अपनी समस्त त्रुटियों और खामियों के बावजूद अत्यन्त उपादेय है। लेकिन है यह भी कविवृत्तसंग्रह ही।

हिन्दी-साहित्य का सचमुच ही क्रमबद्ध इतिहास पं० रामचन्द्र शुक्ल ने 'हिन्दी-शब्दसागर की भूमिका' के रूप में सन् १९२९ ई० में प्रस्तुत किया। बाद में यह कुछ परिवर्द्धन के साथ पुस्तकाकार प्रकाशित हुआ। शुक्ल जी ने प्रथम बार हिन्दी-साहित्य के इतिहास को कविवृत्तसंग्रह की पिटारी से बाहर निकाला। पहली बार उसमें श्वासोच्छ्वास का स्पन्दन सुनाई पड़ा। पहली बार वह जीवन्त मानव-विचार के गतिशील प्रवाह के रूप में दिखाई पड़ा। त्रुटियाँ इसमें भी हैं। 'वृत्तसंग्रह' की परम्परा उसमें समाप्त नहीं हुई है और साहित्य को मानव-समाज के सामूहिक चित्त की अभिव्यक्ति के रूप में न देखकर केवल 'शिक्षित समझी जानेवाली जनता' की प्रवृत्तियों के परिवर्त्तन-विवर्तन के निर्देशक के रूप में देखा गया है। शुक्ल जी की यह

विशेष दृष्टि थी और इस दृष्टि-भंगिमा के कारण उनके इतिहास में भी विशिष्टता आ गई है। जिन दिनों उन्होंने इतिहास लिखने का कार्य शुरू किया था, उन दिनों वे अनुभव करने लगे थे कि कविवृत्तसंग्रहों से काम नहीं चल सकता। 'शिक्षित जनता की जिन-जिन प्रवृत्तियों के अनुसार हमारे साहित्य में जो-जो परिवर्त्तन होते आये हैं, जिन-जिन प्रभावों की प्रेरणा से काव्यधारा की भिन्न-भिन्न शाखाएँ फूटती रही हैं उनके सम्यक् निरूपण तथा उनकी दृष्टि से किये हुए काल-विभाग के बिना साहित्य के इतिहास का सच्चा अध्ययन कठिन दिखाई पड़ता था।' इस प्रकार, सन् १९२९ ई० में पहली बार शिक्षित जनता की प्रवृत्तियों के अनुसार होनेवाले परिवर्त्तन के आधार पर साहित्यिक रचनाओं के काल-विभाजन का प्रयास किया गया। उनकी दृष्टि व्यापक थी। उन्होंने अपने इतिहास के पुस्तक-रूप में प्रकाशित प्रथम संस्करण में आदिकाल के भीतर अपभ्रंश रचनाओं को भी ग्रहण किया था। 'क्योंकि वे सदा से भाषा-काव्य के अन्तर्गत मानी जाती रहीं। कवि-परम्परा के बीच प्रचलित जनश्रुति कई ऐसे भाषा-कवियों के नाम गिनाती चली आई है, जो अपभ्रंश में हैं, जैसे—कुमारपालचरित और शाङ्गर्धर-कृत हम्मीररासो।' इसके पूर्व ही प्रसिद्ध विद्वान् स्वर्गीय पं० चन्द्रधरशर्मा गुलेरी ने नागरी-प्रचारिणी-पत्रिका के नवीन संस्करण (भाग २) में बहुत जोर देकर बताना चाहा था कि अपभ्रंश को 'पुरानी हिन्दी' ही कहना चाहिए। उनका यह निबन्ध अब 'नागरी-प्रचारिणी सभा' की ओर से पुस्तक रूप में भी प्रकाशित हो गया है। गुलेरी जी ने तत्काल प्राप्त अपभ्रंश-रचनाओं का बड़ा सुन्दर विवेचन किया था, परन्तु प्रधान रूप से हेमचन्द्र के व्याकरण में उदाहरण-रूप में आये हुए दोहों तथा 'प्रबन्धचिन्तामणि' तथा 'कुमारपालप्रतिबोध' में संगृहीत दोहों का ही उल्लेख किया था। इन पुस्तकों के बाहर वे बहुत कम गये। शाङ्गर्धर-पद्धति में प्राप्त हुए कुछ अपभ्रंश-वाक्यों का उल्लेख उन्होंने अवश्य किया। उन दिनों अपभ्रंश की बहुत थोड़ी ही रचनाएँ उपलब्ध थीं। वस्तुतः गुलेरी जी के स्वर्गवास के बाद अपभ्रंश की महत्त्वपूर्ण रचनाएँ प्राप्त होने लगीं। हिन्दी-साहित्य का यह अत्यन्त भयंकर दुर्भाग्य ही कहा जाना चाहिए कि गुलेरी जी जैसा पारखी भाषाविद् और साहित्य-रसिक अपभ्रंश की उस समस्त सामग्री को देखने का अवसर नहीं पा सका, जो आज उपलब्ध है। गुलेरी जी भाषा के पारखी थे; संस्कृत, प्राकृत आदि साहित्यों

के जानकार थे और सच्चे रसमर्मज्ञ थे। अत्यन्त अल्प अवस्था में वे महाकाल के दरबार में बुला लिये गये !

गुलेरी जी के जीवित काल में यद्यपि अपभ्रंश-साहित्य का बहुत अधिक प्रकाशन नहीं हुआ था, तथापि यह नहीं कहा जा सकता कि इस भाषा और साहित्य के विषय में कुछ चर्चा हुई ही नहीं थी। गुलेरी जी के प्रबन्ध में ऐसी कई रचनाओं के सम्बन्ध में चर्चा नहीं मिलती, जिनका प्रकाशन उनके जीवन-काल में हो चुका था। सम्भवतः उनको समय नहीं मिला और वे प्रबन्ध को आगे नहीं बढ़ा सके। बीच में ही सब-कुछ को छोड़कर उन्हें चल देना पड़ा। शुक्ल जी ने गुलेरी जी के अध्ययनों का उपयोग किया; परन्तु व्यापक दृष्टि रखते हुए भी उन्हें उन रचनाओं को देखने का अवसर नहीं प्राप्त हुआ, जो गुलेरी जी से छूट गई थीं।

यह तो पहले ही कहा गया है कि सन् १८८३ ई० में हिन्दी-साहित्य के इतिहास की प्रथम रूपरेखा तैयार की गई थी, इसके कई वर्ष पूर्व सन् १८७७ ई० में सुप्रसिद्ध भाषाशास्त्री जर्मन पं० पिशेल ने जर्मनी के 'हाल' नगर से हेमचन्द्राचार्य के व्याकरण का बहुत अच्छा सुसम्पादित संस्करण प्रकाशित किया था। आज भी यह ग्रन्थ भाषाशास्त्रियों के लिए उतना ही महत्त्वपूर्ण बना हुआ है, जितना कभी भी था। हेमचन्द्र ने अपने व्याकरण के अन्त में अपभ्रंश-भाषा का व्याकरण दिया है और उदाहरण बनाने के लिए ऐसे पूरे दोहे उद्धृत किये हैं, जिनमें वे पद आये हैं। पिशेल ने अन्य प्राकृतों के साथ अपभ्रंश का भी विवेचन किया था। बाद में केवल अपभ्रंश अंश को लेकर उन्होंने एक विस्तृत विवेचनात्मक पुस्तक लिखी। भामह और दण्डी (सप्तम शताब्दी) के समय में, अपभ्रंश का साहित्य वर्त्तमान था। बाद के रुद्रट, राजशेखर, भोज आदि आलंकारिकों ने भी अपभ्रंश की चर्चा की है। इसलिए यह तो पिशेल ने अनुमान कर ही लिया था कि अपभ्रंश का बहुत विपुल साहित्य इस देश में वर्त्तमान था, परन्तु इस भाषा के व्याकरण के सम्बन्ध में कठिन परिश्रम के साथ पुस्तक तैयार करने के बाद भी उन्हें इस बात का दुःख था कि अपभ्रंश का विपुल साहित्य खो गया है। फिर भी, उन्होंने अपभ्रंश-साहित्य की रचनाओं को खोजने में कोई बात उठा नहीं रखी। हेमचन्द्र के व्याकरण में प्राप्त दोहों के अतिरिक्त उन्होंने विक्रमोर्वशीय, सरस्वतीकण्ठाभरण, वेतालपंचविंशति, सिंहासनद्वात्रिंशतिका और प्रबन्धचिन्तामणि आदि ग्रन्थों में पाये जानेवाले अपभ्रंश-पद्यों को तथा

प्राकृतपैङ्गलम् में उदाहरण-रूप से उद्धृत कविताओं को ढूँढ़ निकाला। सन् १९०२ ई० में उन्होंने 'माटेरियालियन् सुर केण्टनिस डेस अपभ्रंश' नामक पुस्तक को अपने प्राकृत-व्याकरण का परिशिष्ट कहकर प्रकाशित किया। इसके बाद उनका स्वर्गवास हो गया। पिशेल अपभ्रंश के पाणिनि थे। सुप्रसिद्ध विद्वान् मुनि जिनविजय जी ने इस पण्डित की अपूर्व कृतियों को देखकर उल्लास के साथ कहा है कि 'यह महाविद्वान् 'पाणिनि-स्मृत आपिशल नामक वैयाकरण का पुनरवतार तो नहीं था !' मुनि जी ने 'पउमसिरीचरिउ' नामक अपभ्रंश-काव्य की प्रस्तावना में अपभ्रंश-साहित्य के प्रकाश में आने की मनोरंजक घटना का वृत्तान्त दिया है। सचमुच ही अपभ्रंश की रचनाओं का पाया जाना हमारे देश के साहित्यिक इतिहास में उल्लसित करनेवाली घटना है।

बहुत दिनों तक पिशेल का यह मत दुहराया जाता रहा कि अपभ्रंश का साहित्य एकदम खो गया है। गुणे, बनर्जी, शास्त्री आदि ने बहुत बाद तक भी इसी मत को दुहराया। गुलेरी जी को कुमारपालप्रतिबोध को देखने का अवसर मिल गया था, परन्तु विश्वास उनका यही था कि अपभ्रंश-भाषा का साहित्य प्रायः लुप्त हो चुका है। कुछ रचनाएँ तो उनके जीवितकाल में प्रकाशित भी हो चुकी थीं; पर उनकी ओर उनका ध्यान आकृष्ट नहीं हो सका था। सन् १९१३-१४ ई० में डॉ० हरमन याकोबी नामक जर्मन पण्डित इस देश में आये। जैनशास्त्रों के अध्ययन में इन्हें यश प्राप्त हो चुका था। अहमदाबाद के जैन-भाण्डार का निरीक्षण करते हुए इन्हें एक साधु के पास 'भविसयत्तकहा' नामक पुस्तक देखने को मिली। देखकर वे फड़क उठे। यह अपभ्रंश का काव्य था। उन्होंने बड़ी कठिनता से उस पुस्तक की प्रतिलिपि कराई और उसका फोटो लिया। फिर उन्हें राजकोट के एक अन्य जैनमुनि के पास 'नेमिनाथचरित' प्राप्त हुआ। जब याकोबी अपने देश को लौटे, तब योरप का प्रथम महायुद्ध छिड़ गया और उनके द्वारा प्राप्त ग्रन्थों का प्रकाशन रुक गया। सन् १९१८ ई० में म्यूनिक की रॉयल एकेडेमी ने याकोबी द्वारा सम्पादित 'भविसयत्तकहा' प्रकाशित की। इसके कोई तीन वर्ष बाद अपभ्रंश की दूसरी रचना 'नेमिनाथचरित' में से एक अन्तःकथा—'सणंकुमारचरिउ'—लेकर उसे सम्पादित करके प्रकाशित किया। ये दोनों ही ग्रन्थ अत्यन्त परिश्रम से सम्पादित हुए थे। इधर बड़ौदा के महाराज सर सयाजी राव गायकवाड़ की आज्ञा से सन् १९१४ ई० में

श्री चिमनलाल डाह्याभाई दलाल ने पाटण के जैनग्रन्थ-भाण्डार की हजारों पुस्तकों की परीक्षा के उपरान्त कई अपभ्रंश-पुस्तकों का पता लगाया, जिनमें मुख्य ये हैं—**सन्देशरासक**, वज्रस्वामिचरित्र, अन्तरंगसन्धि, चौरंगसन्धि, सुलसाख्यान, **चच्चरी**, **भावनासार**, **परमात्मप्रकाश**, आराधना, मयणरेहासन्धि, नंमयासुन्दरिसन्धि, **भविसयत्तकहा**, **पउमसिरीचरिउ** इत्यादि (स्थूलाक्षरांकित पुस्तकें प्रकाशित हो चुकी हैं)। श्री दलाल ने 'भविसयत्तकहा' का सम्पादन भी आरम्भ किया था, पर सन् १९१८ ई० में उनका अचानक स्वर्गवास हो गया। बाद में स्वर्गीय पाण्डुरंग गुणे ने इस कार्य को पूरा किया। यह संस्करण भी छपकर प्रकाशित हो चुका है। फिर तो बाद में और भी बहुत-सी अपभ्रंश-पुस्तकों का पता चला। बहुत-से ग्रन्थ-भाण्डारों में इन पुस्तकों की भाषा को प्राकृत समझ लिया गया था और इस प्रकार वे उपेक्षित बनी रहीं। जब सन् १९१८ ई० में 'भाण्डारकर रिसर्च इन्स्टीट्यूट' की स्थापना हुई और डैकन कॉलेज में सुरक्षित प्रतियाँ उस संस्था में लाई गईं तो सुप्रसिद्ध विद्वान् मुनि जिनविजिय जी ने जैनग्रन्थों का अवलोकन और परीक्षण किया। उस समय उन्हें अनेक महत्त्वपूर्ण अपभ्रंश-ग्रन्थों का पता लगा। 'पुप्फयन्त' या 'पुष्पदन्त' का 'तिसट्ठिलक्खण महापुराण', स्वयम्भू का 'पउमचरिउ', 'हरिवंशपुराण' आदि पुस्तकें प्राप्त हुईं। उन्हीं दिनों हिन्दी-जगत के सुपरिचित विद्वान् पं० नाथूराम प्रेमी ने जैन-साहित्य-संशोधक नामक त्रैमासिक पत्र में 'पुष्पदन्त और उनका महापुराण' नामक महत्त्वपूर्ण लेख लिखा। उन्होंने अपभ्रंश-ग्रन्थों के बारे में और भी कई महत्त्वपूर्ण लेख लिखे, जो अब 'जैन-साहित्य का इतिहास' नामक ग्रन्थ में संगृहीत हो गये हैं। प्रेमी जी ने 'जसहरचरिउ', 'णायकुमारचरिउ' नामक दो और अपभ्रंश-ग्रन्थ खोज निकाले। फिर प्रोफेसर हीरालाल जी जैन ने कारंजा के जैन-भाण्डार से करकण्डुचरिउ, सावयधम्मदोहा, पाहुडदोहा आदि कई ग्रन्थों को खोज निकाला और सम्पादित करके उन्हें प्रकाशित भी कराया। महापण्डित राहुल सांकृत्यायन ने स्वयम्भू और पुष्पदन्त की हस्तलिखित पोथियों से संग्रह करके कुछ महत्त्वपूर्ण रचनाएँ अपने 'काव्यधारा' नामक ग्रन्थ में प्रकाशित की हैं। इधर कई विद्वानों ने इस साहित्य का गम्भीर अध्ययन किया है, जिसमें श्रीमुनिजिनविजय, आदिनाथ उपाध्ये, डॉ० हीरालाल, डॉ० परशुराम वैद्य, पं० लालचन्द्र गान्धी, डॉ० जगदीशचन्द्र जैन और डॉ० ऑल्सडोर्फ प्रभृति विद्वानों के नाम विशेष रूप

से उल्लेख-योग्य हैं। इन विद्वानों से परिश्रम के अनेक अपभ्रंश-ग्रन्थों का प्रकाशन हुआ है और अब यह नहीं कहा जा सकता कि अपभ्रंश का साहित्य एकदम लुप्त हो गया है।

सन् १९५० ई० में श्रीकस्तूरचन्द कासलीवाल, एम० ए०, शास्त्री के सम्पादकत्व में आमेर-शास्त्रभाण्डार (जयपुर) के ग्रन्थों का एक प्रशस्ति-संग्रह प्रकाशित हुआ है, जिसमें लगभग ५० अपभ्रंश-ग्रन्थों की प्रशस्तियाँ संगृहीत हैं। इनमें कुछ का तो विद्वानों को पहले से भी पता था, कुछ नई हैं। इनमें स्वयम्भू, पुष्पदन्त, पद्मकीर्त्ति, वीर, नयनन्दि, श्रीधर, श्रीचन्द, हरिषेण, अमरकीर्त्ति, यशःकीर्ति, धनपाल, श्रुतिकीर्ति, माणिक्यराज और रइधू आदि की कृतियाँ हैं। अधिकांश रचनाएँ १३वीं शताब्दी के बाद की बताई गई हैं, पर उसके बाद भी १६वीं शताब्दी तक अपभ्रंश में रचनाएँ होती रही हैं। इस प्रशस्ति-संग्रह के रइधू, यशःकीर्त्ति, धनपाल, श्रुतिकीर्त्ति और माणिक्यराज चौदहवीं और उसके बाद की शताब्दियों के कवि हैं।

ये ग्रन्थ अधिकतर जैन-ग्रन्थ-भाण्डारों में ही प्राप्त हुए हैं और अधिकांश जैनकवियों के लिखे हुए हैं। स्वभावतः ही इनमें जैनधर्म की महिमा बताई गई है और उस धर्म के स्वीकृत सिद्धान्तों के आधार पर ही जीवन बिताने का उपदेश दिया गया है। परन्तु, इस कारण से इन पुस्तकों का महत्त्व कम नहीं हो जाता। परवर्त्ती हिन्दी-साहित्य के काव्य-रूप के अध्ययन में ये पुस्तकें बहुत सहायक हैं।

किन्तु, यह नहीं समझना चाहिए कि जैनेतर मूलों से अपभ्रंश का साहित्य एकदम मिला ही नहीं। सन् १९०२ ई० में ही चन्द्रमोहन घोष ने 'प्राकृतपैङ्गलम्' नामक छन्दोविधान के ग्रन्थ का सम्पादन समाप्त किया था। इसका प्रकाशन बिब्लियोथिका इण्डिका सिरीज में हुआ। इसमें बहुत-सी अपभ्रंश-कविताएँ उदाहरण-रूप में संगृहीत हैं। यद्यपि बहुत पहले ही पिशेल ने इस पुस्तक में संगृहीत कविताओं पर विचार किया था, फिर भी दीर्घकाल तक पुराने हिन्दी-साहित्य की आलोचना के प्रसंग में इस ग्रन्थ की उपेक्षा ही होती रही। बहुत बाद में जाकर आचार्य रामचन्द्र शुक्ल जी ने इस पुस्तक में संगृहीत रचनाओं का उपयोग किया था।

सं० १३२३ वंगाब्द, अर्थात् सन् १९१६ ई० में महामहोपाध्याय पं० हरप्रसाद शास्त्री ने 'बौद्ध गान ओ दोहा' नाम से कुछ अपभ्रंश की पुस्तकें प्रकाशित कराईं। इन पुस्तकों की भाषा को उन्होंने प्राचीन बँगला कहा।

पुस्तक नाना दृष्टियों से बहुत महत्त्वपूर्ण थी; परन्तु जान पड़ता है कि वंगाक्षरों में छपी होने के कारण हिन्दी के विद्वानों का ध्यान इसकी ओर उस समय आकृष्ट न हो सका। इसके दोहों की भाषा में परिनिष्ठित या स्टैण्डर्ड अपभ्रंश के रूप ही मिलते हैं; पर पदों में पूर्वी प्रदेश की भाषा के चिह्न भी मिल जाते हैं। इन चिह्नों को देखकर कभी इस भाषा को बँगला का पूर्वरूप कहा गया है, तो कभी मैथिली और मगही का और कभी भोजपुरी का। कुछ लोगों ने इसमें उड़िया-भाषा का पूर्वरूप भी देखा है। निःसन्देह हिन्दी-साहित्य कि परवर्त्ती काव्य-रूपों के अध्ययन की दृष्टि से यह पुस्तक अत्यन्त ही उपादेय है। इस पुस्तक के प्रकाशन के करीब बीस वर्ष बाद, महापण्डित राहुल सांकृत्यायन ने इन रचनाओं की ओर हिन्दी के विद्वानों का ध्यान आकृष्ट किया। अपनी तिब्बत-यात्रा में वे इस श्रेणी के कुछ और साहित्य का भी पता पा चुके थे। राहुल जी ने बताया कि इन पदों की भाषा को बँगला नहीं, हिन्दी कहना चाहिए। राहुल जी के इस मत का समर्थन और विरोध काफी मात्रा में हुआ। हिन्दी-साहित्य का विद्यार्थी उससे थोड़ा-बहुत परिचित ही है। इसलिए उस विवाद में पड़ने की यहाँ कोई आवश्यकता नहीं है। जो बात निःसन्दिग्ध है, वह यह है कि इस पुस्तक की भाषा में भारतवर्ष के पूर्वी प्रदेशों की भाषा के लक्षण मिल जाते हैं। उसकी इस भाषा को बँगला, मगही, मैथिली, भोजपुरी, उड़िया सभी का पूर्वरूप कहा जा सकता है। ध्यान देने की बात यह है कि इन पुस्तकों में जिन काव्य-रूपों का परिचय मिलता है, वह बँगला में अब लुप्त हो चुके हैं; परन्तु हिन्दी में अभी तक जी रहे हैं। दोहों की प्रथा बंगाल के साहित्य में कभी रही ही नहीं और सही बात तो यह है कि बँगला-भाषा की एक ऐसी उच्चारणगत विशिष्टता है कि दोहा छन्द उसमें जम ही नहीं पाता। मैं यह तो नहीं कहता कि बंगाल का कोई कुशल कवि चाहे तो भी बँगला को दोहे छन्दों में ढाल ही नहीं सकता, परन्तु इतना अवश्य कहना चाहता हूँ कि बँगला-भाषा की प्रकृति दोहा के अनुकूल नहीं है।

बौद्ध गानों में भी जिस श्रेणी की पदरचना है, वह आगे चलकर कबीर आदि सन्तों की रचनाओं में अधिक मुखर हुई यह तो नहीं कहा जा सकता कि बँगला-भाषा में उसका चिह्न ही नहीं मिलता; परन्तु वह अधिक लोकप्रिय बंगाल के बाहर ही हुई। बँगला की वैष्णवपदावली में उसका एक रूप प्राप्त अवश्य होता है। साधारण बँगला से फर्क करने के लिए इसे

'ब्रजबुलि' कहा जाता है। शायद यह इस बात का प्रमाण है कि वैष्णव कवियों ने यह समझ लिया था कि इस प्रकार की पदरचना बँगला-भाषा की प्रकृति के अनुकूल नहीं। जो हो, इसमें कोई सन्देह नहीं कि दोहा और पदों की परम्परा अविच्छिन्न रूप से हिन्दी-साहित्य में चली आई है और काव्य-रूपों और विचार-प्रवाह की दृष्टि से इन गानों और दोहों का सम्बन्ध परवर्त्ती हिन्दी-साहित्य से ही अधिक है। भाषा की दृष्टि से वह जो कुछ भी क्यों न हो।

सन् १६१८ ई० और सन् १६२१ ई० के जनरल ऑव डिपार्टमेण्ट ऑव लेटर्स (कलकत्ता-विश्वविद्यालय) में डॉ० प्रबोधचन्द्र बागची ने कुछ और बौद्ध सिद्धों के दोहे प्रकाशित कराये। बाद में पुस्तकाकार में भी इनका संकलन प्रकाशित हुआ।

इधर सन् १६४५ ई० में राहुल जी ने 'हिन्दी-काव्यधारा' नाम से एक अत्यन्त महत्त्वपूर्ण अपभ्रंश-काव्यों का संग्रह प्रकाशित कराया है। उनके मत से यह अपभ्रंश वस्तुतः पुरानी हिन्दी ही है। इसमें उन्होंने प्रथम बार स्वयम्भू के रामायण की उस हस्तलिखित प्रति से, जो भाण्डारकर-रिसर्च-इन्स्टीट्यूट में सुरक्षित है और अब अंशतः प्रकाशित हो चुकी है, कवित्वपूर्ण अंशों का संकलन प्रकाशित कराया है और बहुत जोर देकर कहा कि स्वयम्भू हिन्दी का सर्वोत्तम कवि है। दूसरा स्थान उन्होंने पुष्पदन्त को दिया है। मेरा अनुमान है कि यह पुष्पदन्त हिन्दी के पुराने इतिहासकारों के निकट परिचित थे। शिवसिंह ने टाड के राजस्थान के आधार पर लिखा था कि 'संवत् सात सौ सत्तर विक्रमादित्य में राजा मान अवन्तीपुरी का बड़ा पण्डित और अलंकार-विद्या में अद्वितीय था। उसके पास पुष्पभाट ने प्रथम संस्कृत-ग्रन्थ पढ़ पीछे भाषा में दोहा बनाये। हमको भाषा की जड़ यही कवि मालूम होता है।' जान पड़ता है, पुष्पदन्त जिस राष्ट्रकूट राजा का कृष्णराज के आश्रित थे, उनकी राजधानी 'मान्यखेट'[1] पर से राजा का नाम

१. राष्ट्रकूट-वंश का राजा कृष्ण (तृतीय) बहुत ही पराक्रमी राजा था, उसका राज्य मालवा और गुजरात तक फैला हुआ था। परमारों के राजा सीयक (श्रीहर्ष)ने कभी इसके विरुद्ध विद्रोह किया था; किन्तु कृष्ण जब तक जीवित था, तब तक परमारों को उसने सिर नहीं उठाने दिया। मारसिंह कृष्ण का, उत्तरी सेना का प्रधान सेनापति था। हेली केरटी के शिलालेखों (सन् ६६५-६७८) में इस मारसिंह के अधीनस्थ एक सैनिक को 'उज्जयिनी-भुजंग' कहा गया है। इससे भी पता चलता है कि उज्जयिनी पर मान्यखेट (मान ?) का शासन था। हो सकता है कि बाद में मान के कवि 'पुप्फ' का यश मात्र अवशिष्ट रह गया हो और पूरी कहानी भुला दी गई हो। परन्तु यह अनुमान-ही-अनुमान है।

'मान' समझ लिया गया है और सभाकवि होने के कारण उन्हें भाट कह दिया गया है। जो हो, राहुल जी की इस दृढ़कण्ठ घोषणा के कारण हिन्दी के साहित्यिकों का ध्यान अपभ्रंश की ओर खिंचा है। राहुल जी के प्रयत्नों का यह शुभ परिणाम है। राहुल जी ने इन कवियों की रचनाएँ अपने संग्रह में उद्धृत की हैं और इनकी भाषा को पुरानी हिन्दी माना है :

आठवीं शती	नवीं शती	दसवीं शती	ग्यारहवीं शती	बारहवीं शती	तेरहवीं शती
सरहपा	लुइपा	देवसेन	एक अज्ञात कवि	हेमचन्द्र	लक्खण
सबरपा	विरूपा	तिलोपा	अब्दुर्रहमान	हरिभद्र	जज्जल
स्वयम्भू	डोम्बिपा	पुष्पदन्त	बब्बर	अज्ञात कवि	अज्ञात
भूसुकपा	दरिकपा	शान्तिपा	कनकामरमुनि	आमभट्ट	अपदेवसूरि
	गुण्डरीपा	योगीन्दु	जिनदत्त सूरि	शालिभद्र	हरिब्रह्म
	गोरक्षपा	रामसिंह		विद्याधर	दो अज्ञात कवि
	टेण्टणपा	धनपाल		सोमप्रभ	राजशेखर सूरि
	महीपा			जिनपद्म	
	भादेपा			विनयचन्द्र	
	धामपा			चन्द	

इनमें से कुछ थोड़े-से कवियों की चर्चा हिन्दी-साहित्य के इतिहास-लेखकों ने पहले भी की थी, परन्तु अधिकांश हिन्दी-साहित्य में अपरिचित ही थे।

बहुत पहले ग्रियर्सन ने अपनी एक पुस्तक में सूचना दी थी कि विद्यापति की दो रचनाएँ देश्य-मिश्रित अपभ्रंश-भाषाओं में हैं : एक का नाम है—कीर्त्तिलता और दूसरी का कीर्त्तिपताका। इनमें से कीर्त्तिलता को नेपाल-दरबार-लाइब्रेरी से संग्रह करके महामहोपाध्याय पं० हरप्रसाद शास्त्री ने बँगला-अनुवाद के साथ वंगाक्षरों में सन् १९२४ ई० में प्रकाशित कराया था। फिर बाद में यह पुस्तक सन् १९२९ ई० में प्रयाग-विश्वविद्यालय के अध्यापक डॉ० बाबूराम जी सक्सेना के द्वारा अनुवादित और सम्पादित होकर काशी-नागरी-प्रचारिणी सभा से प्रकाशित हुई। हाल ही में काशी-विश्वविद्यालय के श्री शिवप्रसाद सिंह ने इसका एक नया सम्पादित संस्करण प्रकाशित कराया है, जो परिश्रमपूर्वक प्रस्तुत किया गया है। इस पुस्तक की भाषा को कवि ने स्वयं अवहट्ठ (संस्कृत 'अपभ्रष्ट', अर्थात् अपभ्रंश) कहा था। इसमें बीच-बीच में मैथिली भाषा के प्रयोग आ गये हैं।

भाषा के अध्ययन की दृष्टि से इस पुस्तक का महत्त्व है ही, काव्यरूपों के अध्ययन की दृष्टि से भी यह पुस्तक अत्यन्त उपयोगी है।

सन् १६०१ ई० में बंगाल एशियाटिक सोसायटी के सेक्रेटरी को पत्र लिखकर हरप्रसाद शास्त्री ने एक और महत्त्वपूर्ण पुस्तक का पता दिया था। यह है ज्योतिरीश्वर नामक मैथिल कवि-लिखित वर्णरत्नाकर, जिसमें नाना श्रेणी के मनुष्यों, मानव-व्यापारों, सभाओं, उत्सव आदि के वर्णन करने के ढंग का उल्लेख है। प्राचीन मैथिली-भाषा के अध्ययन की दृष्टि से तो यह पुस्तक अत्यन्त उत्तम है ही, परन्तु उस समय की सामाजिक रीति-नीति, काव्य-रूढ़ि और काव्यरूपों के अध्ययन की दृष्टि से भी यह बहुत उपयोगी है। इस काल या इसके थोड़ा इधर-उधर के काल की लिखी हुई मुस्लिम-पूर्व हिन्दू-दरबार और भारतीय जीवन का परिचय देनेवाली पुस्तक नहीं मिलती। एक ओर यह 'मानसोल्लास' नामक पूर्ववर्त्ती संस्कृत-ग्रन्थ की श्रेणी में पड़ती है और दूसरी ओर परवर्त्ती फारसी ग्रन्थ 'आईने-अकबरी' की कोटि में आती है। सन् १६४० ई० में डॉ० सुनीतिकुमार चटर्जी और पं० बबुआ मिश्र के सम्पादत्व में यह पुस्तक एशियाटिक सोसायटी ऑव बंगाल से प्रकाशित हो चुकी है। सुनीति बाबू ने इसे संस्कृत के विश्वकोषात्मक ग्रन्थ 'मानसोल्लास' का समकक्ष ही बताया है। कहना व्यर्थ है कि हिन्दी के आदिकालीन साहित्य के विद्यार्थी के लिए यह पुस्तक अत्यन्त उपयोगी है।

इधर भारतीय विद्यामन्दिर के संचालक मुनि जिनविजय जी को एक अत्यन्त महत्त्वपूर्ण व्याकरणग्रन्थ 'उक्तिव्यक्तिप्रकरण' मिला है। इससे बनारस और आसपास के प्रदेशों की संस्कृति और भाषा आदि पर बहुत अच्छा प्रकाश पड़ता है और उस युग के काव्य-रूपों के सम्बन्ध में भी थोड़ा-बहुत प्रकाश पड़ जाता है—यह पुस्तक महाराजा गोविन्दचन्द्र के सभापण्डित दामोदर शर्मा की लिखी है। गोविन्दचन्द का राज्यकाल सन् ११५४ ई० तक था। आगे इस पुस्तक के विषय में थोड़ा विस्तारपूर्वक आलोचना करने का अवसर हमें मिलेगा। यहाँ इसका उल्लेख इसलिए कर दिया गया कि तत्कालीन काव्य-रूपों के अध्ययन में यह पुस्तक भी थोड़ी सहायता पहुँचा सकती है।

सन् १९३४ ई० में श्री रामसिंह, श्री सूर्यकरण पारीक और श्री नरोत्तम स्वामी ने राजस्थानी-साहित्य के आदिकाव्य 'ढोला-मारू रा दूहा' का सम्पादन बहुत परिश्रमपूर्वक किया। यह पुस्तक काशी की नागरी-प्रचारिणी सभा से प्रकाशित हुई। राजपूताने में इस काव्य के कई रूप प्रचलित थे। सबसे पुराना रूप सम्भवतः ग्यारहवीं-बारहवीं शताब्दी का रहा होगा। काव्य-सौन्दर्य की दृष्टि से इस पुस्तक का महत्त्व तो है ही, परवर्त्ती हिन्दी-साहित्य के दोहाबद्ध काव्यों को समझने की दृष्टि से भी इस ग्रन्थ से सहायता मिलती है। इस पुस्तक को हेमचन्द्र के व्याकरण में प्राप्त दोहों और 'बिहारी सतसई' के बीच की कड़ी समझा जा सकता है। यद्यपि यह गीति-काव्य के रूप में प्राप्त है और इसमें एक पूरी कथा है, तथापि यह मुक्तकों के संग्रह के साथ आसानी से तुलनीय हो सकता है। कथा के घुमाव के लिए दीर्घकाल से प्रचलित कथानक-रूढ़ियों का उसी प्रकार आश्रय लिया गया है, जिस प्रकार हिन्दी के अन्य चरित-काव्यों में लिया गया है। ढोला-मारू के दोहों के सम्पादकों ने ठीक ही कहा है कि 'हिन्दी भाषा के आदिकाल की ओर दृष्टि डालने पर पता लगता है कि हिन्दी के वर्त्तमान स्वरूप के निर्माण के पूर्व गाथा और दोहा-साहित्य का उत्तर भारत की प्रायः सभी देशी भाषाओं में प्रचार था। उस समय की हिन्दी और राजस्थानी में इतना रूपभेद नहीं हो गया था, जितना आजकल है। यदि यह कहा जाय कि वे एक ही थीं तो अत्युक्ति न होगी। उदाहरणों द्वारा यह कथन प्रमाणित किया जा सकता है।'

लेकिन राजस्थान के साहित्य का सम्बन्ध सिर्फ हिन्दी से ही नहीं है, एक ओर उसका अविच्छेद्य सम्बन्ध हिन्दी-साहित्य से है तो दूसरी ओर इसका घनिष्ठ सम्बन्ध गुजराती से है। कभी-कभी एक ही रचना को एक विद्वान् पुरानी राजस्थानी कहता है तो दूसरा विद्वान् उसे 'जूनी गुजराती' कह देता है। इस पुरानी राजस्थानी या जूनी गुजराती में दोनों ही प्रदेशों की भाषा के पूर्वरूप मिलते हैं और प्राकृत और अपभ्रंश का रूप तो इनमें मिला ही रहता है। अनेक जैन कवियों ने इस प्रकार के साहित्य की रचना की है। श्री मोतीलाल मेनारिया ने अपने 'राजस्थानी भाषा और साहित्य' में

अनेक जैन लेखकों का उल्लेख किया है।[1]

इनकी रचनाएँ अधिकांश में साहित्यिक अपभ्रंश की लिखी हुई हैं। फिर भी हिन्दी-साहित्य के आदिकाल की परम्परा को समझने में बहुत सहायक हैं।

अभी तक मैंने अपभ्रंश, राजस्थानी, गुजराती और मैथिली रचनाओं की ओर ही संकेत किया है। जिन प्रदेशों में आगे चलकर अवधी और व्रजभाषा का साहित्य लिखा गया, उनमें बसनेवाले कवि इन दिनों किस प्रकार की रचना कर रहे थे, इस बात का कोई प्रामाणिक मूल हमारे पास नहीं है। राजस्थान और बिहार के बीच का प्रदेश उन दिनों कवियों से खाली नहीं होगा, यह तो निश्चित है। परन्तु ऐसी प्रामाणिक पुस्तकें अभी तक उपलब्ध नहीं हुई हैं, जिनके आधार पर इन प्रदेशों की इस काल की साहित्यिक प्रवृत्तियों का ठीक-ठीक अन्दाज लगाया जा सके। परम्परा-क्रम से कुछ कवियों के नाम प्राप्त अवश्य होते हैं और क्वचित्-कदाचित् उनके नाम पर चलनेवाली पुस्तकें भी मिल जाती हैं। परन्तु, बहुत कम स्थलों पर उनकी प्रामाणिकता विश्वास-योग्य होती है। इसलिए व्रजभाषा, अवधी, भोजपुरी आदि के पूर्ववर्त्ती साहित्य के काव्य-रूपों के अध्ययन के लिए हमें बहुत-कुछ कल्पना से काम लेना पड़ता है। इस विषय में संस्कृत के चरितकाव्य, कथा, आख्यायिका और चम्पू-रूप में लिखित रोमांस और

---

१. कुछ महत्त्व के नाम ये हैं—धनपाल (सं० १०८१), जिनवल्लभ सूरि (सं० ११६७), पल्ह (सं० ११७०), वादिदेव सूरि (सं० ११८४), वज्रसेन सूरि (सं० १२२५), शालिभद्र सूरि (सं० १२४१), नेमिचन्द्र भण्डारी (सं० १२५६), आसगु (सं० १२५७), धर्म (सं० १२६६), शाहरयण और भत्तउ (सं० १२७८), विजयसेन सूरि (सं० १२८८), राम (सं० १२८९), सुमतिगणि (सं० १२९०), जिनेश्वर सूरि (सं० १२७८-१३३१), अभयतिलक (सं० १३०७), लक्ष्मीतिलक (सं० १३११-१७), सोममूर्ति (सं० १२९०-१३३१), जिनपद्म सूरि (सं० १३०९-२२), विनयचन्द्र सूरि (सं० १३२५-५३), जगडु (सं० १३३१), संग्राम सिंह (सं० १३३६), पद्म (सं० १३५८), जयशेखर सूरि (१३६०-६२), प्रज्ञातिलक सूरि (सं० १३६३), वस्तिग (सं० १३६८), गुणाकर सूरि (सं० १३७१), फेरू (सं० १३७६), धर्मकलश (सं० १३७७), सारमूर्त्ति (सं० १३९०), जिनप्रभ सूरि (सं० १३६०-९०), सोलंण (१४वीं शताब्दी), राजशेखर सूरि (सं० १४०५), जयानन्द सूरि (सं० १४१०), तरुणप्रभ सूरि (सं० १४११), विनयप्रभ (सं० १४१२), जिनोदय सूरि (सं० १४१५), ज्ञानकलश (सं० १४१५), पृथ्वीचन्द (सं० १४२६), जिनरत्न सूरि (सं० १४३०), मेरुनन्दन (सं० १४३२), देवसुन्दर सूरि (सं० १४४०), साधुहंस (सं० १४५५)।

निजन्धरी कथाएँ और ऐतिहासिक काव्यों की परम्परा हमारी सहायता कर सकती हैं। यथास्थान हम इनकी चर्चा करेंगे।

साधारणतः ईसवी-सन् की दसवीं से लेकर चौदहवीं शताब्दी के काल को 'हिन्दी-साहित्य का आदिकाल' कहा जाता है। शुक्ल जी के मत से सं० १०५० (सन् ९९३) से संवत् १३७५ (सन् १३१८ ई०) तक के काल को हिन्दी-साहित्य का आदिकाल कहना चाहिए। शुक्ल जी ने इस काल के अपभ्रंश और देवभाषा-काव्य की बारह पुस्तकें साहित्यिक इतिहास में विवेचना-योग्य समझी थीं। इनके नाम हैं—(१) विजयपाल-रासो, (२) हम्मीर-रासो, (३) कीर्त्तिलता, (४) कीर्त्तिपताका, (५) खुमान-रासो, (६) बीसलदेव-रासो, (७) पृथ्वीराज-रासो, (८) जयचन्द्रप्रकाश, (९) जयमयंक जसचन्द्रिका, (१०) परमाल-रासो (आल्हा का मूल रूप), (११) खुसरो की पहेलियाँ और (१२) विद्यापति-पदावली। 'इन्हीं बारह पुस्तकों की दृष्टि से आदिकाल का लक्षण-निरूपण और नामकरण हो सकता है। इनमें से अन्तिम दो तथा बीसलदेव-रासो को छोड़कर शेष सभी ग्रन्थ वीरगाथात्मक हैं। अतः आदिकाल का नाम 'वीरगाथा-काल' ही रखा जा सकता है।'

ऊपर अपभ्रंश की जिस सामग्री की चर्चा की गई है, उसमें से कुछ पुस्तकें अवश्य ऐसी हैं, जिनको साहित्यिक इतिहास में विवेच्य माना जा सकता है। सन्देशरासक ऐसी ही सुन्दर रचना है। प्राकृत पिंगल-सूत्रों में आये हुए कई कवियों की रचनाएँ निश्चय ही साहित्य के इतिहास में विवेच्य हैं। 'मिश्रबन्धु-विनोद' में कुछ जैन ग्रन्थों को इस काल में रखा गया था। शुक्ल जी ने उनमें से बहुत-सी पुस्तकों को विवेचन-योग्य नहीं समझा था। कारण बताते हुए उन्होंने कहा था कि इन पुस्तकों में से (१) कुछ पीछे की रचनाएँ हैं, (२) कुछ नोटिस-मात्र हैं और (३) कुछ जैन धर्म के उपदेश-विषयक हैं।

इधर हाल की खोजों से पता चलता है कि जिन बारह पुस्तकों के आधार पर शुक्ल जी ने इस काल की प्रवृत्तियों का विवेचन किया था, उनमें से कई पीछे की रचनाएँ हैं और कई नोटिस-मात्र हैं और कई के सम्बन्ध में यह निश्चित रूप से नहीं कहा जा सकता कि उनका मूलरूप क्या था।

उपदेश-विषयक उन रचनाओं को, जिनमें केवल सूखा धर्मोपदेश-मात्र लिखा गया है, साहित्यिक विवेचना के योग्य नहीं समझना उचित ही है।

परन्तु, ऊपर जिस सामग्री की चर्चा की गई है, उनमें कई रचनाएँ ऐसी हैं, जो धार्मिक तो हैं, किन्तु उनमें साहित्यिक सरसता बनाये रखने का पूरा प्रयास है। धर्म वहाँ कवि को केवल प्रेरणा दे रहा है। जिस साहित्य में केवल धार्मिक उपदेश हो, उससे वह साहित्य निश्चित रूप से भिन्न है, जिसमें धर्म-भावना प्रेरक शक्ति के रूप में काम कर रही हो और साथ ही जो हमारी सामान्य मनुष्यता को आन्दोलित, मथित और प्रवाहित कर रही हो। इस दृष्टि से अपभ्रंश की कई रचनाएँ, जो मूलतः जैनधर्म-भावना से प्रेरित होकर लिखी गई हैं, निस्सन्देह उत्तम काव्य हैं और विजयपाल-रासो और हम्मीर-रासो की भाँति ही साहित्यिक इतिहास के लिए स्वीकार्य हो सकती हैं। यही बात बौद्ध सिद्धों की कुछ रचनाओं के बारे में भी कही जा सकती हैं। इधर कुछ ऐसी मनोभावना दिखाई पड़ने लगी है कि धार्मिक रचनाएँ साहित्य में विवेच्य नहीं हैं। कभी-कभी शुक्ल जी के मत को भी इस मत के समर्थन में उद्धृत किया जाता है। मुझे यह बात बहुत उचित नहीं मालूम होती। धार्मिक प्रेरणा या आध्यात्मिक उपदेश होना काव्यत्व का बाधक नहीं समझा जाना चाहिए। अस्तु।

इधर जैन अपभ्रंश-चरितकाव्यों की जो विपुल सामग्री उपलब्ध हुई है, वह सिर्फ धार्मिक सम्प्रदाय के मुहर लगाने मात्र से अलग कर दी जाने योग्य नहीं है। स्वयम्भू, चतुर्मुख, पुष्पदन्त और धनपाल-जैसे कवि केवल जैन होने के कारण ही काव्य-क्षेत्र से बाहर नहीं चले जाते। धार्मिक साहित्य होने मात्र से कोई रचना साहित्यिक कोटि से अलग नहीं की जा सकती। यदि ऐसा समझा जाने लगे तो तुलसीदास का रामचरितमानस भी साहित्य-क्षेत्र में अविवेच्य हो जायेगा और जायसी का पद्मावत भी साहित्य-सीमा के भीतर नहीं घुस सकेगा। वस्तुतः लौकिक निजन्धरी कहानियों को आश्रय करके धर्मोपदेश देना इस देश की चिराचरित प्रथा है। कभी-कभी ये कहानियाँ पौराणिक और ऐतिहासिक चरित्रों के साथ घुला दी जाती हैं। यह तो न जैनों की निजी विशेषता है, न सूफियों की। हमारे साहित्य के इतिहास में एक गलत और बेबुनियादी बात यह चल पड़ी है कि लौकिक प्रेम-कथानकों को आश्रय करके धर्म-भावनाओं का उपदेश देने का कार्य सूफी कवियों ने आरम्भ किया था। बौद्धों, ब्राह्मणों और जैनों के अनेक आचार्यों ने नैतिक और धार्मिक उपदेश देने के लिए लोक-कथानकों का आश्रय लिया था। भारतीय सन्तों की यह परम्परा परमहंस रामकृष्णदेव तक

अविच्छिन्न भाव से चली आई है। केवल नैतिक और धार्मिक या आध्यात्मिक उपदेशों को देखकर यदि हम ग्रन्थों को साहित्य-सीमा से बाहर निकालने लगेंगे, तो हमें आदिकाव्य से भी हाथ धोना पड़ेगा, तुलसी-रामायण से भी अलग होना पड़ेगा, कबीर की रचनाओं को भी नमस्कार कर देना पड़ेगा और जायसी को भी दूर से दण्डवत् करके विदा कर देना होगा। मध्ययुग के साहित्य की प्रधान प्रेरणा धर्मसाधना ही रही है। जो भी पुस्तकें आज संयोग और सौभाग्य से बची रह गई हैं, उनके सुरक्षित रहने का कारण प्रधान रूप से धर्मबुद्धि ही रही है। काव्यरस की भी वही पुस्तकें सुरक्षित रह सकी हैं, जिनमें किसी-न-किसी प्रकार धर्मभाव का संस्पर्श रहा है। धार्मिक अनुयायियों के अभाव में अनेक बौद्धकवियों की रचनाओं से हमें हाथ धोना पड़ा है। अश्वघोष की टक्कर के कवि भी उपेक्षावश भुला दिये गये हैं यदि मंगोलिया के रेगिस्तानों ने कुछ पन्ने बचा न रखे होते तो अश्वघोष के नाटकों का हमें पता भी नहीं चलता। निस्सन्देह ग्रन्थ संग्रह-कर्त्ताओं के उत्साह से भी कुछ पुस्तकों की रक्षा हुई है। 'सन्देशरासक' और 'कीर्त्तिलता' इसी श्रेणी की रचनाएँ हैं। परन्तु, उनकी संख्या बहुत कम हैं और ये सब मिलाकर केवल इस श्रेणी के विशाल साहित्य की सम्भावना की ओर इशारा भर करती हैं। इनसे हम सिर्फ यह अनुमान कर सकते हैं कि किसी समय इस श्रेणी का साहित्य प्रचुर मात्रा में वर्त्तमान था, जो उनके उत्साही संरक्षकों और कद्रदानों के अभाव में लुप्त हो गया है। एक दूसरे प्रकार का लौकिक रस का साहित्य भी बचा जरूर है; लेकिन उसमें निरन्तर परिवर्त्तन होता रहा है और आज जिस रूप में वह उपलब्ध है, उसकी प्रामाणिकता के विषय में सब समय आँख मूँदकर विश्वास नहीं किया जा सकता।

ऐतिहासिक व्यक्तियों के जीवनचरित को उपजीव्य बनाकर काव्य लिखने की प्रथा इस देश में सातवीं शताब्दी के बाद तेजी से चली है। हमारे आलोच्य काल में यह प्रथा खूब बढ़ गई थी। इनमें कई ऐतिहासिक पुरुष कवियों के आश्रयदाता हुआ करते थे। चन्द के आश्रयदाता पृथ्वीराज थे और विद्यापति के आश्रयदाता कीर्त्तिसिंह। इन आश्रयदाताओं का चरित लिखते समय भी उसे कुछ धार्मिक रंग देने का प्रयत्न किया जाता था। रासो में कवि चन्द की स्त्री ने प्राकृत राजा के यश-वर्णन को अनुचित कहा था। उसने बताया था कि साधारण राजा का यश गाने की अपेक्षा भगवान्

का यश गाना कहीं अच्छा है। इस पर कवि ने विस्तार से दशावतारचरित का वर्णन किया। जिस आकार में यह दशावतारचरित है, वह सम्भवतः परवर्त्ती रचना है। मेरे इस विश्वास का कारण मैं तीसरे व्याख्यान में बताऊँगा। परन्तु ऐसा लगता है कि रासोकार ने पृथ्वीराज को भगत्स्वरूप बताकर कहानी में थोड़ा धार्मिकता का रंग देना चाहा था। कीर्त्तिलता के कवि ने भी पाठक को कुछ पुण्यलाभ का प्रलोभन दिया था—'पुरुष कहाणी हौं कहौं जसु पत्थावैंपुन्नु।' इसका कारण यही था कि इस काल को रूप और गति देनेवाली शक्ति धर्मभावना ही थी। धार्मिक समझे जानेवाले साहित्य को कुछ अधिक सावधानी से सुरक्षित रखा गया था, इसलिए वह कुछ अधिक मात्रा में मिलता भी है। प्रायः इन धर्मग्रन्थों के आवरण में सुन्दर कवित्व का विकास हुआ है। तत्कालीन काव्य-रूपों और काव्य-विषयों के अध्ययन के लिए इनकी उपयोगिता असन्दिग्ध है। 'भविसयत्तकहा' धार्मिक कथा है, पर इतना सुन्दर काव्य उस युग के साहित्य में कहाँ मिलेगा! श्री राहुल सांकृत्यायन ने उच्छ्वसित भाव से घोषित किया है कि 'स्वयम्भू का रामायण' हिन्दी का सबसे पुराना और सबसे उत्तम काव्य है। रामचरितमानस और सूरसागर धार्मिक काव्य नहीं तो क्या हैं ? राजशेखर सूरि जैनमत के साधु थे, ठीक उसीप्रकार जिस प्रकार नन्ददास या हितहरिवंश वैष्णव-धर्म के साधु थे। राजशेखर ने नेमिनाथ का चरित-वर्णन करते हुए 'नेमिनाथफागु' लिखा था और नन्ददास ने अपने उपास्य की लीलाओं का वर्णन करते हुए 'रासपंचाध्यायी'। दोनों में ही धर्मभाव प्रधान हैं और दोनों में ही कवित्व है। जिस प्रकार 'राधा-सुधानिधि' में राधा की शोभा के वर्णन में कवित्व है और वह कवित्व उपास्य बुद्धि से चालित है, उसी प्रकार राजशेखर सूरि के 'नेमिनाथफागु' में 'राजल देवी' की शोभा में कवित्व भी है और वह उपास्य बुद्धि से चालित भी है। कौन कह सकता है कि इस शोभा-वर्णन में केवल धार्मिक भावना होने के कारण कवित्व नहीं है? :

किम किम राजल देवि तणउ सिणगारू भणेवउ ।
चंपइगोरी अइधोई अंगि चंदनु लेवउ ।।
खुपु भराविउ जाइ कुसुम कस्तूरी सारी ।
सीमंतइ सिंदूररेह मोतीसरि सारी ।।
नवरंगि कुंकुमि तिलय किय रयण लिउ तसु भाले ।
मोती कुंडल कन्निथिय विंवालिय कर जांले ।।

नरतिय कज्जल रेह नयणि मुँहकमलि तंबोलो ।
नागोदर कंठलउ कंठि पुनु हार विरोलो ।।
मरगद जादर कंचयउ फुड फुल्लह माला ।
करे कंकणमणि-वलय चूड खलकावई बाला ।
रुणुझुणु रुणुझुण रुणुणएँ कडि घाघरियाली ।
रिमझिमि रिमझिमि रिमिझिमिएँ पयनेउर जुयली ।।
नहि आलत्तउ बलवलउ सेअंसुय किमिसि ।
अंखडियाली रायमइ प्रिउ जोअइ मनरसि ।।

(छाया)

किमि किमि राजल देवी कौ सिंगार कहौं (इत) ।
चंपक गोरी, अति धोई, अंग-चंदन लेपित ।।
खोंप भरायौ जाति-कुसुम कस्तूरी सारी ।
सीमंतैं सिन्दूर रेख मोतिन भरि धारी ।।
नव रंग कुंकुम तिलक रतन-तिलक लसित भाले ।
मोती कुंडल कान ठयो, विंवालिय कर जाले (?) ।।
नर्त्तित कज्जल-रेख नयन मख कमल तमोलौ ।
नागोदर कंठल कठे, पुनु हार विलोलौ ।।
मरकत जरीदार कंचुक फुरै फूलन माला ।
कर कंकन मनिवलय चुड़ी खनकावई बाला ।।
रुनझुनु रुनुझुनु रुनुकै कटि पर घाघरियाली ।
रिमझिम रिमझिम झमकै पग नूपुर (सुखशाली) ।।
नख अलक्त बलवले सेत अंसुक सँग सोहै ।
रागमयी अँखियान पिया मन-रस तैं जोहै ।।

इस प्रकार, मेरे विचार से भी धार्मिक पुस्तकों को साहित्य के इतिहास में त्याज्य ही नहीं मानना चाहिए। परन्तु जो पुस्तकें पीछे की रचना हों या नोटिस-मात्र हों, उन पर विचार ही क्या हो सकता है। शुक्ल जी ने जिन पुस्तकों को प्रामाणिक रचना समझकर इस काल का नाम वीरगाथा-काल रखा था, उनमें सबसे पहली 'खुमान-रासो' है, जिसके कवि का नाम है—दलपतिविजय। तीन खुम्माण राजाओं की चर्चा करने के पश्चात् शुक्ल जी इस नतीजे पर पहुँचे थे कि दलपतिकवि द्वितीय खुम्माण (संवत् ८७० से ९०० विक्रम तक) का समसामयिक रहा होगा। यद्यपि प्रतापसिंह तक का

वर्णन देखकर उन्होंने यह तो अनुमान कर ही लिया था कि इसका वर्त्तमान रूप 'विक्रम की सत्रहवीं शताब्दी में प्राप्त हुआ होगा', अर्थात् यह भी सन्देहास्पद रचना है। शुक्ल जी के मन में यह विश्वास था कि इसका मूलरूप पुराना होगा; परन्तु इधर पता चला है कि दलपति वस्तुतः तपागच्छीय जैन साधु शान्तिविजय के शिष्य थे। श्री अगरचन्द नाहटा ने नागरी-प्रचारिणी-पत्रिका में इन्हें परवर्त्ती कवि सिद्ध किया है। इधर श्री मोतीलाल मेनारिया ने अपनी नवप्रकाशित पुस्तक 'राजस्थानी-भाषा और साहित्य' (पृ० ८७) में लिखा है कि 'हिन्दी के विद्वानों ने इनका मेवाड़ के रावल खुम्माण का समकालीन होना अनुमानित किया है, जो गलत है। वास्तव में इनका रचनाकाल संवत् १७३० और १७६० के मध्य में है।'[1]

इसी प्रकार, नरपति नाल्ह के 'बीसलदेव-रासो' के बारे में भी सन्देह प्रकट किया गया है। मेनारिया जी ने इन्हें १६वीं शताब्दी के कवि नरपति से अभिन्न माना है और दोनों नरपतियों की रचनाओं की एकरूपता दिखाने के लिए उन्होंने जो उद्धरण दिये हैं, वे हँसकर उड़ा देने योग्य नहीं हैं। दो-एक उदाहरण यहाँ दिये जा रहे हैं[2]—

ब्रह्मा बेटी बीनवऊँ, सारद करूँ पसाई।
हंस वाहन हरषि थिकी जिह्वा बसिजै माई।।
वीणा पुस्तक धारिणी, तूँ तारणी त्रिभूवन।
कविजन वाणी उच्चरई, जूतूँ हुई प्रसन्न।।
कास्मीर पुर वासिनी, विद्यातणु निधान।
सेवक कर जोड़े रहई आपई विद्या दान।।

—पंचदण्ड

कसमीराँ पाटणह मँझारि, सारदा तुठी ब्रह्म कुमारि।
नाल्ह रसायण नर भणइ, हियड़इ हरषि गायणकइ भाइ।।
खेलाँ मेल्ह्या माँडली, बइस सभा माँहि मोहेउ छइ राइ।।६।।
सरसति सामणी तूँ जग जीण, हंस चढ़ीं लटकावै वीण।
उरि कमलाँ भभराँ भमइँ कासमीराँ सुख मंडणी माइ।।
तो तूठाँ पर प्रपिजइ, पाप छयासी जोयण जाइ।।७।।

—वीसलदेवरासो

---

१. नागरी-प्रचारिणी-पत्रिका, वर्ष ४४, अंक ४, पृ० ३८१-३६८

२. राजस्थानी-भाषा और साहित्य, पृ० ८८ और ८६

मूसा वाहन वीनउ जेहनि मोदक आहार।
एक दंत दालिद्र हरइ समरयाँ नूँ दातार।।

—पंचदण्ड

कर जौड़े नरपति कहइ, मूसा वाहन तिलक संदूर।
एक दंतउ मख झलमलइ, जाणिक रोहणीउ तप्पइ सूर।।

—बी० रा०

नगर माँहि गुड़ि झलहलइ सहु लोक जोवानी मिलइ।

—पं० दं०

घर घर गूड़ि ऊछली हुवउ वधावउ नगरी धार।

—बी० रा०

खीरोदक टसरू साड़ला, नित पहिरवाँ अंगि दीसइ भला।

—पं० दं०

दीया खरोदक पइहरणइ माणिक मोती चौक पुरार।

—बी० रा०

शुक्ल जी ने भी लिखा था कि "नाल्ह के 'वीसलदेवरासो' में, जैसा कि होना चाहिए था, न तो उक्त वीर राजा (वीसलदेव) की ऐतिहासिक चढ़ाइयों का वर्णन है, न उसके शौर्य-पराक्रम का। शृंगार रस की दृष्टि से विवाह और रूठकर विदेश जाने का (प्रोषितपतिका के वर्णन के लिए) मनमाना वर्णन है। अतः, इस छोटी-सी पुस्तक को वीसलदेव ऐसे वीर का 'रासो' कहना खटकता है। पर जब हम देखते हैं कि यह कोई काव्यग्रन्थ नहीं है, केवल गाने के लिए रचा गया था तो बहुत-कुछ समाधान हो जाता है।" इस प्रकार, शुक्ल जी को यह ग्रन्थ बहुत अधिक ग्रहणीय नहीं मालूम हुआ था। पुराना होने का गौरव पाने के कारण ही यह उनकी विवेचना का विषय बन सका था। अब इसका यह गौरव भी छिन गया है। इसकी "भाषा की प्राचीनता पर विचार करने के पहले यह बात ध्यान में रखनी चाहिए कि गाने की चीज होने के कारण इसकी भाषा में बहुत-कुछ फेर-फार होता आया है पर लिखित रूप में सुरक्षित रहने के कारण इसका पुराना ढाँचा बहुत-कुछ बना हुआ है।"—यह शुक्ल जी का विचार है, पर अब उल्टी बात मालूम हुई है। भाषा में, प्रचलित चारण-रीति के अनुसार, कुछ पुरानापन देने का प्रयत्न किया गया है।

इसी प्रकार हम्मीररासो को नोटिस-मात्र समझा जा सकता है।

शिवसिंह-सरोज में चन्द कवि के प्रसंग में कहा गया था कि 'इन्हीं की (चन्द की) औलाद में शाङ्‌र्गधर कवि थे, जिन्होंने हम्मीर गयरा (रासो ?) और हम्मीर-काव्य भाषा में बनाया है' (शिवसिंह-सरोज, पृ० ३५०)। सम्भवतः, इसी आधार पर आचार्य शुक्ल ने इस काव्य के अस्तित्व के सम्बन्ध में अनुमान किया था। प्राकृतपैंगलम् उलटते-पलटते उन्हें कई पद्य छन्दों के उदाहरणों में मिले, फिर तो उन्हें 'पूरा निश्चय हो गया कि ये पद्य असली हम्मीररासो के ही हैं।' क्यों और कैसे यह निश्चय हुआ—इसका कोई कारण शुक्ल जी ने नहीं बताया। तब से अब हिन्दी-साहित्य के इतिहास-ग्रन्थों में इन छन्दों को निश्चित रूप से असली हम्मीररासो के छन्द माना जाने लगा। मजेदार बात यह है कि श्री राहुल सांस्कृत्यायन ने इन्हीं कविताओं को अपनी 'काव्यधारा' में जज्जल कवि-लिखित माना है। कुछ पद्यों में स्पष्ट रूप से 'जज्जल भणइ', अर्थात् 'जज्जल कहता है' की भणिति है। उदाहरणार्थ :

जहा,

पिंधउ दिढ सण्णाह बाह उप्पर पक्खर दइ ।
बंधु समदि रण धसउ सामि हम्मीर बअण लइ ।।
उड्डल णहपह भमउ खग्ग रिउ सीसहि डारउ ।
पक्खर पक्खर टेल्लि पेल्लि पव्वअ अप्फालउ ।।
हम्मीर कज्जु जज्जल भणइ कोहाणल मुहमह जलउ ।
सुरताण-सीस करवाल दइ तेज्जि कलेवर दिअ चलउ ।।

(छाया)

पहिन्यौ दृढ़ सन्नाह[1] बाजि ऊपर पक्खर[2] दै ।
बन्धु समद रण धँस्यौ स्वामि हम्मीर वचन लै ।।
उड्डित नभ-पथ भ्रम्यौ खड्ग रिपु सीसहिं डार्‌यौ ।
पक्खर-पक्खर ठेलि-पेलि पर्वत उच्चार्‌यौ ।।
हमीर-काज जज्जल भणै क्रोधानल मुह मंह जल्यौ ।
सुलतान-सीस करवाल दै तेजि कलेवर दिवि चल्यौ ।।

राहुल जी का यह मत प्राकृतपैंगलम् (बिब्लियोथिका इण्डिका) में प्रकाशित टीकाओं के 'जज्जलस्य उक्तिरियम्', अर्थात् यह जज्जल की उक्ति

१. सन्नाह = कवच।

२. पक्खर = अश्व-सन्नाह, घोड़े का कवच।

है—पर आधारित जान पड़ता है। टीकाकारों के इस वाक्य का अर्थ यह भी हो सकता है कि यह जज्जल की कविता है और यह भी हो सकता है कि यह किसी अन्य कवि द्वारा निबद्ध पात्र जज्जल की उक्ति है, अर्थात् 'कवि-निबद्ध वक्तृ-प्रौढ़ोक्ति' है। यदि दूसरा अर्थ लिया जाय तो रचना जज्जल की नहीं, किसी और कवि की होगी; परन्तु वह और कवि शाङ्र्गधर ही हैं, इसका कोई सबूत नहीं। इतना अवश्य है कि यह उक्ति किसी ऐसे काव्य से उद्धृत है, जिसमें वीररस का प्रसंग अवश्य था। फिर यदि प्राकृतपैंगलम् के एक कवि के ग्रन्थ को वीरगाथाकाल का ग्रन्थ समझा जाय तो उसी ग्रन्थ में से बब्बर, विद्याधर और अन्य अज्ञात कवियों की रचनाओं को भी उस काल की रचना मानकर विवेच्य क्यों न समझा जाय ? प्राचीन गुर्जर-काव्यों में भी अनेक कवियों की रचनाएँ ऐसी हैं, जिन्हें थोड़ा-बहुत हिन्दी से सम्बद्ध समझकर इस काल के विषय में विचार किया जा सकता है। हमारे कहने का मतलब यह है कि या तो हम्मीररासो नोटिस-मात्र समझा जाय या प्राकृतपैंगलम् में उद्धृत सभी रचनाओं को इस अनुमानाधारित ग्रन्थ के समान ही इस काल की प्रकृति और संज्ञा के निर्णय का उपयुक्त साधन समझा जाय। इसके अतिरिक्त एक और बात भी विचारणीय है। 'हम्मीर' नाम इस देश में किसी एक ही राजा के लिए नहीं व्यवहृत हुआ है। गजनी के तुर्क शासकों को 'अमीर' कहा जाता था। इस देश में 'हम्मीर' इसी 'अमीर' का संस्कृतायित रूप है। बुखारा का प्रथम अमीर 'उन्सद' नवीं शताब्दी में हुआ था। जब से इन अमीरों ने गजनी के ब्राह्मण राजा शाहियों को हराकर गजनी पर अधिकार किया, तभी से इस देश में 'हम्मीर' शब्द प्रचलित हो गया। 'गोविन्दचन्द्र' ने अपनी प्रशस्तियों में 'हम्मीरन्यस्तवैरं मुहुरथ समरक्रीडया यो विधत्ते' कहा है और उसके पुत्र 'विजयचन्द्र' ने भी सन् ११६८ ई० के एक दानपत्र में गर्वपूर्वक घोषणा की है कि 'हम्मीर' अर्थात् गजनी के अमीर के त्रास से समूचा भुवन दुःख की ज्वाला से जल रहा था। उसे मैंने उसी की हरम की बेगमों के नयन-रूपी मेघों की धारा से शान्त किया है— 'भुवन-दहन-लेहा-हर्म्य-हम्मीर-नारी-नयन-जलद-धारा-धौत-भूतोपतापः।' सो, हम्मीर शब्द को किसी पद्य में आया देखकर ही यह मान लिया जा सकता है कि वह चित्तौरवाले या रणथम्भोरवाले हिन्दू राजा 'हम्मीर' की ओर ही इशारा कर रहा है। कर भी सकता है, नहीं भी कर सकता है।

'भट्ट केदार ने 'जयचन्द्रप्रकाश' नाम का एक महाकाव्य लिखा था, जिसमें महाराज जयचन्द्र के प्रताप और पराक्रम का विस्तृत वर्णन था। इसी प्रकार का 'जयमयंक जसचन्द्रिका' नामक एक बड़ा ग्रन्थ आज उपलब्ध नहीं है। केवल इनका उल्लेख सिंघायच दयालदास-कृत 'राठौडां री ख्यात' में मिलता है, जो बीकानेर के राजपुस्तक-भण्डार में सुरक्षित है।' (पृ० ५०), अर्थात् ये दोनों भी नोटिस-मात्र हैं। इन दोनों कवियों के विषय में कुछ अधिक चर्चा हम आगेवाले व्याख्यान में करेंगे। यहाँ इतना कह रखना ही उचित जान पड़ता है कि उनकी चर्चा रासो में भी मिलती है और हिन्दी की अन्य पुस्तकों में भी कुछ चर्चा मिल जाती है। ये गोरी के दरबार के कवि बताये गये हैं। इसी प्रकार 'जगनिक के काव्य का आज कहीं पता नहीं है, पर उसके आधार पर प्रचलित गीत हिन्दी-भाषा-भाषी प्रान्तों के गाँव-गाँव में प्रचलित सुनाई पड़ते हैं।'[१] (पृ० ५१) सो, यह भी नोटिस-मात्र से कुछ अधिक दाम का नहीं। चन्दबरदाई का 'पृथ्वीराजरासो' भी अपने मूल रूप में प्राप्त नहीं हो रहा है। इसके विषय में विस्तार से हम फिर विचार करेंगे। अब यह स्पष्ट है कि जिन ग्रन्थों के आधार पर इस काल का नाम वीरगाथाकाल रखा गया है, उनमें से कुछ नोटिस-मात्र से बहुत अधिक महत्त्वपूर्ण नहीं और कुछ या तो पीछे की रचनाएँ हैं या पहले की रचनाओं के विकृत रूप हैं। इन पुस्तकों को गलती से प्राचीन मान लिया गया है। राजस्थानी-साहित्य के विद्वान विवेचक श्री मोतीलाल मेनारिया ने कुछ झुंझलाकर लिखा है कि 'इन ग्रन्थों को प्राचीन बतलाते समय एक दलील यह दी जाती है, कि इनके रचयिताओं ने इनमें सर्वत्र वर्त्तमानकालिक क्रिया का प्रयोग किया है, और इससे उनका अपने चरित्रनायकों का समकालीन होना सिद्ध होता है। परन्तु यह भी एक भ्रान्ति है। यह कोई आवश्यक बात नहीं कि वर्त्तमानकालिक क्रिया का प्रयोग करनेवाले कवि समसामयिक ही हों। यह तो काव्य-रचना की एक शैली-मात्र है। काव्य में वर्णित घटनाओं

---

१. यद्यपि जगनिक के विषय में निश्चित रूप से कहना कठिन है, तथापि अनुमान से समझा जा सकता है कि इस कवि ने यदि 'आल्हाखण्ड' की रचना कभी की भी हो तो वह रचना बुन्देलखण्ड की सीमा के बाहर बहुत दीर्घकाल तक अपरिचित रही। यह देखकर थोड़ा आश्चर्य ही होता है कि गोस्वामी तुलसीदास जी ने इस अत्यन्त लोकप्रिय गीतपद्धति को राममय करने का प्रयास क्यों नहीं किया। लेकिन यह नकारात्मक दलील हमें बहुत दूर तक नहीं ले जा सकती।

को सत्य का रूप देने के लिए कवि प्रायः ऐसा किया करते हैं। अनेक ऐसे ग्रन्थ मिलते हैं, जिनके कर्त्ता समकालीन न थे, पर जिन्होंने वर्त्तमानकालिक क्रिया का प्रयोग किया है। राजस्थान में चारण-भाट आज भी जब प्राचीन काल के वीर पुरुषों पर ग्रन्थ तथा फुटकर गीत आदि लिखते हैं, तब वर्त्तमानकालिक क्रिया का प्रयोग करते हैं। वारहठ केसरिसिंह-कृत 'प्रताप-चरित्र' इसका प्रत्यक्ष उदाहरण है, जो सं० १६६२ में लिखा गया है।'

–रा० स्था० सा०, पृ० ८१

आज से कोई बारह वर्ष पूर्व मैंने कहा था कि राजपूताने में प्राप्त कुछ काव्यग्रन्थों के आधार पर इस काल का कोई भी नामकरण उचित नहीं है। उस समय मेरा विश्वास था कि जिन ग्रन्थों के आधार पर उक्त काल का नामकरण किया गया है, वे अधिकांश प्रामाणिक हैं। आज लग रहा है कि इनमें से कई की प्रामाणिकता सन्दिग्ध है और कई नोटिस-मात्र हैं। रही राजपूताने के साहित्य की बात, सो उसके विषय में मेनारिया जी का यह मत उल्लेखयोग्य है—'इसके अतिरिक्त ये रासो-ग्रन्थ, जिनको वीर-गाथाएँ नाम दिया गया है और जिनके आधार पर वीरगाथा-काल की कल्पना की गई है, राजस्थान के किसी समय-विशेष की साहित्यिक प्रवृत्ति को भी सूचित नहीं करते। केवल चारण, भाट आदि वर्ग के कुछ लोगों की जन्मजात मनोवृत्ति को प्रकट करते हैं। प्रभुभक्ति का भाव इन जातियों के खून में है, और वे ग्रन्थ उस भावना की अभिव्यक्ति हैं। यदि इनकी रचनाओं के आधार पर कोई निर्णय किया जाय, तब तो वीरगाथा-काल राजस्थान में आज भी ज्यों-का-त्यों बना है; क्योंकि राजा-महाराजाओं अथवा उनके पूर्वजों की कीर्त्ति के ग्रन्थ आदि लिखने का काम ये लोग आज भी उसी उत्साह के साथ कर रहे हैं, जिस उत्साह से पहले किया करते थे। परन्तु राजस्थान के वातावरण तथा इन जातियों से अपरिचित लोगों की यह बात समझ लेना कुछ कठिन है।'

–'राजस्थानी भाषा और साहित्य', पृ० ८१

अब, सही बात यह है कि चौदहवीं शताब्दी तक देशी भाषा के साहित्य पर अपभ्रंश-भाषा के उस रूप का प्राधान्य बना रहा है, जिनमें तद्भव शब्दों का ही एकमात्र राज्य था। इस बीच धीरे-धीरे तत्सम-बहुल रूप प्रकट होने लगा था। नवीं-दसवीं शताब्दी से ही बोलचाल की भाषा में तत्सम शब्दों के प्रवेश का प्रमाण मिलने लगता है और १४वीं शताब्दी के

प्रारम्भ से तो तत्सम शब्द निश्चित रूप से अधिक मात्रा में व्यवहृत होने लगे। क्रियाएँ और विभक्तियाँ तो ईषत् विकसित या परिवर्त्तित रूप में बनी रहीं, पर तत्सम शब्दों का प्रचार बढ़ जाने से भाषा भी बदली-सी जान पड़ने लगी। भक्ति के नवीन आन्दोलन ने अनेक लौकिक जन-आन्दोलनों को शास्त्र का पल्ला पकड़ा दिया और भागवतपुराण का प्रभाव बहुत व्यापक रूप से पड़ा। शांकर मत की दृढ़ प्रतिष्ठा ने भी बोलचाल की भाषा में और साहित्य की भाषा में तत्सम शब्दों के प्रवेश को सहारा दिया। तत्सम शब्दों के एकाएक प्रवेश से पुरानी भाषा एकाएक नवीन रूप में प्रकट हुई, यद्यपि वह उतनी नवीन थी नहीं। दसवीं से चौदहवीं शताब्दी के काल का साहित्य अपभ्रंश-प्रधान साहित्य है।

'उक्तिव्यक्तिप्रकरण' का उल्लेख पहले ही हो चुका है। इस ग्रन्थ के लेखक दामोदर शर्मा सम्भवतः राजकुमारों के शिक्षक थे। मैंने सुना है कि यह ग्रन्थ डॉ० श्री सुनीतिकुमार चटर्जी द्वारा सम्पादित होकर छप तो चुका है; लेकिन अभी प्रकाशित नहीं हुआ। (अब यह सिन्धी जैन ग्रन्थमाला में प्रकाशित हो गया है।) डॉ० मोतीचन्द्र ने 'सम्पूर्णानन्द-अभिनन्दन-ग्रन्थ' में एक लेख लिखकर बताया है कि इस पुस्तक में तत्कालीन काशी की भाषा का रूप पाया जाता है। 'बेद पढ़ब, स्मृति अभ्यासिब, पुराण देखब, धर्म करब', यह बारहवीं शताब्दी की बनारसी भाषा का नमूना है। स्पष्ट ही इस वाक्य में तत्सम शब्दों का प्रयोग है। इसी प्रकार 'छात्रु गाऊँ या' में छात्र शब्द किसी अपभ्रंश पुस्तक की भाषा के समान 'छत्तु' नहीं बन गया है और, 'मेरा क्षेम को करिह' में क्षेम विशुद्ध तत्सम रूप में है। 'विद्या अवढ़' में विद्या और 'प्रज्ञा' में प्रज्ञा तत्सम रूप में ही व्यवहृत हुए हैं। इस पुस्तक से और भी बहुत-सी बातों का पता चलता है। महत्त्वपूर्ण और जानने योग्य बात यही है कि उस समय इस भाषा में कथा-कहानी का साहित्य रचित होने लगा था।

इसके बाद तत्सम शब्दों के निश्चित प्रयोग का प्रमाण ज्योतिरीश्वर के 'वर्णरत्नाकर' और विद्यापति की 'कीर्त्तिलता' में मिलता है। दोनों ही पुस्तकें मिथिला में लिखी गई थीं। विद्यापति पद्य में तो अपभ्रंश के समान तद्भव रूपों का व्यवहार करते हैं—यद्यपि जैन लेखकों की तरह वे संस्कृत का सम्पूर्ण बहिष्कार नहीं करते हैं—पर जब गद्य लिखने लगते हैं तो उनकी भाषा में तत्सम शब्दों की भरमार हो जाती है। सम्भवतः, यह बात इस

तथ्य की ओर इंगित करती है कि पद्य की भाषा में तो थोड़ा-बहुत पुरानापन तब भी बना हुआ था; पर बोलचाल के गद्य में तत्सम शब्दों का प्राचुर्य बढ़ रहा था। विद्यापति की पदावली में तो तत्सम शब्दों का प्रयोग बहुत है, परन्तु उसकी भाषा बहुत बदलती रही है। अतएव उसके बारे में कुछ निश्चित रूप से नहीं कहा जा सकता। ज्योतिरीश्वर की पूरी पुस्तक ही गद्य में है; बल्कि यह कहिए कि शब्दों की सूची-मात्र है। उसमें संस्कृत शब्दों के तत्सम रूपों का प्रयोग यही सूचित करता है कि बोलचाल की भाषा में तत्सम शब्दों का प्रयोग बढ़ने लगा था। संयोगवश तत्सम शब्दों के प्रचलन के प्रमाण के रूप में जिन तीन पुस्तकों के प्रमाण का उल्लेख किया गया है, वे सभी संस्कृताभ्यासी ब्राह्मण-पण्डितों की रचनाएँ हैं और तीनों ही पूर्वी प्रदेश में लिखी गई हैं। आलोच्य काल में काशी और मिथिला संस्कृत-विद्या के गढ़ रहे हैं। इसलिए, कोई चाहे तो कह सकता कि यह ब्राह्मणों की और पूर्वी प्रदेश की विशेषता थी। ज्ञान की वर्त्तमान अवस्था में इस अनुमान का प्रत्याख्यान करने योग्य अधिक प्रमाण उपलब्ध नहीं हैं। श्री अगरचन्दजी नाहटा ने 'जर्नल ऑव दि यू० पी० हिस्टारिकल सोसाइटी' की बारहवीं जिल्द में 'तरुणप्रभ सूरि' नामक चौदहवीं शती के जैन विद्वान् की एक गद्य-रचना 'दशार्णभद्रकथा' की सूचना प्रकाशित कराई है। इसकी भाषा में तत्सम शब्दों की उसी प्रकार भरमार है, जिस प्रकार कीर्तिलता के गद्य में है। कल्पना-शक्ति को कुछ और बल देकर निश्चय के साथ ही यह कहा जा सकता है कि उन दिनों तत्सम शब्दों का प्रयोग बढ़ने लगा था। नवीं शताब्दी की 'कुवलयमालाकथा' में कुछ ऐसे प्रसंग हैं, जिनमें बोलचाल की तत्काल प्रचलित भाषा के सुन्दर नमूने आ गये हैं। उनमें थोड़ा पढ़ाई-लिखाई के वातावरण में रहनेवाले वटुकों की भाषा इस प्रकार है :

भो भो भट्टउत्ता ! तुम्हे ण याणह यो राजकुले वृत्तांत ?

तेहिं भणियं–भण हे व्याघ्रस्वामि ! का वार्त्ता राजकुले ?

तेण भणियं–कुवलयमालाए पुरिसद्वेषिणी ए पातओ लंबितः।

इमं च सोऊण अप्फोडिऊण एक्को उट्ठिउ चट्टो। भणिअं च णेणं यदि पांडित्येन ततो मइं परिणेतव्या कुवलयमाला।

अण्णेण भणियं–अरे ! कुवणु तउ पाण्डित्यु ?

तेण भणियं–षडंगु पढमि, त्रिगुण मन्त्र पढमि, किं न पाण्डित्यु ?

अण्णेण भणिअं–अरे ! ण मंत्रेहिं तृगुणेहिं परिणिज्जइ,

जो सहितौ पातौ भिं (विं) दइ तं परिणेति।

अण्णेण भणियं—अहं सहितउ ज्जो ग्वाथी पढमि।

तेहिं भणिअं—कइसी रे व्याघ्रसामि ! गाथः ?

तेण भणियं—इम ग्वाथ—

सा ते भवतु सुप्रीता अबुधस्य कुतो बलं ?

यस्य यस्य यदा भूमिः सर्व्वत्र मधुसूदनः।

तं च सोऊण अण्णेण सकोपं भणिअं—

अरे अरे मूर्ख ! स्कन्धकोपि गाथ भणसि ! अम्ह गाथ ण पुच्छह।

तेहिं भणिअं—त्वं पठ भट्टो यजुस्वामि ! गाथः।

तेण भणियं—सुट्ठु पढमि—

आए कप्पे मत्तगय गोदावरी ण मुयंति।

कों तहु देसहु आव (प) तयि को न पराणति बात्त।।

अण्णेण भणियं—अबे ! सिलोगो अम्हे ण पुच्छह ग्वाथी पठहो।

तेण भणिअं सुट्ठु पढमि—

तंबोलरइयराउ अहरो कामिनं दृष्ट्वा।

अम्हं चिअ क्खुभई मणो दारिद्रगुरु णिवारेइ।।

तउ सव्वेहि विभणिअं—अहो ! भट्ट यजुस्वामी विदग्ध पंडितु विद्यावंतो ग्वाथी पढति, एतेन सा परिणेतव्या।

अण्णेण भणियं—अरे ! केरिसो सो पातउ जो तीय लंवितु।

तेण भणिउ—राजागणे मइं पठितु आसि, सों से विस्मृतु, सव्वुलोकु पढति त्ति।।

इमं च सोऊण चट्ट रसायणं चिन्तियं राइउत्तेण—अहो ! अणहावट्टियाणं असंबद्धपलावत्तणं चट्टाणं ति।।

—**कुवलयमालाकथायाम्** (जे० भां० ता० १३। १३१, पृ० १०६-१०७)

(अजी भट्टपुत्रो, तुम नहीं जानते, राजकुल में क्या वृत्तान्त (चल रहा) है ?

उन्होंने कहा—कहो हे व्याघ्रस्वामी, क्या वार्त्ता है राजकुल में ?

उसने कहा—पुरुषद्वेषिणी कुवलयमाला ने पात (पत्र) लगा दिये हैं।

यह सुनकर एक विद्यार्थी फड़ककर उठा और बोला—निर्णय यदि पाण्डित्य से (होनेवाला है) तो मैं व्याह करूँगा कुवलयमाला से।

दूसरे ने कहा—अरे कौन-सा तेरा पाण्डित्य है ?

उसने कहा—(क्यों ?) मैं षडंग (वेद) पढ़ता हूँ, त्रिगुण मन्त्र पढ़ता हूँ, पाण्डित्य क्यों नहीं है ?

दूसरे ने कहा—अरे त्रिगुण मन्त्र से ब्याह नहीं होगा। जो दोनों पातों (पत्रों) को एक साथ समझ सकेगा, उससे वह (कुवलयमाला) ब्याह करेगी।

दूसरे ने कहा—मैं साथ-साथ दो ग्वाथियाँ पढ़ता हूँ।

उन्होंने कहा—कैसी हैं रे व्याघ्रस्वामी, वे गाथाएँ ?

उसने कहा—यह गाथा।

'सा ते.........मधुसूदनः'

यह सुनकर दूसरे ने क्रोध-सहित कहा—अरे रे मूर्ख ! तू स्कन्धक को गाथा कहता है। हम गाथा नहीं पूछते।

उन्होंने कहा—तुम पढ़ो भट्ट यजुस्वामी गाथा।

उसने कहा—बहुत अच्छा, पढ़ता हूँ—

'आए कप्पे.....वात्त।'

दूसरे ने कहा—अबे, हम श्लोक नहीं पूछते, ग्वाथी पढ़।

उसने कहा—बहुत अच्छा पढ़ता हूँ—

'तंबोल.....णिवारेइ।'

तब सबने कहा—अहो ! भट्ट यजुस्वामी विदग्ध पण्डित है, विद्यावन्त है, ग्वाथी पढ़ता है, इसी से यह ब्याही जायेगी।

दूसरे ने कहा—अरे कैसा वह पत्र है, जो उसने लगा रखा है ?

उसने कहा—राजांगण में मैंने पढ़ा था, वह अब भूल गया; क्योंकि उसे सब लोग पढ़ते हैं ?

इस चट्ट-रसायन को सुनकर राजपुत्र ने सोचा—अहो ! असम्बद्ध प्रलापी छात्रों (चट्टों) का यह कैसा अन्यथा बर्ताव है ?)

स्पष्ट ही इसमें तत्सम शब्दों का बाहुल्य है। बाहुल्य का कारण संस्कृत-पाठशाला का वातावरण है। इसी पुस्तक में एक अनाथालय के कोढ़ियों, अपाहिजों आदि की भाषा का भी नमूना है। यह अनाथालय मथुरा में था। अनुमान किया जा सकता है कि इस बातचीत में स्थानीय भाषा का रूप रहा होगा। संस्कृत के कठिन तत्सम शब्दों का न रहना स्वाभाविक है फिर भी इसमें 'प्रयाग', 'खेद' आदि शब्द प्रायः तत्सम रूप में ही आये हैं।

यह ध्यान देने की बात है कि 'अच्छइ', 'आछ' आदि के जो प्रयोग

बारहवीं शताब्दी की भाषा ('उक्तिव्यक्तिप्रकरण') में मिल जाते हैं, वे करीब-करीब यहाँ भी हैं।

इस प्रकार नवीं शताब्दी में ही बोलचाल की भाषा में तत्सम शब्द आने लगे थे, जो लोग बातचीत में कुछ इस प्रकार का आभास देना चाहते थे कि वे पढ़े-लिखे हैं, वे निस्संकोच संस्कृत-शब्दों का प्रयोग किया करते थे। परन्तु, साधारण जनता की बोलचाल की भाषा में संस्कृत-शब्दों का व्यवहार उसी स्वाभाविकता के साथ होता जान पड़ता है, जैसा बाद की बोलियों में होता रहा। धीरे-धीरे संस्कृत के तत्सम शब्द अधिकाधिक मात्रा में आने लगे।

सो, इस काल की भाषा की मुख्य प्रवृत्ति थी—बोलचाल में तत्सम शब्दों का प्रचार। स्वर्गीय पं० चन्द्रधर शर्मा गुलेरी ने बताया है कि 'विक्रम की सातवीं से ग्यारहवीं शताब्दी तक अपभ्रंश की प्रधानता रही और फिर वह पुरानी हिन्दी में परिणत हो गई। इसगें देशी की प्रधानता है, विभक्तियाँ घिस गई हैं खिर गई हैं। एक ही विभक्ति 'हँ' या 'आहँ' कई काम देने लगी है। वैदिक भाषा की अविभक्तिक निर्देश की विरासत भी इसे मिली। विभक्तियों के खिर जाने से कई अव्यय या पद लुप्त-विभक्तिक पद के आगे रखे जाने लगे, जो विभक्तियाँ नहीं हैं। क्रियापदों में मार्जन हुआ। हाँ, इसने केवल प्राकृत ही के तद्भव और तत्सम पद नहीं लिये; किन्तु धनवती अपुत्रा मौसी (संस्कृत) से भी कई तत्सम पद लिये। अपभ्रंश साहित्य की भाषा हो चली थी। वहाँ 'गत' भी 'गय' और 'गज' भी 'गय'।

काच, काक, काय, कार्य, सबके लिए काय। इसमें भाषा के प्रधान लक्षण—सुनने से अर्थबोध—का व्याघात होता था। अपभ्रंश में दोनों प्रकार के शब्द मिलते हैं। जैन लोग संस्कृत-शब्दों का वहिष्कार अवश्य करते रहे, पर वे आते ही गये।'

चन्द का रासो अपने मूल रूप में सुरक्षित नहीं रह सका है। इसमें बहुत प्रक्षेप हुआ है। फिर भी इसके वर्त्तमान रूप से (जो सत्रहवीं शताब्दी के आस-पास का है) अनुमान किया जा सकता है कि इसमें संस्कृत की ओर जाने की प्रवृत्ति है। तद्भव शब्दों में अनुस्वार लगाकर संस्कृत की छौंक देना तत्कालीन भाषा के नये घुमाव की सूचना देता है। परन्तु, इससे अधिक कुछ नहीं कहा जा सकता। सूरदास, तुलसीदास, बिहारी आदि परवर्त्ती कवियों की भाषा में निश्चित रूप से तत्सम शब्दों का अबाध प्रवेश

होने लगा था; परन्तु उनके प्रयोगों का अध्ययन करने से एक बात स्पष्ट हो जाती है कि तत्सम शब्दों का प्रयोग नये सिरे से होने लगा है। 'विधुबैनी' में 'बैनी' परम्परा-प्राप्त शब्द है और 'चन्द्रबदनि' में 'बदनि' नये घुमाव की सूचना देता है। 'लोयन कोयन' में 'लोयन' पुरानी स्मृति का चिह्न है। और 'सोचविमोचन 'लोचन' में नये प्रभाव का द्योतक है। 'मैन-सर' में 'मैन' पुरानी विरासत है और 'मदनमोहन' में 'मदन' नया अतिथि है। स्पष्ट ही दसवीं से तेरहवीं शताब्दी तक की बोल-चाल की भाषा में संस्कृत-तत्सम शब्दों का प्रयोग बढ़ने लगा था। इन कुछ शताब्दियों में अपभ्रंश से मिलती-जुलती भाषा पद्य का वाहन बनी रही और गद्य की भाषा तत्सम-बहुल होती गई। कीर्त्तिलता में इसकी स्पष्ट सूचना मिलती है। धीरे-धीरे तत्सम शब्दों और उनके नये तद्भव रूपों के कारण भाषा बदली-सी जान पड़ने लगी और चौदहवीं शताब्दी के बाद वह बदल ही गई। इसके पूर्व अपभ्रंश और देश्य-मिश्रित अपभ्रंश की प्रधानता बनी रही। इस प्रकार, दसवीं से चौदहवीं शताब्दी का काल, जिसे हिन्दी का आदिकाल कहते हैं; भाषा की दृष्टि से अपभ्रंश का ही बढ़ाव है। इसी अपभ्रंश के बढ़ाव को कुछ लोग उत्तरकालीन अपभ्रंश कहते हैं और कुछ लोग पुरानी हिन्दी।

इस पुरानी हिन्दी के कुछ पुराने नमूने शिलालेखों में मिल जाते हैं। बारहवीं शताब्दी तक निश्चित रूप से अपभ्रंश-भाषा ही पुरानी हिन्दी के रूप में चलती थी, यद्यपि उसमें नये तत्सम शब्दों का आगमन शुरू हो गया था। गद्य और बोलचाल की भाषा में तत्सम शब्द मूल रूप में रखे जाते थे; पर पद्य लिखते समय उन्हें तद्भव बनाने का प्रयत्न किया जाता था। 'चरित' तत्सम शब्द है। इसका पुराना तद्भव रूप 'चरिउ' बहुत काल से प्रसिद्ध था। बोलचाल की भाषा में नये सिरे से 'चरित' बोला जाने लगा था और पद्य लिखते समय भी कवि लोग इसका व्यवहार कर देते थे। इसी प्रकार, 'दक्षिण', 'समग्र', 'सुख', 'ग्राम' आदि शब्द बोलचाल की भाषा से सरककर पद्य में आ जाते थे। बारहवीं शताब्दी में किसी विश्वामित्रगोत्रीय गुहिलवंशी विजयपाल ने 'काई' नामक वीर को हराया था। उसके लड़के का नाम भुवनपाल था, नाती का हर्षराज। इस हर्षराज के भुजदण्ड ने कालंजर, डाहल और गुर्जर तथा दक्षिण के देशों को जीता था। वह संगर-भंगर, अर्थात् युद्ध को तहस-नहस करनेवाला था। उसके रणरभस के सामने कोई

टिक नहीं सकता था। उसने महागढ़ को जीता, पौरजनों का रंजन किया, शत्रुओं को जीता, चित्तौड़ से जूझा, दिल्लीदल को जीता और इस प्रकार हर्षराज का पुत्र सबका प्रशंसा-पात्र बना। शक्तिशाली गुर्जरों को खदेड़ दिया, गोदहों को मार भगाया। इस प्रकार, अपने पौरुष के कारण विजयसिंह ने बड़ी कीर्त्ति पाई। वह भुंभुक देव का भक्त था। उन्हीं की प्रणति करके उसने सारी कीर्त्ति अर्जित की और दृढ़ चित्त से सम्पूर्ण सुखों को भोगा। दमोह जिले में प्राप्त उसका हिन्दी-लेख इस प्रकार है :

विसमित्त गोत्त उत्तिम चरित विमल पवित्तों गाण।
अरधड़ धड़णो संसिजय द्ववडो भ्रवाण।।
द्ववडो पटि परिठियउं खत्तिय विज्जयपालु।
जोणे काइउरणि विजिणिउ तह सुअ भवण पाल।।
कलचुरि गुजर ससहरह दक्षिण पइ सुख अंड।
चुहरा अहरण विजिणण हसिर राअ भुवदंड।।
संघरि भंगरि रणरहसु गउ हरिसरुअ कि अंध्र।
हपइत पठियर सुहड सुमुहु न कोउ समग्र।
जेणे रंजिउ जग पउरिणउ ग्राम महागढ़ हेठि।
विजयसीह सुर अठिअह अरियण निअहित पेठि।।
जो चित्तोडहं जुज्झिअउ जिण ढिलीदल जित्तु।
सो सु पसंसहि रभअकइ हरिसराअ तिअ सुत्तु।।
खेदिय गुजर गौदहइ कीअ अघिअं मारि।
विजय सीह कित संहलहु पौरिस वह संसारि।।
भुंभुक देवह पअ पणधि पअडिअ किज समव्व।
विजयसीह दिढ़ चित्तु करि आरंभिअ सुख सव्व।।

–नागरी-प्रचारिणी-पत्रिका, भाग ६, अंक ४ में प्रकाशित
रा० ब० हीरालालजी के लेख से।

यह शिलालेख उस युग की भाषागत प्रवृत्तियों को अविकृत रूप में उपस्थित करता है। यह स्पष्ट रूप से बताता है कि पद्य की भाषा अपभ्रंश ही थी; किन्तु बोलचाल की भाषा में संस्कृत-तत्सम शब्द आने लगे थे और उनका प्रभाव पद्य की भाषा पर भी पड़ रहा था। डॉक्टर धीरेन्द्र वर्मा ने इस काल की भाषा पर विचार करते हुए कहा है (हिन्दी-भाषा का इतिहास, भूमिका, पृ० ७७) कि 'पण्डित चन्द्रधर शर्मा गुलेरी ने नागरी-प्रचारिणी-पत्रिका,

भाग २, अंक ४ में 'पुरानी हिन्दी' शीर्षक लेख में जो नमूने दिये हैं, वे प्रायः गंगा की घाटी के बाहर के प्रदेशों में बने ग्रन्थों के हैं। अतः, इनमें हिन्दी के प्राचीन रूपों का कम पाया जाना स्वाभाविक है। अधिकांश उदाहरणों में प्राचीन राजस्थानी के नमूने मिलते हैं। इसके अतिरिक्त इन उदाहरणों की भाषा में अपभ्रंश का प्रभाव इतना अधिक है कि इन ग्रन्थों को इस काल के अपभ्रंश-साहित्य के अन्तर्गत रखना ही अधिक उचित मालूम पड़ता है।'

वस्तुतः, १४वीं शताब्दी के पहले की भाषा का रूप हिन्दी-भाषी प्रदेशों में क्या और कैसा था, इसका निर्णय करने योग्य साहित्य आज उपलब्ध नहीं हो रहा है। कुछ अधिक प्रामाणिक प्राचीन हस्तलिखित ग्रन्थ और शिलालेख आदि से ही उस भाषा का परिचय मिल सकता है। दुर्भाग्यवश इस काल का ऐसा साहित्य उपलब्ध नहीं है। जो एकाध शिलालेख और ग्रन्थ (जैसे, उक्तिव्यक्तिप्रकरण) मिल जाते हैं, वे बताते हैं कि यद्यपि गद्य की और बोलचाल की भाषा में तत्सम शब्दों का प्रचार बढ़ने लगा था, पर पद्य में अपभ्रंश का ही प्राधान्य था। इसलिए, इस काल को अपभ्रंश-काल का बढ़ाव कहना उचित ही है।

विषय-वस्तु को दृष्टि में रखकर इस काल के लिए राहुल जी ने एक और नाम सुझाया है जो बहुत दूर तक तत्कालीन साहित्यिक प्रवृत्ति को स्पष्ट करता है। यह नाम है—'सिद्धसामन्त-काल'। इस काल का जो भी साहित्य मिलता है, उसमें सिद्धों का लिखा धार्मिक साहित्य ही प्रधान है। यद्यपि यह साहित्य विशुद्ध काव्य की कोटि में नहीं आ सकता, पर नाना प्रकार की सिद्धियाँ इस काव्य में उसी प्रकार प्रेरणा का विषय रहीं, जिस प्रकार परवर्त्ती काल में भक्ति। वस्तुतः, काल-प्रवृत्ति का निर्णय प्राप्य ग्रन्थों की संख्या द्वारा नहीं हो सकता, बल्कि उस काल की मुख्य प्रेरणादायक वस्तु के आधार पर ही हो सकता है। प्रभाव-उत्पादक और प्रेरणा-संचारक तत्त्व ही साहित्यिक काल के नामकरण का उपयुक्त निर्णायक हो सकता है। फिर 'सामन्त-काल' में 'सामन्त' शब्द से उस युग की राजनीतिक स्थिति का पता चलता है और अधिकांश चारण-जाति के कवियों की राजस्तुतिपरक रचनाओं के प्रेरणाश्रोत का भी पता चलता है। 'सामन्त' जिस काव्य का प्रधान आश्रयदाता है, उसमें उसकी झूठी-सच्ची विजयगाथाओं और कल्पित-अकल्पित प्रेम-प्रसंगों का होना उचित ही है। एक के द्वारा वह वीर

रस का आश्रय बनता है, दूसरे के द्वारा शृंगार रस का आलम्बन। सामन्त को दोनों ही चाहिए। इस प्रकार, इस शब्द में इस काल की मुख्य प्रवृत्तियों को स्पष्ट करने का गुण है। 'प्राकृतपैंगलम्' में उदाहरण रूप में उद्धृत पद्यों में इस प्रकार की राजस्तुतिमूलक रचनाएँ प्रचुर मात्रा में हैं और तत्कालीन संस्कृत-काव्य में इस श्रेणी की रचनाएँ बहुत अधिक हुई हैं। सो, यह राजस्तुतिपरक रचनाएँ 'वीरगाथा' उतनी नहीं हैं, जितनी राजस्तुति हैं। उनकी लड़ाइयों और विवाहों की कथाओं में कल्पना अधिक है, तथ्य कम।

यद्यपि हमने अपभ्रंश की अनेक रचनाओं की चर्चा की है और हमारा मत है कि ये रचनाएँ आदिकालीन हिन्दी-साहित्य के काव्य-रूपों के अनुमान में सहायक हैं; परन्तु यह सत्य है कि जिन प्रदेशों में आगे चलकर व्रजभाषा, अवधी और खड़ी बोली का साहित्य लिखा जाने लगा, उन प्रदेशों की बहुत ही थोड़ी रचनाएँ हमें मिलती हैं—बहुत ही थोड़ी। फिर भी मात्रा और विस्तार में अत्यन्त अल्प इन रचनाओं का भी बहुत महत्त्व है, इन थोड़ी रचनाओं ने भी विद्वानों का ध्यान आकृष्ट किया है और अनेक विद्वानों ने इसके मूल रूप के समझने का प्रयास भी किया है। यह साहित्य अपभ्रंश-कवि द्वारा निबद्ध उस अकिंचना सुन्दरी के समान है, जिसके सिर पर एक फटी-पुरानी कमली थी, गले में दस-बीस गुरियों की माला थी, फिर भी उसका सौन्दर्य ऐसा मनोहर था कि गोष्ठ के रसिकों को कितनी ही बार उठा-बैठी करने को बाध्य होना पड़ा :

सिरि जरखंडी लोअड़ी गलि मणि अड़ा न बीस ।
तोवि गोट्ठड़ा कराविआ मुद्धए उट्ठबईस ।।

द्वितीय व्याख्यान

अपने प्रथम व्याख्यान में मैंने अपभ्रंश के उपलब्ध साहित्य की चर्चा की है। स्पष्ट ही हमारे आलोच्य काल के आरम्भ में इस भाषा का बहुत ही विशाल साहित्य वर्त्तमान था। साधारणतः दसवीं से चौदहवीं शताब्दी के काल को हिन्दी-साहित्य का आदिकाल माना जाता है। स्वर्गीय आचार्य पं० रामचन्द्र शुक्ल ने संवत् १०५० से १३७५ तक के काल को इस काल की सीमा मानी थी। जब तक इस विशाल उपलब्ध साहित्य को सामने रखकर इस काल के काव्य की परीक्षा नहीं की जाती, तब तक हम इस साहित्य का ठीक-ठीक मर्म उपलब्ध नहीं कर सकते। केवल संयोगवश इधर-उधर से उपलब्ध प्रमाणों के बल पर किसी बात को अमुक का प्रभाव और किसी को अमुक ऐतिहासिक घटना की प्रतिक्रिया कहकर व्याख्या कर देना न तो बहुत उचित है और न बहुत हितकर।

हमने बताया है कि इस बात का निर्णय करना कठिन है कि अवधी और व्रजभाषा-क्षेत्र में उत्पन्न और वहीं की भाषा बोलने वाले लोगों ने किस प्रकार के साहित्य की रचना की थी, जिसका परवर्त्ती विकास अवधी और व्रजभाषा के साहित्यिक ग्रन्थ हैं; क्योंकि १०वीं से १४वीं शताब्दी के भीतर इन क्षेत्रों में कोई रचना हुई भी हो तो उसका प्रामाणिक रूप हमें प्राप्त नहीं। हमें पार्श्ववर्त्ती प्रदेशों से प्राप्त साहित्यिक सामग्री के आधार पर तथा पूर्ववर्ती और परवर्ती रचनाओं के काव्य-रूपों को देखकर अनुमान द्वारा उस साहित्य-रूप का अन्दाजा लगाना पड़ता है। हमें इस बात का ध्यान रखना होगा कि यह अन्दाजा यथासम्भव ठीक हो। यह नहीं समझना चाहिए कि केवल हिन्दी का साहित्य ही इस काल में इस प्रकार के दुर्भाग्य का शिकार बना। केवल गुजराती और राजस्थानी इस विषय में कुछ अधिक सौभाग्यशालिनी हैं; नहीं तो लगभग सभी प्रान्तीय साहित्यों की यही कहानी है। जब तक प्रत्येक प्रदेश से प्राप्त सामग्री का व्यापक अध्ययन नहीं किया

जाता तब तक सभी प्रान्तीय भाषाओं के साहित्यिक रूप अस्पष्ट ही बने रहेंगे। इसीलिए इस काल के साहित्य-रूप के अध्ययन के लिए प्रत्येक श्रेणी की पुस्तक का कुछ-न-कुछ उपयोग है। पुस्तक चाहे धर्मोपदेश की हो, वैद्यक की हो, माहात्म्य की हो वह कुछ-न-कुछ साहित्य-रूप को स्पष्ट करने में अवश्य सहायता पहुँचाएगी। इस काल में साहित्यिक क्षेत्र को यथासम्भव व्यापक बनाकर देखना चाहिए। यहाँ तक कि इस काल में उत्पन्न महात्माओं और कवियों के नाम पर चलनेवाली और परवर्त्ती काल में निरन्तर प्रक्षेप से स्फीत होती रहने वाली पुस्तकों का भी यदि धैर्यपूर्वक परीक्षण किया जाय तो कुछ-न-कुछ उपयोगी बात अवश्य हाथ लगेगी। न तो हमें परम्परा से प्रचलित बातों को सहज ही अस्वीकार कर देना चाहिए और न उनकी परीक्षा किये बिना उन्हें ग्रहण ही कर लेना चाहिए। इस अन्धकार-युग को प्रकाशित करने योग्य जो भी चिनगारी मिल जाय, उसे सावधानी से जिलाये रखना कर्त्तव्य है; क्योंकि वह बहुत बड़े आलोक की सम्भावना लेकर आई होती है, उसके पेट में केवल उस युग के रसिक हृदय की धड़कन का ही नहीं, केवल सुशिक्षित चित्त के संयत और सुचिन्तित वाक्पाटव का ही नहीं, बल्कि उस युग के सम्पूर्ण मनुष्य को उद्भासित करने की क्षमता छिपी होती है। इस काल की कोई भी रचना अवज्ञा और उपेक्षा का पात्र नहीं हो सकती। साहित्य की दृष्टि से, भाषा की दृष्टि से या सामाजिक गति की दृष्टि से उसमें किसी-न-किसी महत्त्वपूर्ण तथ्य के मिल जाने की सम्भावना होती ही है।

परन्तु, प्रश्न यह है कि इस काल में आज के हिन्दीभाषी कहे जाने वाले क्षेत्र की देशी भाषा में लिखित कोई पुस्तक अपने मूल रूप में क्यों नहीं प्राप्त होती ? इसका कोई-न-कोई ऐतिहासिक कारण होना चाहिए।

इस काल की पुस्तकें तीन प्रकार से रक्षित हुई हैं—(१) राज्याश्रय पाकर और राजकीय पुस्तकालयों में सुरक्षित रहकर, (२) सुसंगठित धर्म-सम्प्रदाय का आश्रय पाकर और मठों, विहारों आदि के पुस्तकालयों में शरण पाकर और (३) जनता का प्रेम और प्रोत्साहन पाकर। राज्याश्रय सबसे प्रबल और प्रमुख साधन था। धर्म-सम्प्रदाय का संरक्षण उसके बाद ही आता है। तीसरे प्रकार से जो पुस्तकें उपलब्ध हुई हैं, वे बदलती रही हैं। जनता को उनके 'शुद्ध रूप' से कोई मतलब नहीं था, आवश्यकतानुसार उसमें काट-छाँट भी होती रही है, परिवर्त्तन-परिवर्द्धन भी होता रहा है और

इस प्रकार लोकरुचि के साँचे में ढलते हुए उन्हें जीवित रहना पड़ा है। आल्हा काव्य इसी प्रकार लोकचित्त की चंचल सवारी पर चलता आया है। यह बता सकना कठिन है कि उसका मूल रूप कैसा था, परन्तु वह जनता को प्रिय था, उसके सुख-दुःख का साथी था और अपने इस महान् गुण के कारण वह जनता की प्रीति पा सका और जीवित रह गया। उसके समवयस्क काव्य वह प्रीति नहीं पा सके और अपना शुद्ध रूप लिये अस्त हो गये।

देशी भाषा की कुछ दूसरी पुस्तकें जैन सम्प्रदाय का आश्रय पाकर साम्प्रदायिक भाण्डारों में सुरक्षित रह गई हैं। उनका शुद्ध रूप भी सुरक्षित रह गया है। कुछ पुस्तकें बौद्धधर्म का आश्रय पाकर और बौद्ध नरपतियों की कृपा से बच गई थीं, जो आगे चलकर हिन्दुस्तान के बाहर से पाई जा सकी हैं। परन्तु, जो पुस्तकें हिन्दू-धर्म और हिन्दू-नरेशों के संरक्षण से बची हैं, वे अधिकांश संस्कृत में हैं। इस श्रेणी की रचनाएँ मिलती अवश्य हैं; पर हमारे आलोच्य काल के देशी भाषा के साहित्य के सम्बन्ध में उनसे कोई विशेष सूचना नहीं मिलती। इस उपेक्षा का कारण क्या है ? यह कहानी सुनने योग्य है।

श्रीहर्षदेव के शक्तिशाली साम्राज्य के टूट जाने के बाद भी कान्यकुब्ज का गौरव बना रहा। उनके सेनापति भण्डि और उनके वंशजों ने कान्यकुब्ज पर कुछ दिनों तक शासन किया। नवीं शताब्दी के आरम्भ में उनकी शक्ति क्षीण हो गई; परन्तु राजलक्ष्मी फिर भी कान्यकुब्ज को छोड़ने को तैयार नहीं थी। पूर्व के पाल, दक्षिण के राष्ट्रकूट और पश्चिम के प्रतीहार इस राजलक्ष्मी को अपनी गृहलक्ष्मी बनाने का प्रयत्न करते रहे। पर नवीं शताब्दी के आरम्भ में प्रतीहारों को ही कान्यकुब्ज पर अधिकार करने का गौरव प्राप्त हुआ। इसके बाद लगभग दो सौ वर्षों तक कान्यकुब्ज के प्रतीहार बड़े शक्तिशाली शासक रहे। भारतवर्ष की केन्द्रीय शक्ति उन्हीं के हाथों रही।

सन् १०१८ ई० में राजा पाल महमूद से पराजित हुआ और उसने महमूद की अधीनता स्वीकार कर ली। ऐसा विश्वास किया जाता है कि राजपूत राजाओं को उसका यह आचरण अच्छा नहीं लगा और कई राजाओं ने मिलकर उसे मार डाला तथा उसके पुत्र को गद्दी पर बैठा दिया। परन्तु, प्रतीहारों का प्रताप-सूर्य अस्त हो गया। इसी समय कालिंजर के

प्रतापी चन्देल, त्रिपुरी के कलचुरि और साम्भर के चौहान स्वतन्त्र हो गये। ये परस्पर भी जूझते रहे और उत्तर-पश्चिम की ओर से होने वाले आक्रमणों से भी टक्कर लेते रहे। त्रिपुरी (तेवार) के कलचुरियों में कर्ण नामक प्रबल प्रतापी राजा हुआ, जो सम्भवतः सन् १०३८ से १०८० ई० तक राज्य करता रहा। इसने दक्षिण में चोल-पाण्ड्यों तक को जीत लिया और उत्तर में काशी, चम्पारन (चम्पारण) और अवध तक को अपने में मिला लिया। अनुमान किया जाता है कि सरयू पार के प्रसिद्ध तिवारी ब्राह्मण इस राजा के साथ ही इधर आये थे। कर्ण का राज्य बहुत दिनों तक स्थायी नहीं रह सका। उसने काशी को अपनी राजधानी बनाने का संकल्प किया था; पर उसका संकल्प मन ही में रह गया; क्योंकि सन् १०८० ई० में मध्यदेश में एक नई शक्ति का उदय हुआ। काशी और कान्यकुब्ज में गाहड़वार-वंशीय राजा चन्द्र का प्रताप प्रतिष्ठित हुआ। इस काल में केन्द्रीय शक्ति के शिथिल होने के कारण उत्तर भारत में घोर अराजकता फैल गई थी। चन्द्रदेव ने समस्त उपद्रवों को शान्त करके राज्य में सुव्यवस्था कायम की। गाहड़वार-वंश के लेखों में बड़े गर्व के साथ चन्द्रदेव के इस महान् कार्य को स्मरण किया गया है—'येनोदारतप्रतापशमिताशेषप्रजोपद्रवम् !' प्रजा ने भी इस वंश के राजाओं को सिर-माथे लिया। इस प्रकार, लगभग दो सौ वर्षों तक कन्नौज, काशी, अवध तथा पश्चिमी और उत्तरी बिहार—लगभग समूचा मध्यदेश या हिन्दीभाषी प्रदेश—गाहड़वार-राजाओं के हाथ रहा। इस वंश के सबसे प्रतापशाली राजा गोविन्दचन्द्र थे, जिन्हें एक तरफ बंगाल के प्रबल शासक पालों से लोहा लेना पड़ता था और दूसरी तरफ पश्चिम की ओर से निरन्तर हमला करने वाले मुसलमानों से टक्कर लेना पड़ता था।

जिस काल के साहित्य की चर्चा हम कर रहे हैं, उस काल का मध्यदेश बहुत अधिक विक्षुब्ध था। यदि उस समय का कोई साहित्य नहीं मिलता तो बहुत आश्चर्य की बात नहीं है। हमने पहले ही विचार किया है कि साहित्य के रक्षित रहने के तीन साधनों में से सबसे प्रबल और प्रमुख साधन है—राज्याश्रय। गाहड़वार-राजाओं के विषय में कई प्रकार के विश्वास विद्वानों में प्रचलित हैं। कुछ लोग उन्हें दक्षिण से आया हुआ बताते हैं और कुछ लोग पश्चिम से। इतना प्रायः निश्चित है कि ये लोग बाहर से आये थे और बाहर से आनेवाले अन्य लोगों की भाँति वे भी स्थानीय जनता से

अपने को भिन्न समझते रहे और अपनी श्रेष्ठता सिद्ध करने का प्रयास भी करते रहे। बहुत दिनों तक इस दरबार में देशी भाषा के साहित्य को कोई पश्रय नहीं मिला। वे लोग वैदिक संस्कृति के उपासक थे और बाहर से बुला-बुलाकर अनेक ब्राह्मण-वंशों को दान देकर काशी में बसा रहे थे। संस्कृत को इन्होंने बहुत प्रोत्साहन दिया। जिस प्रकार गौड़ (बंगाल) देश के पाल, गुजरात के सोलंकी और मालवा के परमार देशभाषा को प्रोत्साहन दे रहे थे, वैसा इस दरबार में नहीं हुआ। इस उपेक्षा का एक कारण तो यही जान पड़ता है कि ये लोग बाहर से आये हुए थे और देशीय जनता के साथ दीर्घकाल तक एक नहीं हो पाये थे। दूसरा कारण यह भी हो सकता है कि मध्यदेश में जिस सरंक्षणशील धार्मिक विचारधारा की प्रतिष्ठा थी, उसमें संस्कृत-भाषा और वर्जनशील ब्राह्मण-व्यवस्था से अधिकाधिक चिपटे रहना ही स्थानीय जनता की दृष्टि में ऊँचा उठने का साधन था।

बहुत दिनों तक काशी और कान्यकुब्ज के इन गाहड़वाल या गाहड़वार-राजाओं को राठौर समझा जाता रहा; क्योंकि जोधपुर के राठौर अपने को जयचन्द्र (अन्तिम गाहडवाल राजा) के वंशज बताते हैं। राठौर शब्द का संस्कृत रूप 'राष्ट्रकूट' है और इसी नाम का एक क्षत्रिय-वंश दक्षिण में बहुत दिनों तक शासन कर चुका है। इसीलिए, कुछ लोगों की धारणा थी कि दक्षिण के राष्ट्रकूट उत्तर के गाहडवाल और जोधपुर के राठौर एक ही वंश के हैं। पर यह बात शायद ठीक नहीं है। दक्षिण के चन्द्रवंशी राष्ट्रकूटों के साथ जोधपुर के सूर्यवंशी राठौरों का सम्बन्ध नहीं जोड़ा जा सकता और यह भी नहीं कहा जा सकता कि काशी-कन्नौज के गाहड़वाल दक्षिण से ही आये थे। दो बातें इनके दक्षिण से आने के प्रमाण-रूप में उद्‌धृत की जाती हैं, जिनमें एक तो विशेष वजनदार नहीं हैं; पर दूसरी थोड़ी वजन रखती है। यह कहा जाता है कि जिन ब्राह्मणों को गोविन्दचन्द्र ने दान दिया था, वे उन गोत्रों और शाखाओं के हैं, जो आजकल उत्तर में नहीं मिलते, बल्कि दक्षिण में मिलते हैं, इसीलिए ये ब्राह्मण दक्षिण से बुलाये गये थे और यह बात सिद्ध करती है कि गाहड़वाल दक्षिण से आए थे। लेकिन यह बात जँचती नहीं। उन दिनों गोविन्दचन्द्र के इलाके से ब्राह्मण दूर-दूर के प्रदेशों में बुलाये गये थे, गोविन्दचन्द्र को दक्षिण से ब्राह्मण बुलाने की कोई आवश्यकता नहीं थी और हुई भी तो यह सूचित नहीं करता कि वे दक्षिण से आये थे। सेनों ने कान्यकुब्ज ब्राह्मणों

को बुलाया था; पर वे स्वयं कर्णाट देश से आये थे। ब्राह्मणों को विद्या और कर्मकाण्ड की कुशलता के कारण बुलाया गया होगा, यही ज्यादा सम्भव है। उड़ीसा के केसरी राजाओं ने भी अपने देश में कान्यकुब्ज ब्राह्मणों को बुलवाया था। इसी प्रकार, गुजरात के राजा मूलराज और दक्षिण के चोल राजाओं के बारे में भी प्रसिद्ध है कि उन्होंने कान्यकुब्ज से ब्राह्मणों को बुलाकर अपने राज्य में बसाया था। फिर, यह काल उत्तर के शास्त्रपरायण ब्राह्मणों के भागने का समय है। हो सकता है कि आज जो ब्राह्मण दक्षिण में मिल रहे हैं, वे इसी समय इधर से उधर चले गये हों।

परन्तु दूसरी बात कुछ ज्यादा वजनदार दिखाई देती है। चौदहवीं शताब्दी के जैन कवि नयचन्द्र सूरि ने जयचन्द्र से लगभग दो सौ वर्ष बाद एक नाटिका लिखी थी—रम्भामंजरी। यद्यपि यह पूरी नाटिका महाराष्ट्री-प्राकृत में है, फिर भी प्रथम अंक में वैतालिकों ने जयचन्द्र की स्तुति में इस प्रकार गया है :

जरि पेखिला मरतकावरि केश कलापु ।
तरि परिक्खता मयराचे पिच्छ प्रतापु ।।
जरी नयन विदायु केला वेणी दण्डु ।
तरी साक्षाज्जाला भ्रमर श्रेणी दण्डु ।।
जरी दृग्गोचरी आला विशाल भालु ।
तरी अर्द्धचन्द्र मण्डल भइल उर्णायु जालु ।।
भ्रूजुगलु जाणूं द्वैधीकृत कन्दर्प चापु ।।
नयन निर्जित सुजला खंजन निःप्रतापु ।।
मुखमण्डलु जाणूं शशांक देवताचे मण्डलु ।
सर्वांग सुन्दर मूर्तिमन्त्त कामु ।
कल्पद्रुम जैसे सुन्दर सर्वलोक आशा विश्रामु ।।

बताया गया है कि ये पद्य मराठी-भाषा में हैं और इनका 'रम्भामंजरी' नाटिका में होना इस बात का सबूत है कि जयचन्द्र के दरबार के वैतालिक मराठी-भाषा में गान करते थे और इसका सीधा अर्थ यह हुआ कि जयचन्द्र के पूर्वपुरुष दक्षिण से—किसी मराठी-भाषी क्षेत्र से—आये थे। लेकिन, यह युक्ति भी केवल ऊपर-ऊपर से ही वजनदार मालूम होती है। प्रथम तो यह नाटिका जयचन्द्र से दो सौ वर्ष बाद लिखी गई थी और इसमें कवि की कल्पना का अधिक हाथ है, ऐतिहासिक तथ्य का कम। हो सकता है कि

जयचन्द्र स्वयं मराठी-भाषी हों और देशी भाषा में कुछ लिखने की इच्छा होते ही उन्हें अपनी मातृभाषा सूझी हो। दूसरे, यह भाषा शुद्ध मराठी नहीं है, बल्कि तत्काल प्रचलित काशी की भोजपुरी का मराठी-कवि द्वारा सुना हुआ रूप है। 'पेखिला', 'महल', 'जाणू', 'जैसे' आदि प्रयोग भोजपुरी भाषा के हैं। मैंने मूल हस्तलिखित प्रति नहीं देखी, इसलिए इस पाठ के बारे में कुछ निश्चय के साथ नहीं कह सकता; परन्तु मुझे लगता है कि लेखकों और पाठकों की असावधानी से यह कुछ विकृत रूप में लिखा गया है। 'मयूरा चे' और 'देवता चे' जैसे पद इसमें मराठी की गवाही देते हैं। वस्तुतः यह पद किसी मराठी-भाषा कवि का भोजपुरी में लिखने का प्रयास है।[१] इससे अधिक कुछ भी सूचित नहीं होता।

दामोदर भट्ट के 'उक्तिव्यक्तिप्रकरण' की चर्चा प्रथम व्याख्यान में की जा चुकी है। ये प्रसिद्ध गाहड़वार-राजा गोविन्दचन्द्र के सभापण्डित थे। ऐसा अनुमान किया गया है कि पुस्तक राजकुमारों को काशी-कान्यकुब्ज की भाषा सिखाने के उद्देश्य से लिखी गई थी। यदि यह अनुमान सत्य हो, तो मानना पड़ेगा कि इन राजकुमारों को घर में किसी और भाषा के बोलने की आदत थी। अर्थात्, गाहड़वाल बाहर से आये थे। परन्तु, यहाँ से इस वंश में देशी भाषा की ओर झुकने की प्रवृत्ति आई थी, यह भी पर्याप्त स्पष्ट है। काशी-कान्यकुब्ज-दरबार में एक बहुत ही प्रवीण और विद्यावन्त मंत्री थे, जिनका नाम विद्याधर था। उन्हें 'प्रबन्धचिन्तामणि' में जयचन्द्र का मंत्री तथा 'सर्वाधिकार-भारधुरन्धर' और 'चतुर्दश विद्याधर' कहा गया है। इस कवि की कुछ कविताएँ 'प्राकृतपैंगल' में मिल जाती हैं, जो बताती हैं

---

१. सन् १९५६ ई० की मई मास की मराठी-पत्रिका 'सह्याद्रि' में श्री ग० ह० खेर ने 'रम्भामंजरी तील एक उतारा' शीर्षक एक लेख लिखा है। उसमें उन्होंने लिखा है कि मैंने रम्भामंजरी को अप्रकाशित नाटिका कहा है। मैंने ठीक ऐसा ही तो नहीं कहा; परन्तु यह सत्य है कि मुझे मालूम नहीं था कि सन् १८८९ ई० में बम्बई से श्रीरंगनाथ दीनानाथ शास्त्री और श्रीकेवलदास ने इस पुस्तक को प्रकाशित कराया था। मैं इस सूचना के लिए श्रीखेर का कृतज्ञ हूँ। श्रीखेर का मत है कि इस पद्य की भाषा मराठी ही है, भोजपुरी नहीं और जैत्रचन्द्र जयचन्द्र नहीं है। दूसरी बात के बारे में पुरातन प्रबन्ध-संग्रह के 'जैत्रचन्द्र-प्रबन्ध' के आधार पर कहा जा सकता है कि जैत्रचन्द्र ही जयचन्द्र हैं। जहाँ तक भाषा का प्रश्न है, मैं भी मानता हूँ कि यह पक्ष मराठी-भाषी कवि की रचना है परन्तु उस कवि ने भोजपुरी का कुछ मिश्रण किया है। ऐसी मेरी धारणा है।

कि जयचन्द्र के दरबार में विद्वान् मन्त्रिगण भी देशभाषा में रचना करते थे। यह रचना राजस्तुतिपरक है, इसलिए यह मानने में भी काई आपत्ति नहीं होनी चाहिए कि जयचन्द्र इन रचनाओं का मान करते थे। एक कविता इस प्रकार है :

भअ भंजिअ बङ्गा भग्गु कलिंगा
तेलंगा रण मुक्कि चले।
मरहट्टा ढिट्टा लग्गिअ कट्टा
सोरट्टा भअ पाअ पले।।
चंपारण कंपा पव्वय झंपा
ओत्था ओत्थी जीव हरे।
काशीसर राणा किअउ पआणा
विज्जाहर भण मंतिवरे।।

–प्राकृतपैंगल, २४४

यह विद्याधर जयचन्द्र के बहुत अधिक विश्वासपात्र थे और केवल कवि ही नहीं, कविता के बड़े सुन्दर मर्मज्ञ भी थे। 'पुरातनप्रबन्ध-संग्रह' में इनकी उदारता और चतुरता की अनेक कहानियाँ मिलती हैं। कहते हैं, एक बार राजा जयचन्द्र को जब मालूम हुआ कि परमर्दी 'कोपकालाग्निरुद्र', 'अबन्ध्यकोपप्रसाद' और 'रायद्रहबोल' (?) आदि विरुद धारण कर रहा है, तो उसने कटक साजकर उसकी राजधानी (कल्याणकटक) को घेर लिया और साल भर तक घेरा डाले पड़ा रहा। परमर्दी ने अपने मन्त्री उमापतिधर को बुलाकर कहा कि कुछ ऐसा करो, जिससे जयचन्द्र अपनी सेना हटा ले। उमापतिधर ने 'जो आज्ञा' कहकर प्रस्थान किया। वह सायंकाल सीधे मन्त्री 'विद्याधर' के पास पहुँचा और एक सुभाषित लिखकर मंत्री के पास भिजवा दिया :

उपकारसमर्थस्य तिष्ठन् कार्यातुरः पुरः।
मूर्त्या यामार्त्तिमाचष्टे न तां कृपणया गिरा।।

{कार्यार्थी उपकार करने में समर्थ व्यक्ति के सामने पहुँचकर जितना अपनी सूरत से कह जाता है, उतना वह कृपण वाणी से नहीं कह सकता।}

यह श्लोक विद्याधर के मन में चुभ गया। उस समय राजा जयचन्द्र सो रहा था। पलंग-समेत उसे उसी समय उठवाकर मन्त्री ने किले से पाँच कोस दूर पहुँचवा दिया। सबेरे उठकर राजा देखता है तो वह किले से बाहर

पड़ा हुआ है, सेना भी नहीं है। केवल विद्याधर मन्त्री सामने खड़ा है। विद्याधर से पूछा और उसने सब ठीक-ठीक कह दिया। राजा बहुत क्रुद्ध हुआ। विद्याधर ने कहा, 'महाराज, क्रोध क्यों कर रहे हैं ? मैं ब्राह्मण हूँ, मेरी कण-वृत्ति तो बनी हुई है। चलता हूँ।' राजा घबराया। बोला, 'मैं तुम पर इसलिए नाराज नहीं हूँ कि तुमने इतना सब क्यों किया; बल्कि इसलिए नाराज हूँ कि तुमने मेरी लीला को बिगाड़ दिया। इस सुभाषित पर तुमने मेरा सारा राज्य क्यों नहीं दे दिया !' परमर्दी को जब यह बात मालूम हुई तो उसने उन विरुदों को त्याग दिया। राजा ने उसका सब-कुछ लौटा दिया और घर लौट आया। राजशेखर सूरि-कृत 'प्रबन्धकोष' में थोड़े परिवर्त्तन के साथ यही कहानी लक्ष्मणावतीपुरी के राजा लक्ष्मणसेन और उनके मन्त्री कुमारदेव के पराभव के रूप में कही गई है। उक्त पुस्तक के अनुसार जयन्तचन्द्र (जयचन्द्र) ने कालिंजर गढ़ का नहीं, बल्कि लक्ष्मणावतीपुरी का घेरा डाला था। ये कहानियाँ विद्याधर के निर्भीक चरित्र, उदार हृदय और जयचन्द्र की विश्वासपात्रता की सूचक हैं इतना उदार और प्रभावशाली मन्त्री देशी भाषा में कविता लिखता था, यही इस बात का सबूत है कि आखिरी दिनों में गाहडवाल-दरबार में और दरबारों की ही भाँति भाषा-कविता का सम्मान होने लगा था। परन्तु, ठीक उसी समय दुर्भाग्य का आक्रमण हुआ और गाहडवाल-साम्राज्य छिन्न-भिन्न हो गया।

पं० रामचन्द्र शुक्ल ने लिखा है कि जयचन्द्र के दरबार में भट्ट केदार थे, जिन्होंने 'जयचन्द्रप्रकाश' नामक एक ग्रन्थ लिखा था, जो अब नहीं मिलता। शुक्ल जी ने एक 'भट्ट भणन्त' की चर्चा की है[१] जिसमें केदार को शहाबुद्दीन गोरी का दरबारी कवि बताया गया है; पर वे इस 'भट्ट भणन्त' को विश्वास-योग्य नहीं मानते। परन्तु, रासो के अट्ठावनवें समय में सचमुच ही एक दुर्गा केदारभट्ट की विस्तृत चर्चा है, जो शहाबुद्दीन के दरबार से

---

१. प्रथम विधाता ते प्रगट भए बन्दीजन
पुनि पृथुजंज्ञ तें प्रकास सरसान है ।
माने सूत सौनकन बाँचक पुरान रहे,
जस को बखानै महासुख सरसान है ।।
चंद चौहान के केदार गोरी साह जू के,
जंग अकबर के बखाने गुनगान है ।
काव्य कैसे मांस अजनास धनभाँटन को
लूटि धरै ताको खुरा खोज मिटि जान है ।।

आया था और कवि चन्द के साथ उसका केवल वाग्युद्ध ही नहीं हुआ था, बल्कि तन्त्र-मन्त्र के जोर की आजमाइश भी हुई थी। इस प्रकार, यह बात केवल भट्ट भणन्त नहीं है, किसी पुरानी अनुश्रुति की स्मारक है। इसी प्रकार, रासो के उन्नीसवें समय में माधो भाट को शहाबुद्दीन का राजकवि बताया गया है। यह व्यक्ति शहाबुद्दीन का विश्वासपात्र था और वह पृथ्वीराज के दरबार की गुप्त खबरें संग्रह कर रहा था। वह कई भाषाएँ बोल सकता था। हिन्दुओं से तो हिन्दुओं की भाषा बोलता था और मुसलमानों से मुसलमानों की। जो जैसे समझ सकता था, उसे माधो भाट उसी प्रकार समझा देता था :

हिन्दू हिन्दुअ वचने रचने मेच्छाय मेच्छयं वचनं।
जं जं जेम समज्झै तं तं समुझाय माधवं भट्ट।।

धर्मायन (ध्रमाइन) कायस्थ ने इस कवि को दरबार के भेद बता दिये थे। इन बातों से जान पड़ता है कि परम्परया यह बात विदित थी कि शहाबुद्दीन के दरबार में हिन्दू भाट सम्मान पाते थे। सम्भवतः, पण्डित रामचन्द्र शुक्ल जिसे मधुकर भट्ट कहते हैं, वे माधो ही हों। यह बात सम्भव जान पड़ती है। क्योंकि, महमूद ने बहुत थोड़ा पहले ही गजनी के ब्राह्मण राजाओं से राज्य छीना था और वहाँ तब भी बहुत से हिन्दू थे और कुछ पुराने बन्दी जन भी उसके आश्रय में रह गये हों तो आश्चर्य करने की बात नहीं है। जो हो, इससे केवल इतना ही सिद्ध होता है कि सुदूर गजनी में भी कुछ भाषा-कवि वर्त्तमान थे; परन्तु उनकी कविता कैसी होती थी, भाषा कैसी थी, यह जानने का कोई उपाय नहीं है। एक बात और भी विचारणीय है—

'शिवसिंहसरोज' (पृ० ३६०) में बताया गया है कि केदार कवि अलाउद्दीन गोरी के दरबार में रहता था। 'गोर' गजनी के उत्तर-पश्चिम में एक पहाड़ी इलाका है। यहाँ पहले हिन्दुओं की बस्ती भी थी और राज्य भी था। सुलतान महमूद के काल में ये लोग मुसलमान होने लगे। महमूद के बाद भी गजनी के अधिकार में ही गोर का इलाका था। सुलतान बहराम ने गोर के सरदार कुतुबुद्दीन और उसके भाई सईफुद्दीन को क्रूरतापूर्वक मरवा डाला। इनका एक और भाई अलाउद्दीन गोरी था। उसने जब इस क्रूरतापूर्ण हत्या की बात सुनी तब बदला लेने का निश्चय किया। बहराम बहुत बड़ी गजसेना के साथ गोर पर चढ़ आया। अलाउद्दीन ने उसे हरा

दिया और फिर गजनी पर क्रोधपूर्वक आक्रमण करके उसे जलाकर छार-खार कर दिया। इस क्रूर अग्निकाण्ड के कारण उसे 'जहाँ सोज' कहकर स्मरण किया गया है। 'जहाँ सोज' अर्थात् 'जगद्दाहक'। इसी का भतीजा मुहम्मद गोरी था जो अपने भाई गयासुद्दीन की ओर से राज्य करता था। वह बहुत महत्त्वाकांक्षी था और इसने केवल गजनी जीतकर ही सन्तोष नहीं किया; बल्कि भारतवर्ष में धावे-पर-धावे बोल दिये। इसी का दूसरा नाम शहाबुद्दीन (धर्म का ज्वलन्त नक्षत्र) था। अलाउद्दीन के थोड़ा पहले हिन्दुओं का राज्य था और उसका वंश भी सम्भवतः एकाध पुश्त पहले ही मुसलमान हुआ था। तुर्की की तरह वे पुस्तैनी मुसलमान नहीं थे। इसलिए, यह सम्भव जान पड़ता है कि माधव और केदार भट्ट अलाउद्दीन के दरबार में रहे हों और शहाबुद्दीन ने भी उन्हें अपना विश्वासपात्र समझा हो। बाद में जयचन्द्र के पतन के बाद लोगों में यह धारणा बन गई हो कि ये लोग जयचन्द्र के कवि होंगे; क्योंकि राजपूताने में इस प्रकार का विश्वास किया जाने लगा था कि जयचन्द्र मुहम्मद गोरी का मित्र था। रासो में तो जयचन्द्र की मुसलमानी सेना का भी उल्लेख है।

भट्ट केदार और भट्ट मधुकर गोरी-दरबार के कवि हों या जयचन्द्र के दरबार के, उनकी रचनाओं का कुछ पता नहीं चलता और इसलिए उनके सम्बन्ध में कुछ कहना सम्भव नहीं है। इतना अवश्य है कि काशी-कन्नौज के दरबार में अन्तिम दिनों में भाषा-कविता का मान होने लगा था। प्राकृतपैंगल में किसी या किन्हीं अज्ञात कवियों की रचनाएँ उदाहरण-रूप में उद्धृत हैं जो स्पष्ट ही काशीश्वर (सम्भवतः जयचन्द्र) की महिमा बखानने के लिए लिखी गई थीं। कविताओं में बड़ी ही प्रौढ़ भाषा का नमूना मिलता है। दो-एक उदाहरण दिये जा रहे हैं :

रे गोड थक्कन्ति ते हत्थि जूहाइं। पल्लट्टि जुज्झन्ति पाइक्क बूहाइं।
कासीसु राआ सरासार अग्गेण। की हत्थि की पत्ति की वीरवग्गेण।

{अरे गौड़ (देश के राजा)! तेरे हाथियों के यूथ थक गये हैं, पदातिक सेना के व्यूह पलटकर जूझ रहे हैं। जब काशी के राजा के बाणों की वर्षा होने लगती है तब कोई भी, क्या हाथी, क्या पैदल सेना और वीरवर्ग—सामने नहीं डट सकता।}

राअह भग्गंता दिग लग्गंता, परिहर हअ गअ घर घरिणी।
लोरहि भर सरवरु पअ अरु परिकरु लट्टोइ पिट्टई तणु धरनी ।।

पुणु उट्ठइ संभलि करु दंतंगुलि बाल तनअ कर जमल करे ।
कासीसरु राआ राहलु काआ, करु माआ पुणु थप्पि घरे।।

{शत्रु राजा अपने हाथी, घोड़े, घर और घरनी को छोड़कर दिगन्तरों में भाग गये। उनके पदातिक और परिकर लोग तथा परिवार की स्त्रियाँ छाती पीटकर रोने लगीं और धरती पर लोटने लगीं। उनके आँसुओं से तालाब भर गये। फिर वे सँभलकर उठीं, दाँतों तले अँगुली दबाकर बालक पुत्रों को गोद में लिये हुए हाथ जोड़कर उपस्थित हुईं। स्नेहल कायावाले काशीश्वर ने उन पर दया की और फिर से उन्हें अपने-अपने पदों पर प्रतिष्ठित किया।}

इसीप्रकार की और भी कई रचनाएँ मिलती हैं। राहुल जी का अनुमान है कि ये सब रचनाएँ विद्याधर की होंगी। ऐसा जान पड़ता है कि दो सौ वर्षों तक काशी में और कान्यकुब्ज में राज्य करने के कारण गाहड़वाल-नरेश काशी और कान्यकुब्ज की भाषा को अपनी भाषा समझने लगे थे और शुरू-शुरू के गाहड़वालों में अपने को स्थानीय जनता से विशेष और भिन्न समझने की जो प्रवृत्ति थी, वह कम होने लगी थी। गोविन्दचन्द्र के सभापण्डित दामोदरभट्ट ने राजकुमारों को काशी की भाषा में संस्कृत सिखाने का प्रयत्न किया था और उसका परिणाम यह हुआ कि राजकुमार अब अपने को इसी प्रदेश के लोगों में से समझने लगे थे और धीरे-धीरे देशी भाषा को भी इस दरबार में प्रोत्साहन मिलने लगा था। दुर्भाग्यवश जयचन्द्र के साथ ही प्रोत्साहन और प्रवृत्ति दोनों का अन्त हो गया।

परन्तु इतना सत्य है कि ये गाहड़वाल कहीं बाहर से आये थे। कहाँ से आये थे, यह विवादास्पद है। जोधपुर के राठौड़ अपने को जयचन्द्र का वंशज मानते हैं और बदायूँ में भी महमूद के आक्रमण के समय कोई राठौड़वंशीय राजा चन्द्र राज्य करता था। यह नहीं बताया गया कि वह बदायूँ में कहाँ से आया था; परन्तु अनुमान कर लिया जा सकता है कि गजनी के अमीरों के दबाव से जो राजपूत पंजाब या गान्धार छोड़कर पूरब की ओर आये, उन्हीं में यह राजवंश भी था। चन्द्र की छठी पुश्त में मदनपाल हुआ था जिसकी प्रशंसा में कहा गया है कि उसी की शक्ति के कारण हम्मीर गंगा की ओर नहीं आ सका। हम्मीर अर्थात् अमीर जो हो, यह अनुमान किया गया है कि इसी वंश के प्रथम राजा चन्द्र ने और भी आगे बढ़कर कान्यकुब्ज पर अधिकार कर लिया था। यह सम्भव जान

पड़ता है। यह अनुमान यदि ठीक हो तो गाहड़वाल दक्षिण से नहीं, पश्चिम से आये थे। काशी कान्यकुब्ज में उस समय तक भी दक्षिण के राष्ट्रकूटों की स्मृति बनी थी। वे जैन थे। सम्भवतः, उनसे अपने को भिन्न घोषित करने के लिए ही इन राजाओं ने अपनी प्रशस्तियों में 'राष्ट्रकूट' शब्द का व्यवहार नहीं किया; पर उनके घर में यह परम्परा बराबर बनी रही कि वे 'राठौड़' हैं। मुझे लगता है कि काशी के आस-पास के गाहरवार इन्हीं गाहड़वालों के उत्तराधिकारी हैं। गोत्र और कुल का विवाद खड़ा करके इनको जोधपुर के राठौड़ों से या काशी के गाहड़वाल-राजाओं से भिन्न बताने वाले इस देश में राजपूत गोत्रों की परम्परा से एकदम अपरिचित हैं।

परन्तु यह थोड़ी अवान्तर बात आ गई। प्रकृत प्रसंग यह है कि गाहड़वाल-राजा शुरू-शुरू में अपने को इस प्रदेश की जनता से भिन्न और विशिष्ट बने रहने की प्रवृत्ति के कारण देशी भाषा और उसके साहित्य को आश्रय नहीं दे सके और यही कारण है कि जहाँ तक उनका राज्य था वहाँ तक का कोई देशी भाषा का साहित्य सुरक्षित नहीं रह सका। अन्तिम पीढ़ियों में ये लोग देशी भाषा के साहित्य को प्रोत्साहन देने लगे थे; किन्तु तब तक दुर्भाग्य का प्रहार हुआ और सम्पूर्ण उत्तरी भारत विदेशी शासन से आक्रान्त हो गया। इन नये शासकों को देशी जनता के साथ एक होने में और भी अधिक समय लगा।

उधर अजमेर के चौहान उस प्रदेश के पुराने वाशिन्दे थे। सन्-ईसवी की आठवीं शताब्दी के मध्यभाग में ही सपादलक्ष (सवा लाख लगान का देश) या शाकम्भरी क्षेत्र (साँभर) में सामन्तसिंह ने चौहानवंश का राज्य स्थापित किया था। उसने उसी समय सिन्ध की ओर से बढ़ते हुए अरबों से कस के लोहा लिया था और इस प्रकार चौहानों की वह वीर-परम्परा स्थापित की थी जो तृतीय पृथ्वीराज के समय तक मुस्लिम-वाहिनी से निरन्तर टक्कर लेने में प्रख्यात हो चुकी है। महमूद ने साँभर को नहीं छोड़ा था। इसलिए यह राज्य बचा रह गया था। प्रथम पृथ्वीराज के पुत्र अजयपाल ने साँभर से अपनी राजधानी अजमेर में हटा ली थी। अजमेर का नाम अजयसिंह के नाम पर ही है। इस वंश में अर्णोराज और चतुर्थ बीसलदेव (विग्रहराज) बहुत ही प्रतापी और कविकल्पवृक्ष राजा हुए। बीसलदेव स्वयं अच्छे कवि थे। उनका लिखा एक प्रस्तरखण्ड पर क्षोदित 'हरकेलि नाटक' आंशिक रूप में प्राप्त हुआ है।[१] इसका आधार किरातार्जुनीय

१. इं० ए० जिल्द २०, १८६१; पृ० २०१-२२२ में रोमन अक्षरों में पाठ छपा है।

काव्य है, इसमें राजा स्वयं अर्जुन का स्थानापन्न है। महादेव जी उसे दर्शन भी देते हैं। इनके राजकवि सोमदेव ने 'ललितविग्रहराज' नाम का एक नाटक लिखा था। यह भी एक प्रस्तरखण्ड पर आंशिक रूप में क्षोदित मिला है। इसमें इन्द्रपुर के राजा वसन्तपाल की पुत्री देसलदेवी के साथ बीसलदेव के प्रेम का वर्णन है। राजा और राजपुत्री कल्पित जान पड़ते हैं और उन दिनों के ऐतिहासिक समझे जाने वाले काव्यों की प्रकृति का सुन्दर परिचय देते हैं। इसी बीसलदेव के काल्पनिक प्रेम कथानक को परवर्ती काव्य बीसलदेव रासो में वर्णन किया गया है। यहाँ प्रेमपात्री मालवा के परमाल राजा भोज की कल्पित पुत्री राजमती है। इस काव्य में बीसलदेव रूठकर उड़ीसा की ओर जाता है; परन्तु 'ललितविग्रहराज' में वह प्रिया के पास यह सन्देश भिजवाता है कि पहले हम्मीर (=अमीर) का मानमर्दन कर लूँ तब उसके पास आऊँगा। दोनों ही कवियों ने ऐतिहासिक तथ्यों की परवाह न करके उन दिनों की प्रचलित प्रथा के अनुसार सम्भावनाओं पर जोर दिया है। बीसलदेव कवियों का आश्रयदाता था और उसके दरबार में भाषा-काव्य की थोड़ी प्रतिष्ठा भी थी। नरपति नाल्ह के बारे में तो, जैसा कि हम आगे चलकर देखेंगे, यह सन्देह ही है कि वह कब का कवि है; पर अनुश्रुतियाँ सिद्ध करती हैं कि बीसलदेव के भाषा-कवियों का मान था। वह स्वयं बड़ा प्रतापी राजा था। काशी-कान्यकुब्ज के राजाओं की भाँति यह वंश बाहर से नहीं आया था और साधारण जनता की भाषा की उपेक्षा नहीं करता था। दिल्ली के लौहस्तम्भ पर उसने गर्वपूर्वक घोषणा की थी कि मैंने विन्ध्याचल से हिमालय तक की सभी भूमि को म्लेच्छ-विहीन करके यथार्थ आर्यावर्त्त बना दिया है। अपने वंशजों को पुकारकर वह कहता है कि मैंने तो हिमालय और विन्ध्याचल के मध्यवर्त्ती देश को करद बना लिया है, परन्तु बाकी पृथ्वी को जीतने में तुम लोगों का मन उद्योग-शून्य न हो, इस बात का ध्यान रहे।[1] बीसलदेव नाम ही अपभ्रंश नाम है। 'प्रबन्धचिन्तामणि' में

---

१. आविन्ध्यादाहिमाद्रेर्विरचितविजयस्तीर्थयात्राप्रसङ्गा-
दुद्ग्रीवेषु प्रहर्त्ता नृपतिषु विनमत्कन्धरेषु प्रसन्नः।
आर्यावर्त्तं यथार्थं पुनरपि कृतवान् म्लेच्छविच्छेदनाभि-
र्देवः शाकम्भरीन्द्रो जगति विजयते वीसलः क्षोणिपालः।।
ब्रूते सम्प्रति चाहमानतिलको शाकम्भरीभूपतिः
श्रीमद्विग्रहराज एष विजयी सन्तानजानात्मजान्।
अस्माभिः करदं व्यधायि हिमवद्विन्ध्यान्तरालं भुवः
शेषस्वीकरणाय मास्तु भवतामुद्योगशून्यं मनः।। —इं० ए० जि० १६, पृ० २१८

एक मजेदार कहानी है, जिसमें बताया गया है कि बीसलदेव ने अपना नाम बदलकर विग्रहराज क्यों रखा ? बीसलदेव का एक सान्धिविग्रहिक 'कुमारपाल' की सभा में आया। उसने 'बीसल' को संस्कृत 'विश्वल' {विश्व को (जीत) लेनेवाला} से व्युत्पन्न बताया। कुमारपाल के मंत्री कपर्दी ने 'विश्वल' (वि=पक्षी, श्वल=भागनेवाला) का अर्थ किया—चिड़ियों की तरह भागनेवाला। यह सुनकर बीसलदेव ने अपना नाम बदलकर विग्रहराज रखा। पर पर्दी ने इसका भी बेढंगा अर्थ सिद्ध कर दिया। उसने बताया कि इस शब्द का अर्थ हुआ शिव और ब्रह्मा की नाक काटनेवाला (वि+ग्र+हर+अज) ! तब बीसलदेव ने अपना नाम 'कविबान्धव' रखा। यह कहानी तो परवर्त्ती काल का विनोद है; किन्तु इससे एक बात सिद्ध होती है कि बीसलदेव अपने को 'कविबान्धव' कहता था और उसका यह कहना ठीक था। 'पुरातनप्रबन्ध-संग्रह' में उसकी रानी नागल देवी को संगीतकला में अत्यन्त निपुण बताया गया है। राजा बीसलदेव स्वयं संगीत से एकदम अनभिज्ञ था। रानी ने उसे संगीत-विद्या सिखाई थी। जैन-प्रबन्धों से बीसल देव के समय की कुछ देशी भाषा की रचनाओं का भी परिचय मिल जाता था

बीसलदेव के राज्य में जगडू साहू (वसाह जगडुक) बड़े प्रसिद्ध दानी थे। इन्होंने अकाल के समय जनता की बड़ी सेवा की थी और तत्कालीन कवियों ने इनके दान की बड़ी प्रशंसा की है :

नियतिदानदाता हरिकान्ताहृदयशृङ्गारः ।
दुर्भिक्षसन्निपाते त्रिजगड जगड चिरं जीयात् ।

—पु० प्र०, टि० ८०

{नियति अर्थात् संरक्षित निधि को भी दे देनेवाले, लक्ष्मी के हृदय का हार रूपी शृंगार, दुर्भिक्ष रूप सन्निपात-रोग के लिए त्रिजगडु (ओषधि) जगडू साह चिरजीवी हों।}

देशी भाषा में इनकी दानशाला की प्रशंसा में कुछ पद्य प्रचलित हैं। एक दोहा मिलता है, जिसमें बताया गया है कि कलियुग में जगडू साह की दानशाला के समान कितनी दानशालाएँ हैं ! इस दोहे की प्रथम पंक्ति कुछ अस्पष्ट है :

नव करवाली मणिअडा तिहिं अग्गला चियारि।
दानसान जगड तणी कित्ती कलिहि मझारि ।।

—पु० प्र०, टि० ८०

इसका पाठ 'उपदेशतरंगिणी' (पृ० ४१) में इस प्रकार है :

नउ करवाली मणियडा ते अग्गीला च्यारि ।
दानसाल जगडूतणी दीसइ पुहवि मंझार ।।

जगडू बड़े सीधे-सादे थे। उस समय के सभी राजाओं को उन्होंने अकाल में सहायता देने के लिए अशर्फियों से सहायता की थी। बीसलदेव को आठ हजार स्वर्णमुद्राएँ दी थीं, लाहौर के तुर्क अमीरों को १६ हजार और सुलतान को २१ हजार स्वर्णमुद्राएँ दी थीं ! :

अट्ठय मूड सहस्सा बीसल देवस्य सोल हम्मीरा ।
एकबीसा सुलताना पयदिन्ना जगडु दुक्काले ।।

'मूड' का अर्थ मैंने 'मुद्रा' कर लिया है। पाठकों को जानकारी के लिए यह बता देना आवश्यक है कि जिस प्रसंग में इन श्लोकों को किसी ने 'पुरातनप्रबन्ध-संग्रह' के हाशिए पर लिखा है, वहाँ १८,००० मूढक चना बीसलदेव को देना कहा गया है जो माप-विशेष का वाचक है। यदि यहाँ 'मूड' शब्द 'मूढक' के अर्थ में प्रयुक्त समझा जाय तो अर्थ माप का ही होगा। परन्तु यह श्लोक उक्त प्रसंग का अंग नहीं है और अन्य ग्रन्थों में भी मिल जाता है। इसलिए मैंने 'मुद्रा' अर्थ ही ठीक समझा है।

इस प्रकार के उदार दानी धनकुबेर के बारे में प्रसिद्ध है कि वे इतने सीधे-सादे वेश में रहते थे कि एक बार राजा बीसलदेव उन्हें पहचान ही नहीं सके, और जब परिचय कराया गया तब आश्चर्य के साथ पूछ बैठे कि ऐसा वेश क्यों बनाया है ? जगडू ने नम्रता के साथ उत्तर दिया कि महाराज, कपड़े और गहनों से शोभा नहीं बढ़ती; मनुष्य गुण से शोभा पाता है। गहना पहनकर छोटी अँगुलियाँ सुशोभित होती हैं, मध्यमा तो अपनी बड़ाई से ही बड़ी लगती है ! :

तन्वन्ति डम्बरभरैर्महिमा न मन्ये श्लाघ्यो जनस्तु गुणगौरवसम्पदैव।
शोभा विभूषणगुणैरितराङ्गुलीनां ज्येष्ठत्वमेव रुचिरं खल मध्यमायाः।।

ऐसे उदार और सरल दानवीर की महिमा बखानने के लिए कवियों की भाषा यदि मुखर हो उठी तो इसमें आश्चर्य करने की बात नहीं है। बीसलदेव का विरुद जगडू के दान पर अवलम्बित था :

बीसल दे विरुअं करई जगडु कहावइ जी।
तुउ परीलइ फालिसउ एउ परीसइ घी ।।

{किसी कवि या याचक की उक्ति है कि बीसलदेव तो केवल विरुद

धारण करता है या यश कमाता है और जगडू से 'जी' कहवाता है। किन्तु, हे बीसलदेव, तुम तो रूखी (फालिस=परुष) परसते हो और वह घी परसता है !}

इस प्रकार के अजमेर में आगे चलकर चन्दवरदाई-जैसे महाकवि का होना उचित ही है। समुद्र में ही कौस्तुभमणि के उत्पन्न होने की सम्भावना सोची जा सकती है।

इसी प्रकार, कालिंजर के चन्देलों का वंश बहुत काल से बुन्देलखण्ड में राज्य कर रहा था। इन चन्देलों ने अपनी प्रशस्तियों में अपने को चन्द्रात्रेय गोत्र का कहा है। पण्डितों में इस गोत्र को लेकर भी थोड़ा चखचख है। कुछ लोग कहते हैं कि चन्द्रात्रेय शब्द 'चन्देल्ल' शब्द के आधार पर बना ली गई परवर्त्ती कल्पना है। मुझे ऐसा लगता है कि यह शब्द वस्तुतः पुरोहित के गोत्रनाम का अपभ्रंश रूप है। अनुमान किया जा सकता है कि इन क्षत्रियों के पुरोहित वही शाण्डिल्यगोत्री ब्राह्मण थे, जिन्हें कभी कर्ण के साथ सरयू पार आना पड़ा था और इस शाण्डिल्य का ही अपभ्रंश रूप 'चन्देल्ल' है। बाद में इसका मूल अर्थ भुला दिया गया और चन्देल का संस्कृत रूप उसी प्रकार 'चन्द्रात्रेय' बना लिया गया, जिस प्रकार 'त्रिपुर' या 'तेवार' के रहनेवाले तिवारी ब्राह्मणों ने 'तिवारी' शब्द को त्रिपाठी के रूप में संस्कृत बनाया। इन राजाओं के दरबार में भी भाषाकवि का मान था। इनका सबसे अन्तिम प्रतापी राजा परमर्दी या परमाल था जिसने ११६५ से १२०३ ई० तक राज्य किया। इसी के दरबार में बणाफर-कुल के प्रसिद्ध वीर आल्हा और ऊदल थे। पृथ्वीराज से परमर्दी का युद्ध हुआ था जिसका वर्णन जगनिक के महोबा खण्ड में हुआ है। इसमें परमर्दी हार गया और आल्हा-ऊदल काम आये। पृथ्वीराज ने महोबे में अपने प्रसिद्ध सरदार पज्जून को रखा। पृथ्वीराज का एक लेख मदनपुर में प्राप्त हुआ है, जिससे इस घटना की ऐतिहासिकता प्रमाणित होती है। लेकिन, इस युद्ध में हारने के बाद भी परमर्दी जीवित था और शक्तिशाली भी बना रहा। सन् १२०३ ई० में वह कुतुबुद्दीन से लड़ा था। पृथ्वीराज से उसकी लड़ाई सन् ११८२ ई० में हुई थी। उस समय इस महाप्रतापी राजा का बल टूट गया होगा और वह आसानी से आगे चलकर मुसलमानों के हाथ पराजित हो सका होगा, इन बीस वर्षों के भीतर ही कभी जगनिक का वह ओजपूर्ण काव्य लिखा गया होगा, जो बहुत दिनों तक आल्हा और

ऊदल की स्मृति में लोककण्ठ में जीता रहा और बहुत दिनों तक अपने क्षेत्र में ही सीमित बना रहा। फिर कई सौ वर्ष बाद अत्यन्त परिवर्त्तित रूप में लिखवाया गया। वह स्वाभाविक भी था। क्योंकि, जब काव्य के आश्रयदाता राजा उच्छिन्न हो गये तब उसका एकमात्र सहारा जनचित्त ही रह गया। किसी धर्म-सम्प्रदाय का तो उसे सहारा मिलना नहीं था, इसलिए वह काव्य बहुत परिवर्त्तित रूप में प्राप्त हुआ है; परन्तु चन्देल्ल-दरबार में भाषा-काव्य के सम्मानित होने का सबूत अवश्य देता है।

दूसरी ओर गुजरात और मालवा के राजवंश थे। गुजरात के राजा कुमारपाल तो बाद में जैनाचार्य हेमचन्द्र के प्रभाव से जैन हो गये थे। यद्यपि कुछ लोग उनके जैनधर्म-ग्रहण के बारे में सन्देह ही करते हैं; परन्तु इसमें कोई सन्देह नहीं करता कि वे जैन-प्रभाव में आये थे और जैनधर्म को उन्होंने बहुत प्रोत्साहन भी दिया। मालवा के परमार वैदिक धर्मानुयायी थे; परन्तु उन्होंने देश्यभाषा की उपेक्षा नहीं की। गुजरात के राजाओं का आश्रय पाने के कारण वहाँ अपभ्रंश देश्यभाषा खूब फली-फूली। मान्यखेट के राष्ट्रकूटों ने भी अपभ्रंश का मान किया। उत्तर भारत के स्वयंभू और पुष्पदन्त-जैसे प्रतिभाशाली कवियों की कृतियाँ वहीं सुरक्षित हुईं। उधर पूर्व में, पश्चिमी बंगाल में, गौड़ों का दुर्दान्त राज्य था। ये लोग बौद्ध थे और उन्होंने तत्कालीन सहजयानी बौद्धधर्म को प्रोत्साहन और संरक्षण दिया। इन पालवंशी गौड़ राजाओं की कृपा से ही बौद्ध सिद्धों के कुछ देशीभाषा के गान लिखित हुए, जो बाद में नेपाल-दरबार का राज्याश्रय पाकर किसी प्रकार सुरक्षित रह गये हैं। पर इन बौद्ध राजाओं की देशी भाषा और बौद्धधर्म को प्रश्रय देने की प्रतिक्रिया भी हुई और पूर्वी बंगाल में कर्णाट देश से आये हुए सेन राजाओं का अभ्युदय हुआ, जिन्होंने संस्कृत-भाषा और ब्राह्मणधर्म को बंगाल में फिर से सहारा दिया। सेन राजा गाहड़वारों की भाँति पक्के वैदिक मतानुयायी थे और स्थानीय लोगों से अपने को भिन्न और श्रेष्ठ समझते थे। कुलीनता के अभिमान को इन राजाओं ने बंगाल में बद्धमूल कर दिया। यही कारण है कि इस काल में पूर्वी बंगाल में देशी भाषा का साहित्य नहीं मिलता। पाल राजाओं की कृपा से सुरक्षित साहित्य वर्त्तमान बिहार के पूर्वी और पश्चिमी बंगाल के पश्चिमी इलाकों में लिखित साहित्य है। निस्सन्देह, उनमें मध्यदेश की भाषा और साहित्य के भी कुछ चिह्न हैं; क्योंकि पाल राजाओं का सम्बन्ध बराबर काशी और

कान्यकुब्ज से बना रहा। यह सम्बन्ध तीन प्रकार से रक्षित रहा—युद्ध से, विवाह से, तीर्थयात्रा से। इस प्रकार इस साहित्य के आधार पर हम मध्यदेश की साहित्य-साधना का आभास पा सकते हैं। सुप्रसिद्ध महाराज गोविन्द्रचन्द्र की रानी कुमारदेवी गौड़ के राजा रामपाल के मामा महत की दौहित्री थीं और उन्हीं के सामन्त देवरक्षित की पत्नी। उन्होंने सारनाथ में बौद्ध विहार बनवाया था। उनका एक दानपत्र प्राप्त हुआ है। इस सम्बन्ध से यह सूचित होता है कि युद्ध-विग्रह होते रहते थे और विवाह-सम्बन्ध भी चलते ही रहते थे। तीर्थयात्रा तो थी ही। अस्तु।

गाहड़वालों के शासनकाल में समूचा हिन्दी-भाषी क्षेत्र स्मार्तमतानुयायी था। उनका प्रभाव जब क्षीण हो गया और अजमेर, कालिंजर आदि अधीनस्थ प्रान्तों में स्वतन्त्र राज्य स्थापित हुए तब भी स्मार्तमत ही प्रबल रहा। इस समय शैवमत का भी बड़ा प्रभाव था। सिद्धियों की महिमा प्रतिष्ठित हो गई थी। शैवमतानुयायी नाथयोगियों, रसेश्वरमत के माननेवाले रस-सिद्धों और मन्त्र-तन्त्र में विश्वास करने वाले शाक्त-साधकों का इन क्षेत्रों में बड़ा जोर था। उन दिनों के साहित्य में इनकी बड़ी चर्चा आती है, परन्तु जैनों की भाँति इन शैव-साधकों के संगठित मत नहीं थे और देशी भाषा पर विशेष अनुराग भी नहीं था। फिर इनके उपदेश में साधारण जनता के सम्बन्ध में बड़ी अवज्ञा का भाव है। वे इन अधम जीवों को भय ही दिखाते थे। चौरासी लाख योनियों में निरन्तर भरमते रहनेवाले, काम-क्रोध के कीड़े, मायापंक में आपाद-मस्तक डूबे हुए, अज्ञानी जीव केवल घृणा करने और तरस खाने के पात्र माने जाते थे। गृहस्थ इन योगियों से डरता था। इब्नबतूता ने ग्वालियर-कालिंजर में इन योगियों को देखा था। उन दिनों लोग इनसे भयभीत थे; क्योंकि उनका विश्वास था कि ये आदमियों को खा जाते हैं! इस प्रकार, जनता के प्रति अवज्ञा और घृणा का भाव रखने वाले लोग लोकभाषा में कुछ लिखते भी हों तो वह लोक-मनोहर हो नहीं सकता। कुछ थोड़ी-सी रचनाएँ इन योगियों की मिल जाती हैं; पर एक तो उन्हें जैन पुस्तकों के समान संगठित भाण्डारों का आश्रय नहीं मिला, दूसरे वे आल्हा आदि की भाँति लोक-मनोहर भी नहीं हो सकीं। इनकी रक्षा का भार सम्प्रदाय के कुछ अशिक्षित साधुओं के हाथों रहा। उन्होंने इन रचनाओं को प्रमाणित रूप में सुरक्षित रखने का प्रयत्न नहीं किया। जो कुछ भी साहित्य बचा है, वह केवल इस बात की सूचना दे

सकता है कि वह किस श्रेणी का रहा होगा और उसकी प्राणवस्तु कैसी थी। परवर्त्ती साहित्य में इन योगियों का उल्लेख दो प्रकार से आया है—(१) सूफी कवियों की कथा में नाना प्रकार की सिद्धियों के आकार के रूप में और (२) सगुण या निर्गुण भक्त कवियों की पुस्तकों में खण्डनों और प्रत्याख्यानों के विषय के रूप में। दोनों ही बातें इनके प्रभाव की सूचना देती हैं। कभी-कभी दादू-पन्थी या निरंजनी जैसे सम्प्रदायों के सन्त-वचन-संग्रहों में इन नाथ सिद्धों की कुछ रचनाएँ संगृहीत मिल जाती हैं। हाल ही में मैंने इस प्रकार की बानियों का एक संग्रह सम्पादित किया है, जो नागरी-प्रचारणी सभा की बिड़ला-ग्रन्थमाला में प्रकाशित हो रहा है।

ग्यारहवीं शताब्दी के आरम्भ में कलचुरिवंश के राजा लोग भी परम शैव थे। युवराज देव के राज्य में पाशुपतों के कालामुख-सम्प्रदाय का बड़ा मान था। युवराज देव ने रीवा के पास स्थित गोरगी (गोलगिरि, गोलकी) नामक स्थान पर एक विशाल शैवमठ की स्थापना कराई थी जिसकी शाखा सुदूर दक्षिण तक फैली हुई थी। मद्रास प्रान्त के मलकापुरम् ग्राम के एक शिलालेख से पता चलता है कि गंगा और नर्मदा के अन्तराल के डाहल देश (वर्त्तमान बुन्देलखण्ड) है। उसमें सद्भावशम्भु नाम के शैव साधु थे, जिन्हें कलचुरि राजा युवराजदेव ने तीन लाख गाँवों का एक प्रदेश भिक्षा में दिया था। उसी में गोलकी या गोलगिरि मठ की स्थापना हुई थी। इस मठ के माध्यम से दक्षिण और उत्तर के शैवमतों में सम्बन्ध स्थापित हुआ था। कहते हैं, त्रिपुरी के पास जो चौंसठ योगिनियों का मन्दिर है, वह भी किसी समय इसी मठ की शाखा रहा होगा (दे० : ना० प्र० पत्रिका, भाग ६, अंक ४ में रायबहादुर हीरालाल का लेख) कलचुरियों का सबसे प्रतापी राजा कर्ण परम शैव था। उसने काशी में बारहमंजिला शिवमन्दिर बनवाया था, जिसका नाम कर्णमेरु रखा था। उसने काशी को अपनी राजधानी भी बनाना चाहा था; परन्तु किसी कारणवश उसकी मनोकामना पूर्ण नहीं हुई और वह काशी छोड़ने को बाध्य हुआ। उसके साथ आये हुए ब्राह्मण अब भी काशी और सरयू पार में प्रतिष्ठित हैं। गाहड़वाल-राजाओं की सत्ता स्थापित होने के बाद इस मत को कोई क्षति नहीं पहुँची, सहायता ही मिली। सिद्धियों के प्रति लोगों का विश्वास दृढ़ ही हुआ। उत्तर और दक्षिण से शैव-साधना की लहरें आती रहीं और एक दूसरे को बल देती रहीं।

कर्ण के दरबार में (ग्यारहवीं शती का उत्तरार्द्ध) अपभ्रंश-कवियों का

सम्मान था। जैन भण्डारों में सुरक्षित पुस्तकों में भाषा परिनिष्ठित अपभ्रंश के निकट की है; किन्तु प्राकृत-पैंगलम् की कई कविताएँ उदाहरण रूप में उद्‌धृत हैं जिनमें कर्ण की प्रशंसा है। ये कविताएँ अग्रसरीभूत अपभ्रंश या अवहट्‌ठ की हैं और हिन्दी के चारण कवियों की भाषा का पूर्वरूप हैं। किसी-किसी कविता में कर्ण के दरबारी कवि बब्बर का नाम भी आ गया है। यह कहना कठिन है कि राजस्तुतिपरक सभी कविताएँ बब्बर की ही हैं या नहीं; पर जिनमें बब्बर का नाम आया है, वे निश्चित रूप से बब्बर की कही जा सकती हैं। इन कविताओं में भाषा बहुत सुथरी है और कलचुरि कर्ण के गुर्जर, महाराष्ट्र, ओड्र, मालवा आदि के जीतने का उल्लेख है :

हण उज्जर गुज्जर राअ कुलं।
दल दलिअ चलिअ मरहट्ट बलं।।
बल मोडिअ मालव राअ कुला।
कुल उज्जल कलचुलि कहाण फुला।।

{उज्ज्वल गुर्जर-राजकुल को नष्ट कर दिया, मरहट्‌ठों की सेना के दलों को भगाकर कुचल दिया और मालवराज-कुल को मोड़ दिया। इस प्रकार राजा कर्ण उज्ज्वल कलचुरि-कुल का कर्णफूल बन गया!} इसी प्रकारः

जुज्झ भट भूमि पड़, उट्ठि पुण लग्गिआ।
सग्ग मण खग्ग हण कोई णहिं भग्गिआ।।
बीस सर तिक्ख कर कराण गुण अप्पिया।
पत्थ तह जोलि दह चाउ सह कप्पिया।।

{भट जूझते हैं, भूमि पर गिरते हैं और फिर उठकर भिड़ जाते हैं। स्वर्ग की ओर मन लगा है। खड्‌ग की मार से कोई भाग नहीं रहा है। इसी समय कर्ण ने अपने धनुष पर बीस बाण चढ़ाये और पार्थ की भाँति चाव के साथ दस धनुष और उन पर चढ़े बाणों को काट दिया!}

बब्बर को वैराग्य बताकर कीर्त्ति का महत्त्व बताने वाली यह रचना परवर्त्ती हिन्दी-साहित्य की कविताओं से भाषा और भाव दोनों में पूर्ण रूप से साम्य रखती है :

ए अत्थीरा देक्ख सरीरा घर जाया।
वित्ता पित्ता सो अर मित्ता सबु माया।
काहे लागो बब्बर बेलावसि मज्झै
एक्का कित्ती किज्जा हि जुत्तीं जइ सुज्झै।।

{यह अस्थिर है, देख शरीर। घर, जाया, वित्त, पिता, सहोदर, मित्र सब माया हैं ! काहे वास्ते 'बब्बर' तू चहराता है (भरमाता है) मुझे; एक ही उपाय है,—कीर्त्ति-अर्जन ! यदि सूझे तो कर।}

बारहवीं शताब्दी में लगभग समूचे भारत में शैवमत का प्राबल्य था। उत्तर में उसका एक प्रधान और महत्त्वपूर्ण रूप नाथमत था, जो दक्षिण के शैवमत से बहुत सम्बद्ध नहीं जान पड़ता। जैनधर्म से प्रभावित होने के कारण, आंशिक रूप से बौद्ध साधना को आत्मसात् करने के कारण, स्मार्त धर्म का आश्रय पाने के कारण और मुस्लिम आक्रमण के रूप में विजातीय संस्कृति की उपस्थिति के कारण वह निर्गुणपन्थी, सहनशील और उदासीन बना रहा। उसका आक्रामक रूप केवल जाति-व्यवस्था के प्रति, मायाजाल में फँसे हुए दयनीय जीवों के प्रति और हिंसामूलक और दुर्नीतिमूलक आचरणों के प्रति जीता रहा। नहीं तो गोरक्षनाथ-जैसे अक्खड़ साधक भी अपने शिष्यों को यही उपदेश दे गये हैं :

कोई वादी कोई विवादी जोगी कौं बाद न करनां।
अड़सठि तीरथ समंद समानैं यूं जोगी को गुरुमषि जरनां।।

और—

हबकि न बोलिबा, ठबकि न चालिबा, धीरैं धरिबा पांव।
गरब न करिबा, सहजैं रहिबा, भणँत गोरष रांव।।

अहिंसा में इन लोगों का उतना ही दृढ़ विश्वास था जितना जैनों या वैष्णवों का। गोरक्षनाथ ने मांसभक्षण और नशा-सेवन दोनों का घोर विरोध किया था :

जोगी होइ पर निंदा झखै। मद मांस अरु भांगि जो भखै।
इकोतर सैं पुरिषा नरकहिं जाई। सति-सति भाषंत श्री गोरख राई।।

और—

अवधू मांस भषन्त दयाधरम का नास
मद पीवत वहां प्राण, नीरास
भांगि भषंत ग्यांन ध्यांन षोवंत
जम दरबारी ने प्राणी रोवंत

इसीप्रकार, ब्रह्मचर्य और इंद्रियसंयम पर भी इन्होंने बहुत जोर दिया है

यंद्री का लड़बड़ा जिभ्या का फूहड़ा
गोरख क्हें ए परतषि चहड़ा।

पूर्वी भारत में बौद्धधर्म के तन्त्र-मन्त्रवाले अन्तिम वज्रयानी रूप का प्राबल्य था। सेन राजाओं के समय उड़ीसा होते हुए दक्षिणी वैष्णवधर्म का प्रवेश बंगाल में हुआ। उत्तर में वैष्णवधर्म उतना ऐकान्तिक नहीं था जितना दक्षिण में। ऐकान्तिक भक्ति के साथ वज्रयानी भावनाओं के मिश्रण से वैष्णवधर्म ने उड़ीसा में एक नया रूप ग्रहण किया। शुरू-शुरू में सेन राजा शैव थे। विजयसेन स्वयं अपने को परम शैव मानते थे; परन्तु उन्होंने प्रद्युम्नेश्वर का मन्दिर बनवाया था जिसकी मूर्त्ति में शिव और विष्णु का मिश्रण था। उस मन्दिर के एक लेख में इस मिश्रमूर्त्ति का बड़ा सुन्दर कवित्वमय वर्णन दिया गया है।[१]

विद्यापति के पदों में शिव और विष्णु के इसी मिश्ररूप का वर्णन इस प्रकार है :

धन हरि हर धन तव कला।
खन पीत वसन खनहिं बघछला।। इत्यादि।

जो लोग विद्यापति के बारे में कहा करते हैं कि वे शैव थे, अतएव वैष्णव भक्त नहीं हो सकते; वे उस काल की इस मनःस्थिति को नहीं जानते। समूचा उत्तर भारत प्रधान रूप से स्मार्त था, शिव के प्रति उसकी अखण्ड भक्ति बनी हुई थी; परन्तु उसमें अपूर्व सहनशीलता का विकास हुआ था और विष्णु को भी वह उतना ही महत्त्वपूर्ण देवता मानता था। शिव सिद्धिदाता थे, विष्णु भक्ति के आश्रय। गाहड़वाल-नरेश अपने को माहेश्वर भी कहते थे और अपनी प्रशस्तियों में लक्ष्मीनारायण की स्तुति भी किया करते थे। इसी सहनशील, उदार और अनाक्रामक धार्मिक मनोभाव की पृष्ठभूमि में हिन्दी का आदिकालीन साहित्य लिखा गया। भक्ति के बीज के अंकुरित और पल्लवित होने की यह उपयुक्त भूमि थी।

---

१. लक्ष्मीवल्लभशैलजादयितयोरद्वैतलीलागृहं
प्रद्युम्नेश्वरशब्दलाञ्छन्मधिष्ठानं नमस्कुर्महे।
यत्रालिङ्गनभङ्गकातरतया स्थित्वान्तरे कान्तयोः
देवीभ्यां कथमप्यभिन्नतनुतां शिल्पेऽन्तरायः कृतः।।
चित्रक्षौमेभचर्मो हृदयविनिहितस्थूलहारोरगेन्द्रः
श्रीखण्डक्षोदभस्मा करनिहितमहानीलरत्नाक्षमालः।
वेधस्तेनास्य तेने गरुडमणिलतागोनसः कान्तमुक्ता
नेपथ्यन्यस्तमाला समुचितरचने कल्पकापालिकस्य।।

बहुत-सी परवर्त्ती स्मृतियाँ और उपपुराणजातीय पुस्तकें, बहुत-सी वैष्णव और शैव संहिताएँ इसी काल में लिखी गईं जिनमें भावी भक्ति-साहित्य के प्रेरणा-बीज वर्त्तमान थे।

इस काल में जो दो श्रेणी की अपभ्रंश और देश्यमिश्रित रचनाएँ मिलती हैं, वे इस युग की सामाजिक, राजनीतिक और धार्मिक अवस्था के अनुरूप ही हैं। इस काल में केन्द्रीय शासन टूट चुका था। पश्चिम की ओर से विजातीय संस्कृति के पोषक दुर्दान्त शत्रुओं का निरन्तर आक्रमण हो रहा था। भारतवर्ष के वीर राजपूत उनसे जमकर लोहा भी लेते थे और केन्द्रीय सत्ता के हथियाने की फिक्र में भी रहते थे। उन्हें युद्ध करना पड़ता था। वे अपनी स्तुति भी सुनना चाहते थे। युद्ध उन दिनों के राजपूत राजाओं के लिए आवश्यक कर्त्तव्य हो गया था। उन्हें अन्य राजकीय गुणों के विकास करने और लोकनिष्ठ करने का अवसर नहीं मिलता था। लड़नेवालों की संख्या कम थी; क्योंकि लड़ाई भी जाति विशेष का पेशा माल ली गई थी। देश रक्षा के लिए या धर्म रक्षा के लिए समूची जनता के सन्नद्ध हो जाने का विचार ही नहीं उठता था। लोग क्रमशः जातियों और उपजातियों में तथा सम्प्रदायों और उपसम्प्रदायों में विभक्त होते जा रहे थे। लड़नेवाली जाति के लिए सचमुच ही चैन से रहना असम्भव हो गया था। क्योंकि उत्तर, पूरब, दक्षिण, पश्चिम सब ओर से आक्रमण की सम्भावना थी। निरन्तर युद्ध के लिए प्रोत्साहित करने को भी एक वर्ग आवश्यक हो गया था। चारण इसी श्रेणी के लोग हैं। उनका कार्य ही था—हर प्रसंग में आश्रयदाता के युद्धोन्माद को उत्पन्न कर देने वाली घटना-योजना का आविष्कार। उस काल के साहित्य में ऐसी छोटी-छोटी बातों पर लड़ाई हो जाने की बात मिलती है कि आज का सहृदय विस्मय से देखता रह जाता है। पृथ्वीराज के चाचा कन्ह ने किसी को मूँछों पर हाथ फेरते देखा, सिर उतार लिया। वे विचारे शरणागत थे। पछतावा उन्हें भी हुआ। प्रायश्चित रूप में उन्होंने आँखों पर पट्टी बाँध ली। यह वीरता का आदर्श था! इन कवियों ने राजस्तुति के नाम पर असम्भव घटनाओं और अपतथ्यों की योजना की। विवाह भी इस वीरता का एक बहाना बनाया गया। आजकल के ऐतिहासिक विद्वान् बेकार ही इन घटनाओं और अपतथ्यों से इतिहास खोज निकालने का प्रयास करते हैं। इन काव्यों में व्यापक रूढ़ियों के आधार पर अपने राजा को या काव्यनायक को उत्साह

का आश्रय और रति का आलम्बन बनाना चाहा है। इनमें इतिहास को समझने का कम और तत्काल प्रचलित काव्यरूढ़ियों को समझने का अधिक साधन है।

दूसरी ओर हिमाचल के पाददेश में कामरूप से लेकर हिंगलाज तक एक प्रकार की यक्षपूजा दीर्घकाल से प्रचलित थी, जो बौद्धधर्म के पिछले दिनों में बौद्धधर्म को प्रभावित करने में समर्थ हुई और वज्रयान नाम से अभिहित हुई। 'उपासकदशासूत्र' में मणिभद्रचैत्य का उल्लेख है और संयुक्तनिकाय में मणिभद्र यक्ष की चर्चा है। आगे चलकर यही मणिभद्र बुद्ध के प्रधान शिष्यों में गिने जाने लगे। फिर, आगे चलकर बौद्धधर्म में वज्रपाणि यक्ष तो बोधिसत्त्व का पद पा गये और 'कृष्णयमारितन्त्र' में इन्हें सर्वतथागताधिपति कहा गया है। यक्षों और गुह्यकों का भोगपरक तान्त्रिक धर्म क्रमशः शक्तिशाली होता गया और आगे चलकर 'तथागतगुह्यक'—जैसे तान्त्रिक शास्त्रों की रचना हुई। यह यक्षकुल, जिसमें अप्सराएँ, कामदेव और गन्धर्वगण हैं, वज्रपाणि बोधिसत्त्व का उत्पत्तिस्थल बताया गया है। इन लोगों का प्राधान्य हिमालय के पाददेश में दीर्घकाल से था। बौद्धधर्म की उँगली पकड़कर यह साधना मैदान में आई और सातवीं-आठवीं शताब्दी में काफी शक्तिशाली हुई। नवीं-दसवीं शताब्दी में इस साधना को प्रतिकूल सामाजिक परिस्थितियों का सामना करना पड़ा। ऐतिहासिक कारणों के दबाव से जातिशुद्धि गृहस्थ की प्रधान चिन्ता की बात बन गई थी, परिणामस्वरूप मैदान में जातियों और उपजातियों का बोलबाला बढ़ता गया। विदेशी और विजातीय संस्कृति के दबाव से हिन्दुओं में एक तरफ जिस प्रकार जातिशुद्धि पर ज्यादा ध्यान दिया जाने लगा था, उसी प्रकार आपस के धार्मिक खिंचाव को कम किया जाने लगा और उदार आचार-प्रधान स्मार्त धर्म की प्रतिष्ठा हुई। इस प्रकार जाति-पाँति की ओर से कठोर, आचारपालन में दृढ़ और पूजा-उपासना में सहिष्णु तथा उदार हिन्दूधर्म का आविर्भाव हुआ। फिर नवागत और नवोत्कर्ष-प्राप्त जातियाँ अपने उच्च कुल को, साधारण जनता से अपनी विशिष्टता को और अत्यन्त पुरानी परम्परा के कल्पित दावों को जितने ही दृढ़कण्ठ से उद्घोषित करती गईं, उतनी ही कठोरता से साधारण जनता ने अपनी पुरानी परम्परा की स्मृति बचा रखने का प्रयास किया। आर्थिक और राजनीतिक कारणों से उन्हें सर्वत्र सफलता नहीं मिली; पर प्रवृत्ति अधिकाधिक वंशशुद्धि की रक्षा

और आचारपालन की कठोरता की ओर बढ़ती गई। इस प्रकार के समाज में यौनभावापन्न साधना के लिए अनुकूल वातावरण नहीं मिल सकता। इसका फल यह हुआ कि इस प्रकार के सन्तों की अभिव्यक्ति संकोचपूर्ण, द्विविधाग्रस्त, रहस्यनिर्मापक और उलटबाँसी-जैसी रचनाओं के माध्यम से होने लगी। नाथपन्थियों ने ब्रह्मचर्य को तो कसके अपनाया; परन्तु उक्त साधनाओं से उनका पुराना सम्बन्ध होने के कारण वे भी इसका इस प्रकार की अभिव्यक्ति करने लगे कि शिव-शक्ति का खेल पिण्ड में ही चल रहा है। यह बात विरासत में निर्गुणिया सन्तों ने भी पाई; परन्तु जब धर्ममत और सामाजिक व्यवस्था परस्पर विरोधी नहीं रही तो भक्तिकाल में इस प्रकार की रहस्यात्मकता की आवश्यकता नहीं रह गई। पूर्वी प्रदेशों में जहाँ भक्ति-मार्ग सहजिया भावापन्न था, वहाँ कुछ रहस्यात्मकता बाद में भी बनी रही; पर धार्मिक मत के सामाजिक नियमों के अनुकूल होते ही मध्यदेश से वह रहस्यात्मकता लुप्त हो गई।

दुर्भाग्यवश जिन सम्प्रदायों ने इस रहस्यात्मक साहित्य की सृष्टि की थी, उनकी परम्परा उनके सम्प्रदाय के रूप में नहीं जी सकी और उनके साहित्य का लोप हो गया। पूर्वी प्रदेशों में थोड़ा बहुत वह इसलिए रक्षित रह गया कि बारहवीं-तेरहवीं शताब्दी तक वहाँ उक्त धर्म-मत संगठित सम्प्रदाय के रूप में जीता रहा। नेपाल आदि प्रदेशों से ही कुछ अल्पमात्रा में इन रहस्यात्मक गीतों का उद्धार किया जा सका है। उत्तर भारत का धर्ममत नवीन सम्पर्क और नवीन प्रतिक्रिया के फलस्वरूप बराबर अपनी पुरानी परम्परा पर—कुछ अधिक दृढ़ता के साथ डटा रहा। हिमालय के पाददेश की साधना उसे अभिभूत नहीं कर सकी। यहाँ संस्कृत की और ब्राह्मणधर्म की प्रतिष्ठा बहुत बाद तक बनी रही। इस प्रकार न तो हमें इस प्रदेश के ऐसे साहित्य का ही पता लगता है, जो राजरक्षित हों और न ऐसे ही साहित्य का, जो संघटित सम्प्रदाय द्वारा सुरक्षित हों। केवल जनता की जिह्वा पर जो कुछ बचा रहा, वही अनेक परिवर्त्तनों के बाद घट-बढ़कर क्वचित्-कदाचित् मिल जाता है।

आदिकालीन हिन्दी-साहित्य के अरक्षित रह जाने की यही कहानी है। जिन पुस्तकों के आधार पर इस काल की भाषा-प्रवृत्ति का कुछ आभास पाया जा सकता है, उनकी संख्या बहुत थोड़ी है। कुछ पुस्तकों की भाषा इतनी परिवर्त्तित हुई कि उसके विषय में कुछ भी विचार करना अनुचित

मालूम पड़ता है। कुछ तो ठीक से सुरक्षित हुई हैं, उनके आधार पर कुछ अनुमान किये जा सकते हैं। परन्तु, इन पुस्तकों से काव्यरूपों का अध्ययन अधिक विश्वास के साथ किया जा सकता है।

इस काल में अपभ्रंश-काव्यों में उन सभी प्रवृत्तियों का आरम्भ हो गया दिखता है जो आगे आने वाली भाषा के प्रधान लक्षण माने जाते हैं। हमने पहले ही बताया है कि ठीक मध्यदेश में बना कोई अपभ्रंश-काव्य नहीं मिलता। अधिकांश पुस्तकें किनारे पर स्थित प्रान्तों से ही प्राप्त हुई हैं। फिर भी ये पुस्तकें बहुत सहायक हैं। हेमचन्द्र ने काव्यानुशासन में दो प्रकार के अपभ्रंशों की चर्चा की है। एक तो शिष्ट जन की अपभ्रंश-भाषा जिसका व्याकरण स्वयं हेमचन्द्राचार्य ने लिखा था और जो प्रधान रूप से जैन पण्डितों के हाथों सँवरती रही। यह बहुत-कुछ प्राकृत और संस्कृत की भाँति ही शिष्टभाषा बन गई थी। दूसरी ग्राम्य अपभ्रंश-भाषा, जो सम्भवतः चलती जबान थी, भाषाशास्त्र की दृष्टि से यह अधिक अग्रसर हुई भाषा है। सन्देशरासक इसी प्रकार की अपभ्रंश में बारहवीं-तेरहवीं शताब्दी में—अर्थात् लगभग उसी समय जब पृथ्वीराजरासो लिखा जा रहा था—रचित हुआ था। इसकी भाषा बोलचाल के अधिक नजदीक थी। यद्यपि इसके कवि अद्दहमाण या 'अब्दुल रहमान' प्राकृत-अपभ्रंश की परम्परा के अच्छे जानकार थे और बीच-बीच में उन्होंने जो प्राकृत-गाथाएँ लिखी हैं, वे उनकी प्राकृत-पटुता की सूचना देती हैं। फिर भी, उन्होंने अपनी रचना बोलचाल के अधिक नजदीक रखने की ओर अधिक ध्यान दिया है। उन्होंने नम्रता प्रकट करते हुए कहा है कि जो लोग पण्डित हैं, वे तो मेरे इस कुकाव्य पर कान देंगे ही नहीं और जो मूर्ख हैं—अरसिक हैं—उनका प्रवेश मूर्खता के कारण इस ग्रन्थ में हो ही नहीं सकेगा, इसलिए जो न पण्डित हैं, न मूर्ख हैं; बल्कि मध्यम श्रेणी के हैं, उन्हीं के सामने सदा हमारी कविता पढ़ी जानी चाहिए :

णहु रहइ बुहा कुकवित्त रेसि
अबुहत्तणि अबुहह णहु पवेसि ।
जिण मुक्ख ण पंडिय मज्झयार
तिह पुरउ पढिब्बउ सब्बवार ।।

सो, यह काव्य बहुत पढ़े-लिखे लोगों के लिए न होकर ऐसे रसिकों के लिए है जो मूर्ख तो नहीं हैं; पर बहुत अधिक अध्ययन भी नहीं कर सके

हैं। रासो कुछ इसी ढंग की भाषा में लिखा गया होगा। यद्यपि कवि ने उस ग्रन्थ में भी थोड़ी नम्रता दिखाई है; पर वह प्रथापालन-मात्र के लिए, नहीं तो रासोकार को अपने भाषाज्ञान पर गर्व है। उसकी भाषा में थोड़ी प्राचीनता की छौंक दी गई हो तो कोई आश्चर्य नहीं। सौभाग्यवश रासो के चार छन्द अपभ्रंश रूप में प्राप्त हो गये हैं, जिनसे मूल रासो की भाषा का कुछ अन्दाजा लग जाता है। तत्कालीन साहित्यिक भाषा के जो भी उदाहरण मिल जाते हैं, उन्हें देखते हुए अनुमान किया जा सकता है कि पुरातन प्रबन्ध-संग्रह में सुरक्षित छप्पयों की भाषा के आसपास ही मूल रासो की भाषा रही होगी।

पुरानी हिन्दी का जो भी रूप उपलब्ध होता है, वह पद्यबद्ध है। पद्य के लिए इस भाषा में कवियों को कुछ रियायती अधिकार प्राप्त हुए थे। शुरू-शुरू में यह अधिकार ठीक मात्रा में प्रयुक्त हुए थे, बाद में कई कवियों ने इस अधिकार का दुरुपयोग किया। मूल रासो की भाषा में इस अधिकार का उपयोग तो था; पर दुरुपयोग नहीं था। पद्य में मात्रा ठीक रखने के लिए कवियों ने आवश्यकतानुसार चार मुख्य पद्धतियों से काम लिया है (ह० भा०, पै० १६ और पै० १७)। सन्देशरासक में इस प्रवृत्ति का पूर्ण परिचय मिलता है। अन्य अपभ्रंश-ग्रन्थों में भी इसकी भरमार है। ये पद्धतियाँ निम्नलिखित हैं :

१. स्वार्थक प्रत्यय अ, ड़, अल, इल्ल, उल्ल आदि के योग से—

अलंकृत का अपभ्रंश रूप 'अलंकिय' है; पर छन्दोनुरोध से इसमें स्वार्थक 'अ' ('य') प्रत्यय जोड़कर 'अलंकियउ' रूप बना लिया जाता है, इसी प्रकार 'पंकित' 'पंकिय' होगा, उसे 'पंकियउ' बना लिया जा सकता है; 'मुक्त' 'मुक्क' होगा, उसे 'मुक्कओ' बना लिया जा सकता है। स्थूलाक्षर पदों पर ध्यान दीजिए :

मयणवट्टु मिअणाहिण कस्स व पंकियउ
अन्नह भालु तुरक्कि तिहइ अलंकियउ (सं० रा० ४८)
इक्कु वाणु पुहमीसजु पइं कइमासह मुक्कओं (पु० प्र० में चन्द का छन्द)

इसी प्रकार 'गयउ', 'चलियउ' आदि प्रयोग हैं जो परवर्ती व्रजभाषा कविता में खूब मिलते हैं। यह विशेषण और संज्ञापदों में युक्त होता है :

सो जग जणमउ सो गुणमन्तउ
जे कर पर उवआर हसन्तउ (प्रा० सू०, पृ० १६०)

'इल्ल', 'उल्ल', 'ड़' आदि स्वार्थक प्रत्यय अपभ्रंश में बहुत पहले आ गये थे, कभी-कभी एक, दो और तीन प्रत्ययों का योग भी (बलुल्लड़ा–हेम०) मिलता है और यह बात परवर्त्ती हिन्दी रचनाओं में भी पाई जाती है–'मुखड़ा', 'जियरा', 'हियरा', 'गहेलड़ी' (रहु रहु मुगुध गहेलड़ी–कबीर) आदि में ऐसे ही स्वार्थक प्रत्यय हैं, जो अधिक प्रयोग के कारण मूल शब्दों से थोड़ा विशिष्ट अर्थ ध्वनित करते हैं। शुरू-शुरू में अपभ्रंश में इनका अधिक प्रयोग पद्यगत रियायत प्राप्त करने के उद्देश्य से हुआ होगा, फिर धीरे-धीरे इन शब्दों ने काव्य के सुकुमार अर्थों को वहन करने वाले कुछ विशिष्ट अर्थ धारण किये होंगे। हेमचन्द्र द्वारा उद्धृत इस दोहे में 'उल्ल' और 'ड़' दो स्वार्थक प्रत्यय बल शब्द के साथ युक्त होकर कोई विशिष्ट अर्थ नहीं बताते :

सामि सरोसु सलज्ज पिउ, सीमा संधिहि बासु।
पेक्खिवि बाहुबलुल्लड़ा, धण मेल्लइ निसासु।।

{मालिक सरोष है, अदना-सी बातों पर लड़ पड़ने को प्रस्तुत है, मेरा प्रिय सलज्ज है और निवास देश की सीमा-सन्धि पर है (जहाँ कभी भी तलवार बज जा सकती है)। वह सब सोचकर और अपने पति के बाहुबल को देखकर वह धन्या (दुलहिन) (चिन्तावश) दीर्घ निःश्वास छोड़ा करती है।}

परन्तु, कबीर के दोहे में इस 'ड़ा' के घिसे रूप 'रा' ने कुछ अधिक सुकुमारता ला दी है :

'जियरा योंही लेहुगे निरह तपाइ तपाइ।'

२. लघुस्वर को गुरु बनाकर छन्दःपूर्त्ति की योजना–

(क) दो-तीन प्रकार से यह कार्य किया जाता था। प्रथम ह्रस्व स्वर को दीर्घ करके। हेमचन्द्र ने तो यह साधारण नियम ही बना दिया था कि अपभ्रंश में ह्रस्व और दीर्घ का व्यत्यय हो सकता है। पर यह नियम पदान्त में ही होता है। 'भल्ला हुआ जो मारिआ' में दोनों ही स्थानों पर पदान्त दीर्घ है। यह बात जायसी, तुलसी और कबीर में भी मिलती है। इन कवियों ने पदान्त ह्रस्व को तो कम, किन्तु आवश्यकता पड़ने पर छन्द के अन्त में आने वाले पद के अन्तिम स्वर को दीर्घ बनाकर काम चला लिया है। खोजने पर साधारण पदान्त दीर्घ के उदाहरण भी मिल जाएँगे, पर प्रवृत्ति पादान्त में आये पद के अन्तिम ह्रस्व स्वर को दीर्घ करने की ही रही है।

इसे 'पादान्त' दीर्घ की प्रथा कहा जा सकता है। 'हसब ठठाइ फुलाउब गालू' (तुलसी) में 'गालू' का अन्तिम उकार इसी नियम से दीर्घ हुआ है। इसी प्रकार 'सहि नहिं सकहु हिये पर हारूँ' और 'ससिमुख जबहिं कहै किछु बाता' (जायसी) में पादान्त दीर्घ इसी प्रथा के चिह्न हैं। किन्तु अपभ्रंश में पद्य के मध्य में भी दीर्घ करने के उदाहरण मिल जाते हैं (ह० भा०, पै० १६)। 'प्रसाधन' का नियमित अपभ्रंश रूप 'पसाहन' होना चाहिए; पर सन्देशरासक में इसे 'पासाहण' किया गया है—'रहसच्छलि कीरइ पासाहण' (पद १७६)। प्राकृत-पिंगलसूत्र की कविताओं में छन्द के चरण के अन्तवाले (ापदान्त) ह्रस्व को दीर्घ करने की प्रथा बहुत अधिक रूढ़ हो गई थी। जैसे, 'जहाँ भूत बेताल णचन्त गायन्त खाए कबन्धा' (पृ० १६४)। इसमें 'कबन्धा' में पादान्त दीर्घ है। पादमध्य में आने वाले पदान्त ह्रस्व को दीर्घ करने के उदाहरण भी मिलते हैं। इसी पद्य में आगे इस प्रकार हैं :

कआ दुट्ट फुट्टेइ मन्था कबन्धा णचन्ता सन्ता।
तहाँ वीर हम्मीर संगाम मज्झे तुलन्ता जुलन्ता।।

आवश्यकता पड़ने पर शब्द के मध्य (पदमध्य) स्वर को भी दीर्घ कर लेने की प्रथा दिख जाती है, जैसे निम्नलिखित पद्यों में पूरिस में 'पू' और 'गुरू' में 'रू' :

काहि पूरिस गेह मण्डणि एह सुन्दरि पेक्खआ। (पृ० १६५)
गुरू सद्द किज्जे अ एक्का तआरेण। (पृ० १५८)

सम्भवतः इस प्रथा का पुराना अवशेष संस्कृत के 'पद्मावती' जैसे शब्दों में खोजा जा सकता है जिसके तौल पर 'कनकावती', 'मुग्धा-वती'—जैसे शब्द हिन्दी में चल पड़े। 'ललित-विस्तर' और अन्य महायानी ग्रन्थों की संस्कृत-गाथा में इस नियम के अनेक चिह्न मिल सकते हैं।

पदान्त दीर्घ पर विचार करने से ऐसा मालूम होता है कि मूलतः यह बात स्वार्थक 'अ' ('क' का घिसा रूप) प्रत्यय के साथ बने हुए रूप का संक्षेपित रूप है। 'तंडुल' 'अ'—'तंडुला'। ऑल्सडोर्फ का कहना है कि अपभ्रंश भी स्वाभाविक प्रवृत्ति ह्रस्वान्त की है; दीर्घ तो केवल स्वार्थक प्रत्ययों के साथ बने रूप का संक्षेपित रूप है। उदाहरणार्थ, 'मंजरी' अपभ्रंश में 'मंजरि' बन जाती है फिर स्वार्थक 'अ' प्रत्यय से युक्त होकर 'मंजरिअ' या 'मंजरिय' बनती है जो संक्षेपित होकर फिर 'मंजरी' बन जाती है। इसलिए अपभ्रंश के दीर्घान्त रूप वस्तुतः ह्रस्वान्त ही हैं।

(ख) एक दूसरा कौशल है परवर्त्ती वर्ण को द्वित्व करके पूर्ववर्त्ती लघुस्वर को संयोगपरक बनाकर गुरु बना देना। प्राकृत में ही यह प्रवृत्ति शुरू हो गई थी। जैसे—'लज्जा गरुई', 'परव्वसो अप्पा' (रत्नावली) में 'परव्वसो', 'वरवशः' का प्राकृत रूप है। वकार के द्वित्व का कोई कारण नहीं है। केवल छन्दःसौकर्य के लिए ही यह किया गया है। 'सन्देशरासक' में, 'चिरग्गय' (चिरगतः), 'सब्भय' (सभयः) जैसे प्रयोग बहुत हैं। प्राकृत-पिंगलसूत्रों के उदाहरण में 'हयग्गय' (हयगज), 'परव्वस' (परवश)—जैसे प्रयोग पर्याप्त मात्रा में मिल जाते हैं और हेमचन्द्र का 'भमर' तो यहाँ अनायास 'भम्मर' बन जाता है, केवल छन्दोयोजना की आवश्यकतापूर्त्ति का अवसर मिलना चाहिए :

गज्जउ मेह कि अम्बर सम्मर।
फुल्लउ णीव कि बुल्लउ भम्मर।।

इसी प्रकार—

फुल्ला णीवा बोल्ले भम्मरु
दक्खा मारुअ बीअन्ताए (पृ० १६३)

'गर्वगत' का 'गव्वगअ' होना स्वाभाविक है; पर प्राकृत-पिंगलसूत्र के उदाहरण में 'गव्वगत' मिल जाता है—'रोसरत्त गव्वगत्त हक्क दिण्ण भीषणा।' (पृ० १७१) इसी प्रकार 'पदातिक' से अपभ्रंश में 'पाइक' या 'पायक' बनता है। पुरातनप्रबन्ध-संग्रह के रासोवाले छप्पयों में से एक में इसे 'पायक्क' किया गया है और फलक को 'फारक्क' :

बीस लक्ख पायक्क सफर फारक्क धनुद्धर'। (पृ० ५३)

इन दिनों जो रासो मिलता है, उसमें तो इस नियम का अत्यधिक प्रयोग है जो दुरुपयोग की सीमा को भी पार कर गया है। उदाहरणार्थ—'फरक्कि', 'झड़प्पि', 'चल्लि', 'लिक्खि' आदि में इसी परम्परा को दुरुपयोग की सीमा तक घसीटा गया है। मूल रासो में यह प्रवृत्ति बहुत स्वस्थ और संयत रूप में रही होगी। सम्भवतः, सन्देशरासक की मात्रा के आसपास ही।

(ग) रासो में अनुस्वार देकर छन्दोनिर्वाह की योजना बहुत अधिक मात्रा में है। 'रजंत भूषनं तनं। अलक्क छुट्टयं मनं'। (पृ० २११२)—जैसे छन्दों में अकारण अनुस्वार ठूँसे गये हैं। एक कारण तो अनुस्वार देने का यह हो सकता है कि भाषा में संस्कृत की गमक आ जाये। परन्तु, यह

प्रवृत्ति सिर्फ इतने ही उद्देश्य से होती तो इतना विशाल रूप न धारण करती। वस्तुतः अपभ्रंश-काल में दो प्रकार से अनुस्वार जोड़ने के उदाहरण मिल जाते हैं—(१) मूल संस्कृत में उस पद में अनुस्वार रहा हो और छन्द की पादपूर्त्ति के लिए उसकी आवश्यकता अनुभव की गई हो। परवर्त्ती हिन्दी में 'परंब्रह्म'—जैसे शब्दों में यही प्रवृत्ति है। प्राकृत-पिंगलसूत्र के उदाहरणों में यह प्रवृत्ति पाई जाती है—**टवि सल्ल पहिल्लौ चमर हिहिल्लौ सल्लजुअं पुणु बहू ठिआ।** (पृ० २१५) में 'सल्लजुअं' का अनुस्वार 'सत्ययुगं' में आये हुए संस्कृत-अनुस्वार का अवशेष है। (२) छन्द में एकाध मात्रा की कमी रह गई हो और उसके लिए द्वित्ववाला विधान बहुत अच्छा नहीं दिख रहा हो जैसे 'णायं' (समान)—'णायं तुम्बरी सज्जिउ' (सं० रा० ५३); परन्तु यह बात अपभ्रंश-कवियों में बहुत अधिक प्रिय नहीं थी। सन्देशरासक में 'अमियं झरणो' (३३)—जैसे प्रयोगों को बहुत दूर तक नहीं घसीटा जा सकता। ये संस्कृत के ख-प्रत्यय-परक शब्दों (शुभंकर, प्रियंकर) के अनुकरण पर गढ़े गये जान पड़ते हैं। पु० प्र० के रासो-छप्पयों में एक जगह 'खयंकरु' {अगहु म गहि दाहिमओ (देव) रिपुराय खयंकरु} प्रयोग है जो इसी प्रवृत्ति का द्योतक है; परन्तु 'भिंतरि' (उर भिंतरि खड़हडिउ धीर कक्खंतरि चुक्कउ) का अनुस्वार कुछ उसी प्रकार की भरती का मालूम होता है जिस प्रकार की भरती परवर्त्ती रासो में है। प्राकृत-पिंगलसूत्रों के उदाहरणों में भरती के अनुस्वार नहीं मिलते और इसीलिए यह मान लिया जा सकता है कि मूल रासो के छन्दों में यह प्रवृत्ति बहुत अधिक मात्रा में नहीं होगी। कुछ थोड़ी रही होगी, इसमें सन्देह नहीं। थोड़ी मात्रा में यह प्रवृत्ति बाद में भी बनी रही। 'ढोला मारू रा दूहा' (राति जु बादल सघणघण बीज चमंकउ होइ) में थोड़ी-बहुत यह प्रवृत्ति मिल जाती है।

३. गुरु स्वर को लघु बनाकर छन्द का निर्वाह—

अपभ्रंश की रचनाओं में इसका बहुत (ह० भा० ७१७) प्रयोग मिलता है। साधारणतः, तीन कौशलों से कवि इस प्रकार का प्रयास करता है—

(क) दीर्घ को ह्रस्व करके—ज्वाला का 'झाला' या 'जाला' होना चाहिए। अपभ्रंश की सामान्य प्रवृत्ति के अनुसार अन्तिम स्वर ह्रस्व हो जाय तो 'जाल' या 'झाल' बनेगा; किन्तु अपभ्रंश-कवि आवश्यकता पड़ने पर इसे 'झल' या 'जल' कर देगा। हेमचन्द्र के उदाहृत दोहों में 'ज्वाला' का 'जाल' रूप मिलता है। ('सासानल जाल झलक्कियउ') और 'ढोला मारू रा दूहा' में

ज्वाला के अर्थ में 'झालि' शब्द का प्रयोग है :

झाविन पाइवी झालि सुंदर काइं न सलसलइ (दो० ६०३)

लेकिन यही शब्द ह्रस्व होकर सन्देशरासक में 'झल' ('उल्हवइ ण केणइ विरहज्झल', १३७) बना है। इसी प्रकार, 'नारायणः' अपभ्रंश में 'नारायणु' या 'णारायणु' होगा। परन्तु, प्राकृत-पिंगलसूत्र के उदाहरण में उसे 'णरायणु' किया गया है :

कुल खत्तिअ कम्पे दहमुहु कट्ठे कंस अ केसि-विणाशकरा
करुणे पअले मेच्छह विअले सो देउ 'णरायणु' तुम्ह बला (पृ० २१६)

{क्षत्रिय-कुल को कँपाया, दशमुख को काटा, कंस और केशी का नाश किया, करुणा को प्रकट किया, म्लेच्छों को विकल किया, वह नारायण तुम्हें बल दे।}

इस बात को भाषाविज्ञान के साधारण नियमों से समझाया जा सकता है। 'नारायण' में 'रा' के आकार पर स्वराघात पड़ने से 'ना' का आकार ह्रस्व हो जायेगा। परन्तु, यदि यह बात होती तो और कहीं भी अपभ्रंश में 'नारायण' रूप न मिलता। इसलिए, यहाँ मैंने इसे उदाहरणरूप में उद्धृत किया है। सन्देशरासक में 'सीतल', 'सीयल' का 'सियलु' रूप मिलता है। ('मरु-सियलुवाइ महि सीयलंतु') और पदान्त 'ओ' और 'ए' का ह्रस्व कर देने की प्रथा तो बहुत पुरानी है। हेमचन्द्र के उद्धृत दोहों में ही यह बात बहुत अधिक मिल जायेगी।

तहे मुद्धहे मुह पंकइ आवासिउ सिसिरु। (३५७)
निरुपम रसु पिएँ पिंआवे जणु सेसहो दिण्णी मुद्द। (४०१) इत्यादि।

कभी-कभी पदमध्य में भी आ जाता है। अवश्य ही, ऐसे स्थलों पर पदान्त की स्मृति खोजी जा सकती है। जैसे, 'भमरा एत्थुवि लिंबडह केवि दियहडा विलंबु।' के 'केवि' में 'के अपि' की स्मृति खोजी जा सकती है। पु० प्र० के रासो-छप्पयों में पदान्त 'ओकार' के ह्रस्व के अनेक उदाहरण हैं—'अगहु म गहि दाहिमओ' में 'दाहिमओ' का ओकार ह्रस्व है। 'मच्छिदबंधि बद्धओ मरिसि' में 'बद्धओ' का ओकार भी ऐसा ही है। परवर्त्ती हिन्दी-कविता में यह प्रवृत्ति पर्याप्त मात्रा में मिल जाती है।

(ख) संयुक्त वर्णों में से एक को ही रखकर पूर्ववर्त्ती स्वर को लघु बनाना—

अपभ्रंश में 'थक्कइ' (रहता है) प्रयोग मिलता है। इसी से बँगला थाक्

धातु आया है। प्राकृत-पिंगलसूत्र में एक सरस उदाहरण इस प्रकार है :

फुल्लिअ केसु कम्प तहँ पअलिअ मंजरि तेजिअ चूआ
दक्खिण वाउ सीअ भई पवहइ कम्प विओइणि हीआ।
केअइ धूलि सब्ब दिस पसरिअ पीअरु सब्बउ भासे
आउ बसन्त काह सहि करिहउ कन्त ण थक्कइ पासे। (पृ० २१२)

{केसू फूलने लगे, पल्लव काँपने लगे, आमों में मंजरी निकल आई, दक्षिण वायु शीतल होकर प्रवाहित होने लगी, वियोगिनियों का हृदय काँपने लगा। केवड़े की धूलि चारों ओर फैल गई, सब जगह बसन्ती रंग लहक उठा—इस प्रकार हे सखी, वसन्त तो आ गया, पर प्रिय पास में नहीं हैं !}

किन्तु आवश्यकता पड़ने पर इस 'थक्कइ' को 'थकइ' कर लिया जा सकता था। इसी प्राकृत-पिंगलसूत्र के उदाहरण में इस प्रकार है—

जो पुणु पर उवआर विरुज्झइ
तासु जणणि किं ण थकइ बज्झइ।। (पृ० १६०)

{जो पुनः परोपकार का विरोध करता है; उसकी माता बाँझ क्यों नहीं रह जाती ?}

हेमचन्द्र में भी इस प्रकार के प्रयोग मिलने लगते हैं। 'विषमस्तन' का 'विषमत्थन' होना उचित था; किन्तु हेमचन्द्र के उदाहृत दोहे में 'विसम-थन' (३५०) मिलता है। अन्यत्र ऐसे ही स्थल पर 'गण्डथले' न कहकर 'गण्डत्थले' कहा है—'एक्कहि एक्खहिं सावणु अन्नहि भद्दवउ; माहउ महियलसत्थरि गण्डत्थले सरउ।' (३५७)

इसी तरह 'उन्मुक्त' से अपभ्रंश रूप 'उम्मुक्क' बनेगा; पर आवश्यकता पड़ने पर अपभ्रंश का कवि 'उमुक्क' लिख सकता था ('धम्मिल उमुक्कमुह', सं० रा० ६७)। परन्तु वही कवि मौका पड़ने पर 'उसास' लिखने में भी संकोच नहीं करेगा। हिन्दी में 'उछाह', 'भगतबछल' आदि प्रयोग इसी प्रवृत्ति के परिणाम हैं। छन्द का अनुरोध न होता तो ये शब्द 'उच्छाह' से आगे बढ़कर 'ऊछाह' और 'बच्छल' से आगे बढ़कर 'बाछल' बन गये होते। सन्देशरासक में और प्राकृत-पिंगलसूत्र के उदाहरणों में यह प्रवृत्ति काफी अधिक है। परवर्त्ती हिन्दी-साहित्य में तो है ही। समुद्र का 'समुद्द' होना चाहिए। जायसी ने 'समुद' बना दिया है—'जे एहि खीर समुद महँ परे' (पृ० ६०) और 'दीठि न आव समुद औ गंगा' (पृ० ६०) इत्यादि।

(ग) एक दूसरा कौशल है अनुस्वार को ह्रस्व करने के लिए

सानुनासिक-मात्र रहने देना और लिखने में चन्द्रबिन्दु देकर काम चला लेना। यह भी पुरानी प्रवृत्ति है। हेमचन्द्र ने एक दोहा इस प्रकार दिया है :

विप्पियआरउ जइवि पिउ तोवि तँ आणहि अज्जु।

अग्गिण दट्ठा जइवि घरु तोवि तें अग्गि कज्जु।

{यद्यपि प्रिय अप्रिय काम करने वाला है तो भी (ए सखी) तू उसे ले आ। यद्यपि घर आग से जल गया है तो भी आग से काम तो पड़ता ही है !}

यहाँ 'तं' के अनुस्वार को चन्द्रबिन्दु में बदल दिया गया है। सन्देशरासक में 'संपूर्ण' से 'सउन्न' बनाया गया है। इसमें 'स' का अनुस्वार एकदम उड़ा दिया गया है। सम्भवतः यह लिपिकार का प्रमाद है। मूल में वह चन्द्रबिन्दु के रूप में रहा होगा। हिन्दी में इस प्रकार अनुस्वार से चन्द्रबिन्दु और फिर चन्द्रबिन्दु का एकदम लुप्त हो जाना बहुत हुआ है : पर्यंकिका—पल्लंकिआ-पालंकि-पालँकी-पालकी। परवर्त्ती हिन्दी-काव्यों में इस कौशल से बहुत काम लिया गया है ('चँदनक चौकि बइस तहँ राजा'.... इत्यादि)। पु० प्र० के रासो छप्पयों में भी यह प्रवृत्ति है। 'शाकंभरी' से 'सायंभरी' और 'साइंभरि' फिर 'सइंभरि' बना है। किन्तु, 'पहु पहुविराय सइंभरि धणी सयंभरि उणइ संभरिसि' में दो स्थानों पर इस अनुस्वार को हल्का करने का प्रयत्न किया गया है। प्राकृत-पिंगलसूत्र के उदाहरणों में भी इस कौशल के चिह्न मिल जाते हैं; 'पंचमी' को 'पँचमी' किया गया है :

'पँचमी चउटी तिअहि मिलाउ।'

४. एक और कौशल है शब्दों को सिकोड़ना या लम्बा खींचना। दोनों ही कौशलों का आविर्भाव अपभ्रंश-रचनाओं में मिलता है और दोनों ही परवर्त्ती हिन्दी-कविता में प्रयुक्त हुए हैं। इन दोनों कौशलों का नाम संकोचन और सम्प्रसारण दिया जा सकता है।

(क) संकोचन का कौशल—

'सहकार' अपभ्रंश में 'सहआर' होगा। सुविधा के लिए इसे 'साहार' और फिर 'सहार' बनाया जा सकता है। दोनों ही प्रयोग हिन्दी में मिल जाते हैं :

१. हउ किय णिस्साहार पहिय साहार वणि (१३४)

२. सहारह णाउ ण सा अंगिरह।

इसी प्रकार मयूर से 'मऊर' और उससे 'मोर'। सं० रा० में भी यह

प्रयोग मिलता है और 'ढोला मारू' में भी—'महि मोराँ मंडव करह मनमथ अंगिन माइ।' इसी तरह 'द्विगुण' 'दिउण' होगा; किन्तु प्राकृत-पिंगलसूत्र में उसे 'दुण्ण' करके संकोच किया गया है—'कण्णे दुण्णे हार एक्को विसज्जे। सल्ला कण्ण गंध कण्णा सुणिज्जे।' 'अर्द्धतृतीय' 'अड्ढीय' बन जाता है जो आगे चलकर 'अढ़ाई' से और भी संकुचित होता हुआ 'ढाई' बन गया है। 'अढ़ाई' में का 'अकार' जिस प्रकार लोप हुआ है वह प्रक्रिया भी अपभ्रंश-काल में परिचित थी। 'अरण्य' से 'अरण्ण' और फिर 'रण्ण' हेमचन्द्र के व्याकरण में पाया जाता है।

उपस्कर से 'उवक्खर' और उवक्खर का 'वक्खर' सन्देशरासक में मिल जाता है (मह साइय वक्खरु हरि गउ तक्खरु जाउ सरणि कसु पहिय भणे, ६५) और 'रन्न' तो मिल ही जाता है। (मच्छर भय संचडिउ रन्नि गोपंगणहि, १४६)। इसी प्रकार और भी प्रयोग खोजे जा सकते हैं। व्रजभाषा में 'अरु' का 'रु', 'अहै' का 'है', 'अही' का 'ही' इसी के रूप हैं। जायसी ने 'अहा' (था) का प्रयोग किया है ('जब लगि गुरु हौं अहा न चीन्हा')। इसी का स्त्रीलिंग 'अही' होता है और इसी 'अही' का संक्षिप्त रूप (संकोच रूप) 'ही' है।

अपभ्रंश में संकोच की प्रवृत्ति और भी कई रूपों में रही। 'उपदेश' का अपभ्रंश रूप 'उवएस' होगा, इसी का संक्षिप्त रूप 'उवेस' बन गया है (सरहे कहिय उवेस)—यह संकोचन का एक उदाहरण है। स्वर्णकार का 'सुण्णआर' अपभ्रंश रूप है जिससे सन्देशरासक का 'सुन्नार' रूप बना है :

सुन्नारह जि मम हियउ, पि य उक्किख करेइ।
विरह हुयासि दहेवि करि, आसाजलि सिंचेइ।। (१०८)

{प्यारे सुनार की तरह मेरा हृदय प्रिय की उत्कण्ठा कर रहा है जो विरह-रूपी अग्नि में जलाकर फिर आशा के जल से सींचा करता है।}

परवर्त्ती हिन्दी-कविता में यह प्रवृत्ति और भी बढ़ी। 'सुन्नार' आगे चलकर 'सुनार' बन गया। अपभ्रंश में 'अइ' या 'अय' जहाँ था वहाँ हिन्दी में 'ऐ' बन गया। 'अउ' या 'अव' जहाँ था, वहाँ 'और' बन गया। इसी क्रम में मैन (मदन-मयन-मैन), पौन (पवन-पौन), नैन (नयन-नैन) आदि द्रष्टव्य हैं। इसी प्रकार, तुम का वाचक 'पइं' था जो घिसते-घिसते 'पै' रह गया है। जायसी ने इसका प्रयोग बहुत किया है। ('माँगु माँगु पै कहहु पिय, कबहुँ न लेहु न देहु)। विद्वानों ने इसे 'अपि' वाले 'पै' के साथ जोड़ देने का

प्रयत्न किया है।

(ख) दूसरा कौशल सम्प्रसारण का है।

ह्रस्व को दीर्घ करने के उदाहरण पहले ही दिये गये हैं और यह भी दिखाया गया है कि किस प्रकार कई स्वार्थक प्रत्ययों के योग से शब्दों को लम्बा बनाया गया है। इनके अतिरिक्त भी कई कौशल हैं।

इस प्रकार, प्रायः उन सभी प्रवृत्तियों का बीजारोपण इस काल की प्रामाणिक रचनाओं में मिल जाता है, जो आगे चलकर भाषाकाव्य में व्यापक रूप से मिलने लगती हैं।

तृतीय व्याख्यान

पिछले व्याख्यान में मैंने यह दिखाया है कि अपभ्रंश या देश्यभाषा की ऐसी रचनाएँ, जिनका निर्माण आज के हिन्दीभाषी क्षेत्रों में हुआ था, प्रायः नहीं मिलतीं। जो मिलती भी हैं, वे अपने मूल अविकृत रूप में नहीं मिलतीं। अपभ्रंश के जिन चरितकाव्यों की चर्चा पहले की गई है, वे अधिकांश जैन-परम्परा से प्राप्त हुए हैं और हिन्दी-भाषी क्षेत्रों के बाहर लिखे गये हैं। वे इस बात की सूचना देते हैं कि इस काल में जैनेतर परम्परा में भी प्रचुर काव्य-साहित्य लिखा गया था। नाना ऐतिहासिक कारणों से ये रचनाएँ सुरक्षित नहीं रह सकीं। एक अत्यन्त महत्त्वपूर्ण रचना 'पृथ्वीराजरासो' है। किसी समय यह ग्रन्थ बहुत प्रामाणिक माना गया था और पृथ्वीराज-विषयक इतिहास के लिए प्रामाणिक श्रोत समझा गया था। बंगाल की 'एसियाटिक सोसायटी' ने इसका प्रकाशन भी आरम्भ कर दिया था। लेकिन उन्हीं दिनों डॉ० बूलर ग्रन्थानुसन्धान के लिए कश्मीर गये और वहाँ उन्हें 'पृथ्वीराजविजय' की एक खण्डित प्रति मिली। यह सन् १८७६ ई० की बात है। डॉ० बूलर को 'पृथ्वीराजविजय' अधिक प्रामाणिक ग्रन्थ मालूम हुआ और उन्होंने सोसायटी को एक पत्र लिखकर (सन् १८९३ ई० की प्रोसिडिंग्स देखिए) पृथ्वीराजरासो का मुद्रण बन्द करा दिया। बाद में इस विशाल ग्रन्थ को काशी-नागरी-प्रचारिणी सभा ने प्रकाशित किया। किन्तु, तभी से विद्वानों के मन में रासो की उपादेयता के सम्बन्ध में शंका उत्पन्न हो गई। डॉ० बूलर ने अपने पत्र में रासो की इतिहासविरुद्धता की ओर विद्वानों का ध्यान आकृष्ट किया था। उनका विश्वास था कि पृथ्वीराजविजय में लिखी घटनाएँ सन् ९७३ ई० से सन् ११६८ ई० तक की प्रशस्तियों और शिलालेखों से मिलती हैं। पृथ्वीराजविजय के अनुसार पृथ्वीराज सोमेश्वर और उसकी रानी कर्पूरदेवी के पुत्र थे। कर्पूरदेवी चेदिदेश के राजा की कन्या थी। पृथ्वीराज को बाल्यावस्था में सिंहासन मिला था और राज्य का

संचालन उनकी माता कर्पूरदेवी कदम्बवास नामक मन्त्री की सहायता से करती थीं। कदम्बवास रासो का प्रतापी मन्त्री 'कैमास' है। परन्तु पृथ्वीराजरासो के अनुसार पृथ्वीराज अनंगपाल की पुत्री से उत्पन्न हुए थे और दत्तक भी थे। पृथ्वीराज के लेखों से पृथ्वीराजविजय का ही समर्थन होता है। पृथ्वीराज के अत्यन्त अभिन्न मित्र माने जानेवाले कवि का यह आरम्भ ही इतना गलत हो—यह बात समझ में नहीं आती।

बाद में लोगों ने और भी तरह-तरह की ऐतिहासिक गलतियाँ दिखाईं। रासो के प्रति एक प्रकार का साहित्यिक 'मोह' रखनेवाले विद्वानों को इस बात से कष्ट हुआ। उन्होंने नाना युक्तियों से उसे ऐतिहासिक सिद्ध करने का प्रयत्न शुरू किया। एक आनन्द संवत् की बेबुनियादी कल्पना को सहायक बनाया गया। पर रासो वर्त्तमान रूप में इतनी इतिहास-विरुद्ध घटनाओं का भौजाल है कि उसे किसी भी युक्ति से इतिहास के अनुकूल नहीं सिद्ध किया जा सकता। अब यह निश्चित रूप से विश्वास किया जाने लगा है कि मूल रासो में बहुत अधिक प्रक्षेप होता रहा है और अब यह निर्णय कर सकना कठिन है कि मूल रासो कैसा था। सुप्रसिद्ध ऐतिहासिक विद्वान म० म० पं० गौरीशंकर ओझा जी ने निश्चित प्रमाणों के आधार पर सिद्ध कर दिया है कि रासो का वर्त्तमान रूप सं० १५१७ और १७३२ के बीच किसी समय में प्राप्त हुआ था, अर्थात् वर्त्तमान रासो का अन्तिम रूप से संकलन-सम्पादन सत्रहवीं शताब्दी के आसपास हुआ है। इधर जब से मुनि रिनविजय जी ने 'पुरातनप्रबन्ध-संग्रह' में प्राप्त चार छप्पयों की ओर पण्डितों का ध्यान आकृष्ट किया है तब से मूल रासो में प्रक्षेपवाले सिद्धान्त की पुष्टि हो गई है। ये छप्पय प्रायः अपभ्रंश में हैं। वर्त्तमान रासो में ये विकृत रूप में प्राप्त होते हैं। हम आगेवाले व्याख्यान में इनको उद्धृत करने जा रहे हैं। यहाँ केवल इतना कहना उचित जान पड़ता है कि इन छप्पयों से पृथ्वीराजविजय का भी विरोध नहीं है और रासो में तो ये मिलते ही हैं। इनमें पृथ्वीराजविजयवाले प्रसिद्ध मन्त्री 'कदम्बवास' (कइंमास या कैमास) की पृथ्वीराज द्वारा की हुई हत्या की चर्चा है। इसलिए, इनमें अनैतिहासिक तत्त्व नहीं है। भाषा इनकी अपभ्रंश है और इस तथ्य से यह अनुमान पुष्ट होता है कि रासो में भी कुछ उसी प्रकार की अपभ्रंश में लिखा गया था जिस प्रकार की अपभ्रंश में ग्यारहवीं शताब्दीवाला दमोहवाला शिलालेख (जिसकी चर्चा प्रथम व्याख्यान में की गई है) लिखा गया था।

अब यह मान लेने में किसी को आपत्ति नहीं है कि रासो एकदम जाली पुस्तक नहीं है। उसमें बहुत अधिक प्रक्षेप होने से उसका रूप विकृत जरूर हो गया है; पर इस विशाल ग्रन्थ में कुछ सार भी अवश्य है। इसका मूल रूप निश्चय ही साहित्य और भाषा के अध्ययन की दृष्टि से अत्यन्त महत्त्वपूर्ण होगा। परन्तु, जब तक कोई पुरानी हस्तलिखित प्रति नहीं मिल जाती, तब तक उसके विषय में कुछ कहना कठिन ही होगा। फिर भी मेरा अनुमान है कि उस युग की काव्य-प्रवृत्तियों और काव्यरूपों के अध्ययन से हम रासो के मूलरूप का सन्धान पा सकते हैं। परिश्रम करके यदि हम उस रूप का कुछ आभास पा जायें तो उसकी साहित्यिक महिमा और काव्य-सौन्दर्य की किंचित् झलक पा सकेंगे; परन्तु भाषा का प्रश्न फिर भी विवादास्पद रह जायेगा। पुरातनप्रबन्धवाली परम्परा को विश्वास-योग्य मानें तो वह भाषा अपभ्रंश ही थी जो उस युग की प्रवृत्तियों को देखते हुए ठीक ही मालूम देती है। परन्तु उसे मानने में थोड़ी हिचकिचाहट हो भी सकती है। जैनग्रन्थकार अपभ्रंश-भाषा के विषय में जरूरत से कहीं ज्यादा सावधान रहे हैं। जिस प्रकार तुलसीदास की रामायणवाली भाषा को उत्साही ब्राह्मण पण्डितों के हाथ शुद्ध होकर संस्कृतानुयायी बनना पड़ा है, उसी प्रकार सम्भव है कि चन्द की देश्यमिश्रित अपभ्रंश (जो कीर्त्तिलता के अवहट्ठ के समान भी हो सकती है) उत्साही जैन मुनियों के हाथ कुछ शुद्ध बनकर विशुद्ध अपभ्रंश बन गई हो। यह सम्भावना हो सकती है। हमें उस ओर से सावधान होना होगा। इसीलिए, मैं भाषा की दृष्टि से इस प्रश्न पर अभी विचार करने की स्थिति में नहीं हूँ। साहित्यिक दृष्टि से यदि कुछ हाथ लग जाय तो वह भी कम लाभ नहीं है। 'अर्ध तजहि बुध सरबस जाता!'

भिन्न-भिन्न विद्वानों के परिश्रम से अब तक रासो के चार रूप उपलब्ध हुए हैं। इनमें सबसे बड़ा तो काशी-नागरी-प्रचारिणी सभावाला संस्करण है जो सं० १७५० की उदयपुरवाली प्रति के आधार पर सम्पादित हुआ था। ओरियेण्टल कॉलेज, लाहौर की एक प्रति है जिसको पं० मथुरा प्रसाद दीक्षित जी असली रासो मानते हैं। इसकी एक प्रति बीकानेर के बड़े उपासरे के जैनज्ञानभण्डार में है, एक अबोहर के साहित्यसदन में है और एक श्री अगरचन्द नाहटा के पास है। दीक्षित जी कहते हैं कि रासो के 'सत्त सहस' का अर्थ सात हजार है और इस दूसरे रूपान्तर की श्लोक संख्या आर्या के हिसाब से लगभग सात हजार है भी। इस रूपान्तर की

सभी प्रतियाँ संवत् १७०० के बाद की बताई जाती हैं। तीसरा लघु रूपान्तर है जिसकी तीन प्रतियाँ तो बीकानेर-राज्य के अनूप-संस्कृत-पुस्तकालय में तथा एक श्री अगरचन्द नाहटा के पास है। इसकी एक प्रति सत्रहवीं शताब्दी की है। नाहटा जी वाली प्रति सं० १७२८ की है और बाकी दो में संवत् नहीं दिया गया है; पर अन्दाज से उनका भी समय इसी के आसपास कूता गया है। चौथा एक लघुतम संस्करण है जिसे राजस्थानी-साहित्य के परिश्रमी अन्वेषक श्री अगरचन्द जी नाहटा ने खोज निकाला है। इसका लिपिकाल सं० १६६७ है।[१] यह दावा किया जाने लगा है कि लघुतम रूपान्तर ही मूल रासो है। परन्तु इतिहास की जिन गलतियों से बचने के लिए बड़े रासो को अप्रामाणिक और छोटे रासो को प्रामाणिक बताया जाता है, उनमें से कुछ-न-कुछ छोटी प्रतियों में भी रह ही जाती हैं। वस्तुतः, कई भिन्न-भिन्न उद्धारकों ने चन्द के मूल ग्रन्थ का उद्धार किया था। सभी संस्करण परवर्त्ती हैं, सबमें क्षेपक की सम्भावना बनी हुई है। ऐतिहासिक दृष्टि से विचार करने पर एक भी प्रति प्रामाणिक नहीं ठहरती।[२]

इधर उदयपुर के कविराव मोहन सिंह ने रासो की ऐतिहासिक प्रामाणिकता सिद्ध करने के लिए एक दूसरा ही उपाय सुझाया है।[३] उनका कहना है कि रासोकार ने अपने द्वारा प्रयुक्त छन्दों की जाति के बारे में स्वयं ही लिखा है कि :

छंद, प्रबंध कवित्त यति, साटक गाह दुहत्थ।
लघु गुरु मंडित खंडि यह, पिंगल अमर भरत्थ।।

अर्थात्, (मेरे प्रबन्धकाव्य रासो में) कवित्त (षट्पदी), साटक (शार्दूलविक्रीडित), गाहा (गाथा) और दोहा नामक वृत्त प्रयुक्त हुए हैं, जिनमें मात्रादि-नियम पिंगलाचार्य के अनुसार हैं और संस्कृत (अमरवाणी) के छन्द भरत के मतानुकूल हैं।

इस प्रकार, कविराव जी का मत है कि, यही चार छन्द रासो के मूल छन्द हैं। बाकी सभी प्रक्षिप्त हैं। यह विश्वास किया जा रहा है कि इस बात को स्वीकार कर लेने पर, रासो की ऐतिहासिकता पर आँच नहीं आयेगी।

---

१. डॉ० उदयनारायण तिवारी : वीरकाव्य, पृ० १०८-१११

२. रासो की ऐतिहासिक आलोचना के सारांश के लिए देखिए, वीरकाव्य, पृ० ११४-१५३

३. राजस्थान-भारती, भाग १, अंक २-३, जुलाई-अक्टूबर, १६४६ : पृथ्वीराजरासो की प्रामाणिकता पर पुनर्विचार।

कविराव जी का लेख अभी 'राजस्थान-भारती' में छप रहा है। जब वह पूरा प्रकाशित हो जायेगा तो उस पर पण्डितों की बहस शुरू होगी। अभी यहाँ उस झगड़े में पड़े बिना भी हम आसानी से समझ सकते हैं कि ये चार छन्द यदि रासो के मूल छन्द हों भी तो यह मानने में काफी कठिनाई बनी रहेगी कि प्रक्षेप करनेवालों ने इन छन्दों में रचना करके कुछ प्रक्षेप किया ही नहीं होगा। ये छन्द अपभ्रंश के बहुत पुराने और परिचित छन्द हैं, प्रक्षेप करनेवालों ने इन छन्दों का भी उपयोग किया ही होगा और बाकी छन्दों को रासो से निकाल भी दें तो प्रक्षेप की समस्या हल नहीं हो जायेगी। रासो के कुछ अशुद्ध बताये जानेवाले संवत् दोहा और छप्पय छन्दों में ही हैं। दोहा-जैसे छन्द को प्रक्षेप करनेवाले कैसे भूल सकते हैं। दोहा तो अपभ्रंश का अत्यन्त लाड़ला छन्द है। अपभ्रंश-रचना को दोहाबन्ध कहने की प्रथा भी रूढ़ हो गई थी। और फिर पद्धड़ियाबन्ध भी उन दिनों की कथाओं की विशिष्ट पद्धति बन गया था। यह भी कैसे मान लें कि पद्धड़िया को चन्द-जैसे कवि ने अपने काव्य का छन्द चुना ही नहीं होगा। लेकिन, जैसा कि मैंने अभी कहा है, इस विवाद में पड़ना व्यर्थ है। रासो में इतिहास की संगति खोजने का प्रयास ही बेकार है। हम आगे इस बात पर थोड़ा विस्तारपूर्वक विचार करने का अवसर पायेंगे।

एक ध्यान देने योग्य मजेदार बात यह है कि प्रायः सभी चरितकाव्यों ने अपने को 'कथा' कहा है। पुराने साहित्य में कथा शब्द का व्यवहार स्पष्ट रूप से दो अर्थों में हुआ है। एक तो साधारण कहानी के अर्थ में और दूसरा अलंकृत काव्यरूप के अर्थ में। साधारण कहानी के अर्थ में तो पंचतन्त्र की कथाएँ भी कथा हैं, महाभारत और पुराणों के आख्यान भी कथा हैं और सुबाहु की वासवदत्ता, वाण की कादम्बरी, गुणाढ्य की बृहत्कथा आदि भी कथा हैं। परन्तु, विशिष्ट अर्थ में यह शब्द अलंकृत गद्यकाव्य के लिए प्रयुक्त हुआ है। कब से यह इस अर्थ में चलने लगा, यह कह सकना थोड़ा कठिन ही है। भामह और दण्डी ने अलंकृत गद्यकाव्य के अर्थ में इस शब्द का प्रयोग किया है दण्डी तो स्वयं इस प्रकार के अलंकृत गद्य के लेखक भी हैं। उनके बहुत पहले से ही अलंकृत गद्यकाव्य लिखे जाने लगे थे। महाक्षत्रप रुद्रदामा ने अपने को गद्य-पद्य और अलंकार का ज्ञाता ही नहीं कहा है, उनके द्वारा खुदवाया हुआ गिरनारवाला शिलालेख स्वयं ही गद्यकाव्य का एक अच्छा नमूना है। इसलिए, इतना तो निश्चित है

कि अलंकृत गद्य लिखने की प्रथा बहुत पहले से विद्यमान थी। भामह और दण्डी ने लक्ष्य को देखकर ही लक्षण बनाये होंगे। उनके अपने वक्तव्यों से ही स्पष्ट है कि वे प्राकृत और अपभ्रंश-भाषा में लिखे गये काव्यों से परिचित थे। प्राकृत के अत्यन्त महत्त्वपूर्ण कथाकाव्य को कैसे भूल सकते थे ! इसलिए, कथा का लक्षण लिखते समय उनके सामने प्राकृत और संस्कृत की कथा-पुस्तकें अवश्य वर्त्तमान थीं। चरितकाव्य को कथा कहने की प्रणाली बहुत बाद तक चलती रही। तुलसीदास जी का रामचरितमानस 'चरित' तो है ही, कथा भी है। उन्होंने कई बार इसे कथा कहा है। विद्यापति ने अपनी छोटी-सी पुस्तक कीर्तिलता को 'काहाणी' या कहानी (कथानिका) कहा है—'पुरिस काहाणी हउँ कहउँ।' रासो में भी कई बार उस काव्य को 'कीर्त्तिकथा' कहा गया है।[1] इस प्रकार, यह 'कथा' शब्द बहुत व्यापक अर्थों में प्रयुक्त हुआ जान पड़ता है। कुछ थोड़े-से सामान्य लक्षण इन काव्यों में अवश्य एक-से रहते होंगे। उन पर विचार किया जाना चाहिए।

संस्कृत के आलंकारिक आचार्यों ने 'कथा' शब्द का प्रयोग एक निश्चित काव्यरूप के अर्थ में किया है। संस्कृत की 'कथा' गद्य में लिखी जाती थी। एक इसी श्रेणी की गद्यबद्ध रचना और भी होती थी जिसे आख्यायिका कहते थे। भामह ने काव्यालंकार (१।२५-२८) में सुन्दर गद्य में लिखी सरस कहानीवाली रचना को आख्यायिका कहा है। यह उच्छ्‌वासों में विभक्त होती थी और इसका कहनेवाला और कोई नहीं, स्वयं नायक होता था। इसमें बीच-बीच में वक्त्र और अपवक्त्र छन्द आ जाते थे। इसमें कन्याहरण, युद्ध, विरोध और अन्त में नायक की विजय का उल्लेख भी होता था। 'कथा' इससे थोड़ा भिन्न हुआ करती थी। उसमें वक्त्र और अपवक्त्र छन्द नहीं होते थे और न उसका विभाजन ही उच्छ्‌वास-संज्ञक अध्यायों में हुआ करता था। इसकी कहानी स्वयं नायक नहीं कहा करता था; बल्कि किन्हीं दो व्यक्तियों की बातचीत के रूप में कह दी जाती थी।

---

१. रासो में कई जगह 'कथा' कहने की बात आई है। परन्तु आरम्भिक पद्यों में एक प्राकृत की गाथा आई है, जिसका उल्लेख इसी व्याख्यान में आगे किया जा रहा है। उसमें 'कित्त कहो आदि अन्ताई' पाठ है। गाथा प्राकृत में लिखी गई होगी। उसमें 'वृत्त' या 'उक्त' पहले ही आ चुका है, इसलिए फिर से 'कहो' की कोई आवश्यकता नहीं जान पड़ती। जान पड़ता है, यहाँ मूलरूप में 'कहो' नहीं, 'कहा' था। इस प्रकार, मूलरूप इस प्रकार रहा होगा—'दिल्ली ईस गुणाणं कित्तिकहा आदि अन्ताणं।'

उसके लिए भाषा का कोई बन्धेज नहीं था। भामह के इस कथन को ही मानो सामने रखकर दण्डी ने 'काव्यादर्श' (१।२३-२८) में कहा था कि कथा और आख्यायिका वस्तुतः एक ही श्रेणी की रचनाएँ हैं; क्योंकि कहानी नायक कहे या कोई और कहे, अध्याय का विभाजन हो या न हो, अध्यायों का नाम उच्छ्वास रखा जाय या लम्भ रखा जाय, बीच में वक्त्र या अपवक्त्र छन्द आते हों या न आते हों, इससे कहानी में क्या अन्तर आ जाता है ? इसलिए, इन ऊपरी भेदों के कारण 'कथा' और 'आख्यायिका' में अन्तर नहीं करना चाहिए।[१] दण्डी का यह कथन संकेतपूर्ण है। हम आगे इस संकेत को समझने का प्रयास करेंगे।

यद्यपि दण्डी ने भामह की बात को इस तर्क से काट दिया है तथापि भामह की बातों में एक प्रकार की सच्चाई है। भामह ने अपने समय में संस्कृत-गद्य में लिखी जानेवाली कथाओं के साथ प्राकृत और अपभ्रंश में लिखी जानेवाली कथाओं को भी देखा था। उनसे बहुत पूर्व 'बृहत्कथा' ख्यात हो चुकी थी। संस्कृत-कथा के तीन प्राचीन और प्रौढ़ लेखक—दण्डी, सुबाहु और बाणभट्ट—अपनी कथावस्तु के लिए बृहत्कथा के ऋणी हैं। काव्यालंकार के लेखक रुद्रट (लगभग नवीं शताब्दी) ने लिखा है कि केवल संस्कृत में निबद्ध कथाओं के लिए गद्य में लिखने का बन्धन है; परन्तु अन्य भाषाओं में लिखी जानेवाली रचनाएँ पद्य में भी लिखी जा सकती हैं। यहाँ 'अन्य भाषाओं' से प्राकृत और अपभ्रंश की ओर इशारा है। नमिसाधु ने तो अपनी टीका में स्पष्ट शब्दों में कहा है कि 'अन्येन प्राकृतादिभाषान्तरेण

---

१. अपादः पादसन्तानो गद्यमाख्यायिका कथा।
इति तस्य प्रभेदौ द्वौ तयोराख्यायिका किल।।
नायकेनैव वाच्यान्या नायकेनेतरेण वा।
स्वगुणाविष्क्रिया दोषो नात्र भूतार्थशंसिनः।।
अपि त्वनियमो दृष्टस्तत्राप्यन्यैरुदीरणात्।
अन्यो वक्ता स्वयं वेति कीदृग्वा भेदलक्षणम्।।
वक्त्रं चापरवक्त्रं च सोच्छ्वासं चापि भेदकम्।
चिह्नमाख्यायिकायाश्चेत् प्रसङ्गेन कथास्वपि।।
आर्यादिवत्प्रवेशः किं न वक्त्रापरवक्त्रयोः।
भेदश्च दृष्टो लम्भादिरुच्छ्वासो वास्तु किं ततः।।
तत्कथाख्यायिकेत्येव जातिः संज्ञाद्वयाङ्किता।
अत्रैवाविर्भविष्यन्ति शेषाश्चाख्यानजातयः।।

तु अगद्येन गाथाभिः प्रभूतं कुर्यात्'। अर्थात् 'दूसरी भाषाओं का अर्थ है प्राकृत आदि भाषाएँ; उनमें अगद्य में अर्थात् गाथाओं में कथा लिखी जानी चाहिए।' इस प्रकार, भामह और रुद्रट के बताये हुए कथालक्षणों से स्पष्ट होता है कि 'कथा' संस्कृत से भिन्न भाषाओं में पद्य में भी लिखी जाती थी। प्राकृत और अपभ्रंश में उन दिनों निश्चय ही पद्य में लिखा हुआ ऐसा साहित्य वर्त्तमान था जिन्हें 'कथा' कहा जाता था। प्राकृत में लिखी कथाएँ पद्यबद्ध भी होती थीं और 'गद्य' में भी लिखी जाती थीं। बृहत्कथा के सम्बन्ध में कुछ निश्चित रूप में कहना कठिन है कि यह गद्य में लिखी गई थी या पद्य में, परन्तु 'वसुदेवहिण्डी' नामक गद्य-निबद्ध प्राचीन प्राकृत कथा उपलब्ध हुई है जो यह सूचित करने के लिए पर्याप्त है कि प्राकृत में गद्य-बद्ध कथाएँ अवश्य लिखी जाती थीं। सौभाग्यवश कुछ प्राकृत पद्य-बद्ध कथाएँ भी उपलब्ध हुई हैं और प्रकाशित भी हुई हैं।

प्राकृत में लिखी हुई सबसे पुरानी कथा तो गुणाढ्य की बृहत्कथा ही है। भारतवर्ष का यह दुर्भाग्य ही कहा जाना चाहिए कि यह अमूल्य निधि आज अपने मूलरूप में प्राप्त नहीं है। सन् ईसवी की आठवीं-नवीं शताब्दी के साहित्य से पता चलता है कि उस समय तक यह कथा प्राप्य थी। यहाँ तक कि लगभग सन् ८७५ ई० में कम्बोडिया की एक संस्कृत-प्रशस्ति में भी गुणाढ्य और इनकी बृहत्कथा की चर्चा आई है। यह ग्रन्थ पैशाची प्राकृत में लिखा गया था। इसके निर्माण की कहानी बड़ी मनोरंजक है। गुणाढ्य पण्डित महाराज सातवाहन के सभापण्डित थे। ये महाराज सातवाहन भी उदयन, विक्रमादित्य (साहसांक) की भाँति दर्जनों निजन्धरी कहानियों के नायक हैं। उदयन और विक्रमादित्य की भाँति ये भी ऐतिहासिक पुरुष थे। सातवाहन राजाओं ने दीर्घकाल तक दक्षिण में राज्य किया था। सिक्कों पर उनके 'साड', 'सात' आदि नाम प्राप्त हुए हैं। पण्डित ने अनुमान किया है कि 'हाल' वस्तुतः 'साड़' शब्द का ही प्राकृत रूप है। वर्ण-परिवर्त्तन के आधार पर निश्चित किया हुआ यह सिद्धान्त सही हो भी सकता है और नहीं भी हो सकता है। परन्तु इतना सत्य है कि 'हाल' प्राकृत-साहित्य के उसी प्रकार पुरस्कर्त्ता थे जिस प्रकार विक्रमादित्य संस्कृत-साहित्य के। ब्राह्मण-साहित्य में अपने प्राकृत-प्रेम के कारण इन्हें कई बार उपहास का पात्र बनना पड़ा है। हम अभी जिस मनोरंजक कहानी की ओर आपका ध्यान आकृष्ट करने जा रहे हैं, वह ऐसे ही उपहास का द्योतक है।

'हाल' की 'सत्तसई' प्राकृत-कविताओं का अपूर्व संग्रह है। शताब्दियों से वह पण्डितों का कण्ठहार बनी हुई है। इसके कोई एक दर्जन रूप हमें परम्पराक्रम से प्राप्त हुए हैं। विशेषज्ञों ने सब रूपों के अध्ययन के बाद दिखाया है कि सात सौ में लगभग चार सौ गाथाएँ पुरानी हैं। बाकी परवर्त्ती काल में प्रक्षिप्त हुई हैं। इस पुस्तक का मूल नाम 'गाथाकोश' था। एक गाथा के अनुसार, कवि-वत्सल 'हाल' ने एक करोड़ गाथाओं में से चुनकर इन सात सौ पद्यों का संग्रह किया था। एक मजेदार कहानी में तो यह भी कहा गया है कि सरस्वती के वरदान से 'हाल' के राज्य का प्रत्येक स्त्री-पुरुष एक दिन के लिए कवि हो गया था और सबने अपनी कविताएँ 'हाल' को दी थीं। उन्हीं में से चुनी हुई कविताओं का संग्रह 'सत्तसई' है। इसमें तो कोई शक नहीं कि 'हाल' प्राकृत-साहित्य के पृष्ठपोषक थे। राजशेखर ने 'काव्यमीमांसा' में तो इस अनुश्रुति का भी उल्लेख किया है कि सातवाहन ने अपने अन्तःपुर में केवल प्राकृत बोलने का ही नियम बना दिया था। यह सातवाहन और हाल एक ही व्यक्ति होंगे। ऐसा प्राकृत-प्रेमी राजा प्राकृत-निबद्ध प्रेम-गाथाओं का नायक हो, यह बिल्कुल स्वाभाविक ही है और शायद यह भी स्वाभाविक ही है कि ऐसे प्राकृत-प्रेमी राजा को संस्कृत से अनभिज्ञ बताकर उपहास का पात्र बनाया जाय।

सो, एक बार यही राजा सातवाहन जलक्रीड़ा करते समय संस्कृत की अनभिज्ञता के कारण लज्जित हुए और यह प्रतिज्ञा कर बैठे कि जब तक धारावाहिक रूप से संस्कृत लिखने-बोलने नहीं लगेंगे तब तक बाहर मुँह नहीं दिखायेंगे। राज-काज बन्द हो गया, गुणाढ्य पण्डित बुलाये गये। उन्होंने ६ बर्ष में संस्कृत सिखा देने की प्रतिज्ञा की, पर एक दूसरे पण्डित ने ६ महीने में ही इस असाध्य-साधन का व्रत ले लिया। गुणाढ्य के मत से यह असम्भव बात थी। उन्होंने प्रतिज्ञा की कि यदि कोई ६ महीने में संस्कृत सिखा देगा, तो वह संस्कृत में लिखना-बोलना ही बन्द कर देंगे। ६ महीने बाद राजा तो सचमुच ही धारावाहिक रूप से संस्कृत बोलने लगे; पर गुणाढ्य पण्डित को अपनी प्रतिज्ञा के अनुसार मौन होकर पिशाचों की बस्ती में जाना पड़ा। उनके दो शिष्य उसके साथ हो लिये। वहीं किसी गन्धर्व से जो शापवश पिशाच हो गया था, कहानी सुनकर गुणाढ्य पण्डित ने इस विशाल ग्रन्थ को पैशाची भाषा में लिखा था। कागज का काम सूखे चमड़ों से लिया गया और स्याही का काम पशुओं के रक्त से। पिशाचों की

बस्ती में और मिल ही क्या सकता था। कथा जब पूरी हुई तो गुणाढ्य पण्डित शिष्यों सहित फिर राजधानी लौट आये। स्वयं तो वे नगर के उपकण्ठ में ही ठहर गये, पर ग्रन्थ को शिष्यों के हाथ राजा के पास भिजवा दिया। राजा ने सब जान-सुनकर कहा कि भला जिस पुस्तक की भाषा पैशाची हो, स्याही रक्त हो, लेखक मौन और मत्त हो, उसकी कथावस्तु में विचारने योग्य हो ही क्या सकता है :

पैशाची वाग् मषी रक्तं मौनोन्मत्तश्च लेखकः।
इति राजाऽब्रवीत् का वा वस्तुसारविचारणा।। (बृहत्कथामंजरी, १।८७)

गुणाढ्य पण्डित ने जो सुना तो व्यथित होकर पुस्तक जला देने की ठानी। शिष्यों के आग्रह पर उन्होंने एक बार कथा सुना देने का अनुग्रह किया। आग जला दी गई, पण्डित आसन बाँधकर बैठ गये, एक-एक पन्ना पढ़कर आग में जला दिया जाने लगा। कथा इतनी मधुर और मोहक थी कि पशु-पक्षी, मृग और व्याघ्र खाना-पीना छोड़कर, वैर बिसारकर सुनने लगे। उनके मांस सूख गये। जब राजा की रन्धनशाला में ऐसे ही पशुओं का मांस पहुँचा तो शुष्क मांस के भक्षण से राजा के पेट में दर्द हुआ। वैद्य ने नाड़ी देखकर रोग का निदान किया, वधिकों से कैफियत तलब की गई और इस प्रकार अज्ञात पण्डित के कथावाचक की मनोहारिता राजा के कानों में पहुँची। परन्तु जब तक आश्चर्य-चकित राजा वहाँ उपस्थित होते हैं तब तक ग्रन्थ के सात भागों में से छः भाग जल चुके थे। राजा की प्रार्थना पर सिर्फ एक ही भाग बच सका। उसी बचे भाग की कथा हमारे पास मूलरूप में तो नहीं आ सकी; परन्तु संस्कृत-अनुवाद के रूप में आज भी उपलब्ध होती है। बुधस्वामी के 'बृहत्कथाश्लोकसंग्रह', क्षेमेन्द्र की 'बृहत्कथामंजरी' और सोमदेव के 'कथासरित्सागर' में बृहत्कथा के उस अवशिष्ट अंश की कहानियाँ संगृहीत हैं।

इनमें पहला ग्रन्थ नेपाल के और बाकी कश्मीर के पण्डितों की रचना है। यह तो नहीं पता चलता कि गुणाढ्य ने मूल कहानी गद्य में लिखी थी या पद्य में। लोकसंग्रह से जान पड़ता है कि वह पद्य में ही लिखी गई होगी, पर कथा की परवर्त्ती परिभाषाओं को देखकर बहुतेरे पण्डित उसे गद्य में लिखी बताते हैं। वैसे तो यह विवाद तब तक चलता रहेगा जब तक सौभाग्यवश मूलग्रन्थ की कोई प्रति न मिल जाय। किन्तु, मैं अपना यह विश्वास प्रकट कर देना चाहता हूँ कि मूलकथा पद्यबद्ध थी और वहीं से

प्राकृत-भाषा या लोकभाषा में पद्यबद्ध कथाओं के लिखने की परम्परा शुरू होती है।

रुद्रट ने कथा या महाकथा के लिए जो लक्षण बताये हैं वे वस्तुतः उस समय की प्राकृत या अपभ्रंश कथाओं को देखकर ही लिखे गये होंगे। साधारणतः लक्ष्य को देखकर ही लक्षण बनाने का नियम है। रुद्रट के अनुसार कथा के आरम्भ में देवता या गुरु की वन्दना होनी चाहिए, फिर ग्रन्थकार का अपना और अपने कुल का परिचय दिया जाना चाहिए और उसके बाद कथा लिखने का उद्देश्य वर्णन करना चाहिए। गुरु में एक कथान्तर होना चाहिए जो प्रधान कहानी का प्रस्ताव कर सके। सरस वर्णनों से संजीवित कन्याप्राप्ति ही इसका प्रधान प्रतिपाद्य होना चाहिए।[1] रुद्रट से कुछ पूर्व की लिखी कौतूहल कवि की 'लीलावती' नामक कथा प्राप्त हुई है जो हू-ब-हू इन लक्षणों से मिलती है। भामह ने जो इशारा किया था कि कथा में उच्छ्‌वास आदि के रूप में अध्यायों का विभाजन नहीं होता, वह इस कथा में स्पष्ट रूप से दिखाई देता है। कथा का कहनेवाला यहाँ नायक नहीं है। यह कवि और कवि-पत्नी की बातचीत के रूप में कही गई है। इस प्रकार दो व्यक्तियों की बातचीत के रूप में कथा कहने की प्रथा इस देश में बहुत पुरानी है।

भामह ने जब कथा और आख्यायिका में यह भेद किया था कि एक तो दूसरों की बातचीत के रूप में कही जानी चाहिए और दूसरी स्वयं नायक के द्वारा, तो उन्होंने सम्भवतः यह बताना चाहा था कि कथा में कल्पना की गुंजायश अधिक होती है और आख्यायिका में कम। एक की कहानी काल्पनिक होती है और दूसरी की ऐतिहासिक। परवर्त्ती आलंकारिकों

---

१. श्लोकैर्महाकथामिष्टान् देवान् गुरुन्नमस्कृत्य।
संक्षेपेण निजं कुलमभिदध्यात्स्वं च कर्त्तृतया।।
सानुप्रासेन ततो लघ्वक्षरेण गद्येन।
रचयेत् कथाशरीरं पुरेव पुरवर्णकप्रभृतीन्।।
आदौ कथान्तरं वा तस्यां न्यस्येत् प्रपञ्चितं सम्यक्।
लघु तावत् सन्धानं प्रक्रान्तकथावताराय।।
कन्यालाभफलां वा सम्यग् विन्यस्य सकलश्रृंगारम्।
इति संस्कृतेन कुर्यात् कथामगद्येन चान्येन।।

—रुद्रट का काव्यालंकार, १६-२०-२३

ने कादम्बरी को 'कथा' कहा है और हर्षचरित को 'आख्यायिका'। काल्पनिक कहानी में सम्भावना पर बल दिया जाता है और ऐतिहासिक कहानी में नायक के वास्तविक जीवन में घटित तथ्य की ओर। शुरू-शुरू में काल्पनिक और ऐतिहासिक कहानियों के इस भेद को लक्ष्य किया होगा। भामह की कथा से ऐसा अनुमान होता है। ऐसा लगता है कि वे कहना चाहते हैं कि कथा प्रधानरूप में ऐसी कहानी है जिसमें कहानीपन अधिक है। कथावस्तु की संघटना, पात्रों के भावों के उतार-चढ़ाव, कथावस्तु और चरित्र-चित्रण का, एक दूसरे को गति देते रहने का गुण और, सबसे बढ़कर, रस का उत्तम परिपाक इसका मुख्य लक्ष्य था। आख्यायिका में नायक की स्वयं देखी-सुनी घटनाओं की प्रचुरता के कारण कवि को कल्पना के द्वारा देखने का यथेच्छ अवकाश नहीं रह सकता। वह कथावस्तु को पात्रों के भीतरी गुणों के साथ इस प्रकार गूँथ सकता कि वे एक दूसरे को धक्का मार-मार के उसके (कवि के) अभिलषित लक्ष्य तक ले जा सकें। बहुत-सी असम्भव दीखनेवाली बातों का होना रस-परिपाक में बाधक होता है। पुरानी कथाओं में कथानक-रूढ़ि के रूप में बहुत-सी अनहोनी बातें आ गई हैं। कथा के लेखकों ने उनको सम्भव बनाने के लिए कुछ सम्भावनाओं का सहारा लिया था जो आगे चलकर कथानक-सम्बन्धी अभिप्रायों का कारण बन गईं। इस विषय पर हम आगे विचार करेंगे। यहाँ प्रकृत यही है कि कल्पनामूलक कथाओं का दो व्यक्तियों की बातचीत के रूप में कहना कुछ अप्रत्यक्ष-सा होता है और कवि का उत्तरदायित्व कम हो जाता है। आख्यायिका में यह सुविधा नहीं रहती; परन्तु भामह के ऊपर किये हुए दण्डी के आक्षेपों को देखते हुए यह निश्चित रूप से समझा जा सकता है कि ऐतिहासिक और काल्पनिक कथाओं के इस भेद को बहुत ही शीघ्र भुला दिया गया। यह जो दो व्यक्तियों के बीच बातचीत के रूप में कथा कहने की पद्धति है, वह इस देश की बहुत पुरानी प्रथा है। महाभारत में इसी प्रकार पूर्वकथा कहकर श्रोता-वक्ता की योजना की गई है। यद्यपि आदिकाव्य रामायण में श्रोता-वक्ता की योजना नहीं है तथापि पूर्वकथा उसमें भी है। लौकिक कथाओं में यह प्रथा शुरू-शुरू में सम्भवतः इसलिए व्यवहृत हुई थी कि कथा में असम्भव समझी जाने योग्य बातों को पर-प्रत्यक्ष बताकर उसकी असम्भाव्यता की मात्रा कम कर दी जाय। हमने ऊपर देखा है कि बृहत्कथा में भी एक मनोरंजक कथान्तर या पूर्वकथा है;

परन्तु वह ठीक प्रश्नोत्तर के रूप में नहीं है। 'लीलावती' में वह प्रश्नोत्तर के रूप में है। कादम्बरी में भी कथा शुक के द्वारा कहलवाई गई है और पूर्वकथा में बताया गया है कि किस प्रकार यह कथा ऋषिकुमारों के प्रश्नों के उत्तर में जबालि ऋषि ने सुनाई थी और किस प्रकार शुक ने उनसे कथा सुनी, और इस प्रकार मूलतः प्रश्नोत्तर के रूप में ही यह कथा कही गई है। लीलावती में पूर्वकथा का घटाटोप उतना नहीं है। वहाँ सिर्फ कवि की पत्नी ने सायंकालीन मधुर शोभा को देखकर अपने प्रियतम को सम्बोधन करके कहा कि कोई सरस कथा कहो। इसके लिए बहुत अधिक भूमिका की जरूरत नहीं समझी गई। थोड़ी तो समझी ही गई है; क्योंकि इतना भी न रहे तो कथा भी ग्राम्य कवि की कही हुई कहानी बन जाय। सो, कवि की पत्नी ने देखा कि अन्तःपुर की गृहदीर्घिका या भवनवापी में चन्द्रमा की ज्योत्स्ना से झमकती हुई कान्तिवाले गन्धोत्कट कुमुदों में रसलोभ से कम्पमान भ्रमर छककर मकरन्द पान कर रहे हैं—

जोण्हाऊरिय-कोस-कन्तिधवले सव्वंगगंधुक्कडे
णिव्विग्धं घर दीहियाए सुरसं वेवंतओ मासलं।
आसाएइ स्रमंज़ु गुञ्जियरवो तिंगिच्छि पाणासवं
उम्मिल्लंत दलावली परियओ चंदुज्जए छप्पओ।।२४।।

और फिर इसी प्रकार की मनोहर रात्रि भी है। यह समय कथा के लिए निश्चित ही बहुत उपयुक्त है। इसके बाद कथा शुरू हो जाती है। बीच-बीच में कवि बिना प्रसंग के ही 'प्रियतमे', 'कुवलयदलाक्षि' आदि सम्बोधनों का उसी प्रकार प्रयोग कर बैठता है जिस प्रकार गोस्वामी तुलसीदास जी अपने मानस में 'उमा', 'खगेश', 'उरगारि' आदि सम्बोधनों का प्रयोग कर देते हैं। वस्तुतः तुलसीदास जी ने जब एक बार अपनी रचना को 'कथा' कह दिया तो उन्होंने उन सब रूढ़ियों का विधिवत् पालन किया जो प्राकृत और अपभ्रंश-कथाओं के लिए आवश्यक समझी जाती थीं। खल-निन्दा में भी नहीं चूके। कथान्तर रूप में पूर्व-कथा की योजना उन्होंने भी की है और श्रोता-वक्ताओं के कई जोड़े उपस्थित किये हैं। मैं ठीक नहीं कह सकता कि इस प्रकार कई जोड़े श्रोता-वक्ता की योजना किसी अपभ्रंश-काव्य में थी या नहीं। उपलब्ध अपभ्रंश-काव्यों में मुझे इस प्रकार का जटिल प्रश्नविधान नहीं मिला। जटिलता का एक कारण तो यही हो सकता है कि तुलसीदास जी की कथा सिर्फ कथा नहीं, 'पुराण' भी है।

मेरे मित्र डॉ० श्रीकृष्णलाल ने दिखाया है कि तुलसीदास जी के रामचरितमानस को 'पुराण' कहना अधिक संगत है। पुराणों में जटिल प्रश्नोत्तरविधान की योजना मिल जाती है; लेकिन पृथ्वीराजरासो में सम्भवतः इस प्रकार की जटिलता का कुछ आभास पाया जा सकता है। हिन्दी के आरम्भकाल में पाई जानेवाली कथाओं में इस प्रकार की श्रोता-वक्ता की योजनावाला विधान मिल जाता है। कीर्त्तिलता की कहानी भृंग और भृंगी की बातचीत के रूप में है। यद्यपि पद्मावती की पूरी कहानी किसी शुक के मुँह से नहीं कहलाई गई है तथापि शुक उस कहानी का महत्त्वपूर्ण पात्र है और कथा में गति देने में वह विशेष रूप से सहायक है। जहाँ तक कथानक को श्रोता-वक्ता के रूप में कहने का सम्बन्ध है, सूफी कवियों में इस प्रकार की रूढ़ि कम पालित हुई है। जैन अपभ्रंश-चरित-काव्यों में भी इस रूढ़ि का विशेष पालन नहीं हुआ। फिर राजपूताने में पाई जानेवाली 'ढोला मारू' की कहानी भी सीधे ही शुरू होती है। संस्कृत में लिखे हुए जैनकवि हरिषेणाचार्य के 'कथाकोश' नामक ग्रन्थ में संगृहीत सभी कथाएँ सीधे ही शुरू होती हैं। इससे केवल यह निष्कर्ष निकलता है कि यह प्रथा बहुत व्यापक नहीं थी।

मैंने अब तक जो इतिहास के पुराने खंडहरों में आपको भटकाया वह केवल जानकारी बढ़ाने के उद्देश्य से नहीं। मैं इस बात की ओर आपका ध्यान आकृष्ट करना चाहता था कि प्राचीन काल से ही प्राकृत और संस्कृत-कथाओं में श्रोता और वक्ता की परम्परा रखने का नियम चला आ रहा है। जैन कवियों में और सूफी कवियों में इस नियम के पालन में थोड़ी शिथिलता दिखाई पड़ती है; परन्तु अन्यत्र श्रोता-वक्ता का रखना आवश्यक समझा जाता है। ग्यारहवीं-बारहवीं शताब्दी में भी यह नियम जरूर माना जाता रहा होगा। वेतालपंचविंशति, शुकसप्तति आदि कथाओं में भी पूर्वकथा की योजना की गई और रासो में तो यह योजना स्पष्ट ही मिल जाती है। इस प्रसंग में ध्यान देने की बात यह है कि विद्यापति की कीर्त्तिलता में उस समय के देश-भाषा-साहित्य के गुणानुवादप्रधान चरित-काव्यों के अनेक लक्षण मिलते हैं और यह पुस्तक उस युग के गुणानुवादमूलक चरित-काव्यों में सबसे अधिक प्रामाणिक है। कवि ने उसे 'कहाणी' या 'कथानिका' कहा है जो सम्भवतः उसके आकार की छोटाई के कारण है। उसमें प्रायः उन सभी छन्दों का व्यवहार हुआ है जिनका रासो में व्यवहार

मिलता है। रासो की ही भाँति उसमें संस्कृत और प्राकृत भाषाओं का प्रयोग है और देश्यमिश्रित अपभ्रंश तो वह है ही। ऐसा जान पड़ता है कि उन दिनों ऐतिहासिक व्यक्ति के गुणानुवाद-मूलक चरितकाव्य इसी ढंग से लिखे जाते थे। विद्यापति के सामने ऐसा ही कोई ग्रन्थ आदर्श रूप में उपस्थित था। मैं यह नहीं कहता कि वह ग्रन्थ 'पृथ्वीराजरासो' ही था; क्योंकि गद्य-पद्यमयी रचना को संस्कृत में 'चम्पू' कहते हैं। किन्तु प्राकृत की पद्यबद्ध कथाओं में थोड़ा-थोड़ा गद्य भी रहा करता था। लीलावती में गद्य है, पर वह नाममात्र का ही है। कीर्त्तिलता में गद्य और पद्य दोनों हैं। रासो में भी गद्य अवश्य रहा होगा। वस्तुतः रासो में बीच-बीच में जो वचनिकाएँ आती हैं, वे गद्य ही हैं। निस्सन्देह इन वचनिकाओं की भाषा में भी परिवर्त्तन हुआ होगा; परन्तु वे इस बात के सबूत के रूप में आज भी वर्त्तमान हैं कि उन दिनों की प्राकृत और अपभ्रंश-कथाओं के सम्पूर्ण लक्षण रासो में मिलते हैं।

पृथ्वीराजरासो चरितकाव्य तो है ही, वह रासो या 'रासक' काव्य भी है। हेमचन्द्र ने काव्यानुशासन में रासक को गेय रूपक माना है।[१] ये गेय रूपक तीन प्रकार के होते थे—मसृण अर्थात् कोमल, उद्धत और मिश्र। रासकमिश्र गेय रूपक है। टीका में इन गेय रूपकों के सम्बन्ध में बताया गया है कि इनमें से कुछ तो स्पष्ट रूप से कोमल हैं जैसे—डोम्बिका। इस गेय रूपक के बारे में अधिक विचार करने का अवसर हमें आगे मिलेगा। कुछ दूसरे हैं, जो स्पष्ट रूप से उद्धत रूपक हैं, जैसे—भाणक। कुछ ऐसे हैं, जिनमें मसृण की प्रधानता होती है, कुछ उद्धत भी मिल जाता है। कुछ में उद्धत कम मिला होता है, जैसे—प्रस्थान। कुछ में अधिक मिला होता है, जैसे—शिङ्गाटक। परन्तु ऐसे भी कई हैं, जिनका प्रधान रूप तो उद्धत होता है, फिर भी थोड़ा-बहुत मसृण का प्रवेश हो जाता है। भाणिका ऐसा ही है। फिर प्रेरण, रामाक्रीड़, रासक, हल्लीस आदि ऐसे ही रूपक हैं। सो, रासक आरम्भ में एक प्रकार के उद्धत-प्रयोग-प्रधान गेय रूपक को कहते थे, जिसमें थोड़ा-बहुत 'मसृण' के कोमल प्रयोग भी मिले होते थे। इसमें बहुत-सी नर्त्तकियाँ विचित्र ताल-लय के साथ योग देती

---

१. गेयं डोम्बिकाभाणप्रस्थानशिङ्गकभाणिकाप्रेरणराकाक्रीडहल्लीसकरासगोष्ठीश्रीगदितरागकाव्यादि।

थीं। यह मसृणोद्धत ढंग का गेय रूपक था। सन्देशरासक इसी प्रकार का रूपक है। यह मसृण अधिक है। पृथ्वीराजरासो यदि सचमुच ही पृथ्वीराज के काल में लिखा गया था तो उसमें रासक-काव्य के कुछ-न-कुछ लक्षण भी अवश्य रहे होंगे। सन्देशरासक का जिस ढंग से आरम्भ हुआ है, उसी ढंग से रासो का भी आरम्भ हुआ है। आरम्भ की कई आर्याएँ तो बहुत अधिक मिलती हैं। उदाहरण लीजिए :

सन्देशरासक–

जइ बहुलदुद्ध संमीलिया य उल्ललइ तंदुला खीरी।
ता कणकुक्कस साहिआ रब्वडिया मा दडब्बढउ ।।१६।।

(यदि प्रचुर दूध मिलाकर (बड़े घरों में) तन्दुल-खीर बनाया जाता है तो गरीब लोग क्या कण-भूसी मिलाकर मट्ठे की रबड़ी न डभकाएँ ?)

पृथ्वीराजरासो–

पय सक्करी सुभत्तौ, एकत्तौ कनय राय भोयंसी।
कर कंसी गुज्जरीय, रब्बरियं नैव जीवंति।।छं० ४३ रू० १६।।

(यदि दूध-शक्कर और भात मिलाकर (बड़े घरों की) लड़कियाँ राजभोग बनाती हैं तो (गरीब) गूजरी क्या कण-भूसीवाली रबड़ी (मट्ठे की) से जीवन-निर्वाह न करें ?)

सन्देशरासक–

जई भरहभावछंदे णच्चइ णवरंगचंगिमा तरुणी।
ता किं गाम गहिल्ली ताली सद्देण णच्चेइ ।।१५।।

(यदि भरत मुनि के बताये रस-भाव-छन्द के अनुसार नव-रंग-चंगिमा तरुणी नाचती है तो क्या गाँव-गहेलरी ताली के शब्दों से (ताल दे-देकर) न नाचे ?)

पृथ्वीराजारासो–

सत्त खैन आवासं, महिलानं मद्द सद्द नूपुरया।
सतफल बज्जुन पयसा, पब्बरियं नैव चालंति।। छं० ४४, रू० १७।।

(सतखण्डे महलों में सुन्दरी महिलाएँ नूपुर-ध्वनि के साथ मादक नृत्य करती हैं तो शतफला घुँघुची के फल पैरों में बाँधकर पर्वत-कन्याएँ न नाचें ?) इत्यादि।

सन्देशरासक में युद्ध का कोई प्रसंग नहीं है। पर उद्धत-प्रयोग-प्रधान गेय रूपक में युद्ध का प्रसंग आना प्रयोगानुकूल ही होगा और युद्धों के

साथ प्रेम-लीलाओं का मिश्रण भी प्रयोग और वक्तव्य-विषय के मिश्रण के अनुकूल ही होगा। इससे लगता है कि पृथ्वीराजरासो आरम्भ में ऐसा कथाकाव्य था, जो प्रधान रूप से उद्धत-प्रयोग-प्रधान मसृण-प्रयोग-युक्त गेय रूपक था। उसमें कथाओं के भी लक्षण थे और रासकों के भी।

हेमचन्दाचार्य ने यह स्पष्ट रूप से लिखा है कि इन काव्य-रूपों के ये भेद पुराने लोगों के बताए हुए हैं—'पदार्थाभिनयस्वभावानि डोम्बिकादीनि गेयानि रूपकाणि चिरन्तनैरुक्तानि।' और, उन्होंने पुराने आचार्यों के बताये लक्षण भी उद्धृत किये हैं। धीरे-धीरे इन शब्दों का प्रयोग कुछ घिसे अर्थों में होने लगा। जिस प्रकार 'विलास' नाम देकर चरितकाव्य लिखे गये, 'रूपक' नाम देकर चरितकाव्य लिखे गये, 'प्रकाश' नाम देकर चरितकाव्य लिखे गए। उसी प्रकार 'रासो' या 'रासक' नाम देकर भी चरितकाव्य लिखे गये। जब इन काव्यों के लेखक इन शब्दों का व्यवहार करते होंगे तो अवश्य ही उनके मन में कुछ-न-कुछ विशिष्ट काव्यरूप रहता होगा। राजपूताने के डिंगल-साहित्य में, परवर्त्ती काल में ये शब्द साधारण चरित-काव्य के नामान्तर हो गये हैं। बहुत-से चरितकाव्यों के साथ 'रासौ' नाम जुड़ा मिलता है, जैसे—रायमलरासौ, राणारासौ, संगतसिंघरासौ, रतनरासौ इत्यादि। इसी प्रकार बहुतेरे चरितकाव्यों के साथ 'विलास' शब्द जुड़ा हुआ है, जैसे—राजविलास, जगविलास, विजैविलास, रतनविलास, अभैविलास, भीमविलास आदि। 'विलास' शब्द भी कुछ क्रीड़ा, कुछ खेल आदि की ओर इशारा करता है। इसी प्रकार कुछ काव्यों के नाम के साथ 'रूपक' शब्द जुड़ा हुआ है, जैसे—राजारूपक, गोगादेरूपक, रावरिणमलरूपक, गजसिंघजीरूपक इत्यादि। स्पष्ट ही रूपक शब्द किसी अभिनेयता की ओर संकेत करता है। ये शब्द केवल इस बात की ओर संकेत करके विरत हो जाते हैं कि ये काव्य-रूप किसी समय गेय और अभिनेय थे। 'रासक' का तो इस प्रकार का लक्षण भी मिल जाता है। परन्तु धीरे-धीरे ये भी कथा काव्य या चरितकाव्य के रूप में ही याद किये जाने लगे। इनका पुराना रूप क्रमशः भुला दिया गया; परन्तु पृथ्वीराज के काल में यह रूप सम्पूर्ण रूप से भुलाये नहीं गये थे। इसीलिए पृथ्वीराजरासो में कथा-काव्यों के भी लक्षण मिल जाते हैं और रासकरूप के भी कुछ चिह्न प्राप्त हो जाते हैं।

हमने ऊपर कथा के जिन सामान्य लक्षणों को उल्लेख किया है, वे

गद्य-पद्य सब में ही मिलते हैं। इसलिए, यह अनुमान किया जा सकता है कि विद्यापति ने अपनी कहानी का ढाँचा उन दिनों अत्यधिक प्रचलित चरितकाव्यों के आदर्श पर ही बनाया होगा। कीर्त्तिलता की कहानी भृंग और भृंगी के संवादरूप में कहलवाई गई है। प्रत्येक पल्लव के आरम्भ में भृंगी भृंग से प्रश्न करती है और फिर भृंग कहानी शुरू करता है। रासो के वर्त्तमान रूप को देखने से स्पष्ट हो जाता है कि मूल रासो में भी शुक और शुकी के संवाद की ऐसी ही योजना रही होगी। मेरा अनुमान है कि इस मामूली-से इंगित को पकड़कर हम मूल रासो के कुछ रूप का अन्दाजा लगा सकते हैं। इतने दिनों की ऐतिहासिक कचकचाहट से इतना तो निश्चित हो ही गया है कि परवर्त्ती काल में रासो में बहुत अधिक प्रक्षेप हुआ है। यदि हम इस संकेत से रासो के मूल रूप का कुछ आभास पा सकें तो यह मामूली लाभ नहीं होगा। इतनी देर तक इसी लाभ की आशा से मैं आपको साहित्यिक इतिहास के खंडहरों में भटकाता रहा। देखा जाय।

शुरू में (प्रथम समय, छन्द ग्यारह और आगे) चन्द की स्त्री शंका करती है। यह बात एकाएक आ जाती है, इसके पहले चन्द की स्त्री का कहीं उल्लेख नहीं है। ग्यारहवें छन्द के पहले कवि ने विनयवश कह दिया है कि वह अपने पूर्ववर्त्ती महाकवियों का उच्छिष्ट कथन कर रहा है। यहीं पर चन्द की स्त्री शंका करती है कि यह कैसे हो सकता है ? प्रसंग से जान पड़ता है कि कथा चन्द और उसकी पत्नी के संवादरूप में चल रही है। इसके पहले उसका कोई आभास नहीं है, फिर काफी दूर जाकर प्रश्नोत्तर का क्रम फिर शुरू होता है। वहाँ स्पष्ट शब्दों में उल्लेख है, कि रात्रि के समय रस में आकर कवि पत्नी ने पृथ्वीराज की कीर्त्ति-कथा आदि से अन्त तक वर्णन करने का अनुरोध किया। बहुत-कुछ यह 'लीलावती' के कवि कौतूहल की पत्नी के समान ही है। लगता है कि इस गाथा को ग्रन्थ के शुरू में आना चाहिए था। गाथा इस प्रकार है :

समयं इक निसि चंदं। वाम वत्त बद्दि रस पाई ।।
दिल्ली ईस गुनेयं। कित्ती कहो आदि अंताई ।।

फिर अचानक पाँचवें समय में संवाद कवि और कवि पत्नी के बीच न होकर शुक और शुकी के बीच चलने लगता है। शुकी कह उठती है कि हे शुक, सँभलो। हे प्राणपति, बताओ कि भोला भीमंग के साथ पृथ्वीराज का वैर कैसे हुआ :

सुकी कहै सुक संभरौ कहौ कथा पतिप्रान।
पृथु भोरा भीमंग पहु, किय हुअ वैर वितान।।

यहाँ अचानक ही शुक का आ जाना विचित्र-सा लगता है। फिर कवि और कविपत्नी कभी नहीं आते। रासोसार के लेखकों ने शुक को कवि चन्द और शुकी को उसकी पत्नी मान लिया। पता नहीं, किस प्रकार यह बात उनके मन में आई है। शायद उनके पास कोई ऐसी परम्परा का प्रमाण हो। ग्रन्थ से यह नहीं पता चलता कि शुक कवि चन्द है और शुकी कविपत्नी। मुझे तो यह भी सन्देह होने लगा है कि 'समयं इक निसि चंदं'—वाली गाथा कुछ विकृत रूप में आई है और इसी गाथा में शुक और शुकी की चर्चा होनी चाहिए। जो हो, उसके आगे के दोहे में स्पष्ट है कि वार्त्तालाप कवि और उसकी पत्नी में चल रहा है। इसलिए, इस अनुमान को दूर तक घसीटना अच्छा नहीं जान पड़ता। अस्तु।

इसके बाद बारहवें समय में पहले एक छन्द में तिथि-वार बता लेने के बाद शुकी इंछिनी के विवाह के विषय में प्रश्न करती है :

जंपि सुकी सुक येम करि आदि अन्त जो बत्त।
इंछिनि पिथ्थह ब्याहबिधि सुष्ष सुनंते गत्त।।

वैसे तो रासो में पृथ्वीराज के नौ विवाहों का उल्लेख है, पर तीन विवाह ऐसे हैं, जिन्हें कवि ने विशेष रस लेकर लिखा है। ये तीन विवाह हैं—इंछिनि, शशिव्रता और संयोगिता नामक राजकुमारियों के साथ पृथ्वीराज के विवाह। तीनों में ही शुकी ने शुक से प्रश्न किया है। शेष विवाहों में ऐसी योजना नहीं मिलती। रासो के अन्तिम अंश से स्पष्ट है कि इंछिनी और संयोगिता ही मुख्य रानियाँ हैं और अन्त तक इर्ष्या और प्रतिस्पर्द्धा का द्वन्द्व इन्हीं में चलता है। सो, प्रमुख विवाहों में एक इंछिनी का विवाह है और इस प्रसंग में शुकी का मिलना काफी संकेतपूर्ण है। इंछिनी के विवाह का प्रसंग उत्थापित हुआ है कि तेरहवें समय में अचानक शहाबुद्दीन गोरी के साथ लड़ाई हो जाती है। इस प्रकार, हर मौके-बे-मौके शहाबुद्दीन प्रायः ही रासो में आ धमकता है। यह सत्य है कि ऐतिहासिक कहानी के लेखक के लिए कथा का मोड़ अपने वश की बात नहीं होती; किन्तु प्रसंग का उत्थापन-अवस्थापन तो उसके वश की बात होती ही है। यहाँ कवि लाचार मालूम देता है। शहाबुद्दीन उसकी गैरजानकारी में आ गया जान पड़ता है। मजेदार बात यह है कि तेरहवाँ समय, जो 'कवि चन्द-विरचित प्रथिराज

रास के सलष जुद्ध पातिसाह ग्रहन नाम त्रयोदश प्रस्ताव' है, शुक-शुकी के इस संवाद से अन्त होता है :

सुकी सरस सुक उचचरिय प्रेम सहित आनन्द।
चालुक्कांसोज्झति संध्यौ सारूडे में चन्द।। (दूहा-सं० १५६)

अर्थात् वस्तुतः चालुक्यराज भोरा भीमंग के हराने का प्रसंग ही चल रहा था कि बीच में शहाबुद्दीन का 'अपटीक्षेपेण' प्रवेश विशेष ध्यान देने योग्य व्यापार नहीं है, और सच पूछिए तो मैं यह बात आपसे छिपाना नहीं चाहता कि यह बात मेरे मन में समाई हुई है कि चन्द का मूल ग्रन्थ शुक-शुकी-संवाद के रूप में लिखा गया था। और, जितना अंश इस संवाद के रूप में है, उतना ही वास्तविक है। विद्यापति की कीर्त्तिलता के समान रासो में प्रत्येक अध्याय के आरम्भ में—और कदाचित् अन्त में भी शुक और शुकी की बातचीत उसमें अवश्य रही होगी।

चौदहवाँ समय इस प्रकार शुरू होता है :

कहे सुकी सुक संभलौ ।नींद न आवे मोहि ।
रय निरवांनिय चंद करि ।कथ इक पूछों तोहि ।।
सुकी सरिस सुक उच्चर्‌यो ।धर्‌यो नारि सिर चित्त ।
सयन संयोगिय संमरै ।मन में मंडप हित्त ।।
धन लड़्वौ चालुक संध्यौ ।वन्ध्यो सेत षुरसांन ।
इंछनि ब्याही इच्छ करि ।कहो सुनहि दे कान ।।

और फिर, इंछिनी-विवाह का कवि ने जमके वर्णन किया है। इससे कुछ अधिक जम के संयोगिता का विवाह-वर्णन किया है और इससे कुछ कम जम के शशिव्रता का। चौदहवें समय में बीच में फिर एक बार शुकी शुक से इंछिनी के नख-शिख का वर्णन पूछती है। ऐसा लगता है कि यहाँ से कोई नया अध्याय शुरू होना चाहिए। पर हुआ नहीं है। प्रसंग तो इंछिनी-विवाह है ही। प्रश्न इस प्रकार है :

बहुरि सुकी सुक सौं कहौ, अंग अंग दुति देह ।
इंछनि इंछ बखानि कै मोह सुनाव्हु एह ।।

प्रायः नई कथा शुरू करने या पुरानी कथा के समाप्त करने के समय शुकी द्वारा शुक के सँभलने और सो न जाने के लिए सावधान करने की बात आ जाती है। कभी-कभी किसी समय के बीच में अचानक इस सँभलने की हिदायत मिल जाती है और पाठक को यह अनुमान करने का

अवसर मिलता है कि मूल रासो में उस स्थल पर से कथा का कोई नया अध्याय शुरू हुआ होगा। कभी-कभी ऐसा ही लगता है कि इसके पहलेवाला अंश प्रक्षिप्त है। उदाहरणार्थ, पचीसवें समय में राजा के शिकार आदि के ऐसे प्रसंग हैं, जो सुकविजनोचित कम हैं और भट्टभणन्त अधिक। पृथ्वीराज शूकर का पता बतानेवाले एक वधिक के साथ अकेले ही चल पड़ते हैं, सरदार लोग भी अनुगमन करते हैं, अचानक शुकी शुक से पूछ बैठती है कि पृथ्वीराज के गन्धर्व-विवाह की कहानी सुनाओ :

पुच्छ कथा सुक कहों। समह गंध्रवी सुप्रेमहि ।।
श्रवन मंमि संजोगि। राज समधरी सुनेमही ।।
.... । इम चिंतिय मन ममिझ ।।
कै करो पति जुग्गनि ईसह ईस। पुज्जै सुजग्गीसह ।।
शक चिंति बाल अति लघु सुनत। ततविन विस उपजै तिहि ।।
देव सभा न जद्दुव नृपति। नालकेल दुज अनुसरही।।६८।।

–पचीसवाँ समय

और फिर, एकाएक शशिव्रता के गन्धर्व-विवाह की कहानी शुरू हो जाती है, और शुरू भी ऐसी होती है कि रामाँ बँध जाता है। कम प्रसंगों में रासोकार का कवि-तत्त्व इतना मुखर हुआ होगा। निश्चय ही यह चन्द-जैसे कवि के योग्य रचना है।

मुझे ठीक नहीं मालूम कि किस आधार पर 'रासोसार' के लेखक ने शुकी का अर्थ कविपत्नी कर लिया है। शायद शुरू में कवि और कविपत्नी का संवाद देखकर और बाद में समूचे ग्रन्थ में शुक और शुकी का प्रसग पढ़कर उन्होंने अनुमान कर लिया हो कि शुक और शुकी कोई और नहीं, कवि चन्द और उनकी पत्नी हैं। बीच-बीच में शुक और शुकी के स्थान पर 'दुज और दुजी' (द्विज = पक्षी) का नाम आ जाता है और उस पर से भी यह भ्रम हो जाता है कि यहाँ किसी ब्राह्मण और ब्राह्मणी का उल्लेख है या उन्हें फिर कोई और परम्परा हाथ लगी हो। पर मेरी धारणा यही है कि शुक-शुकी का ही रासोकार ने दुज-दुजी कहकर उल्लेख किया है। रासो में इन बातों के अन्तरंग प्रमाण उपस्थित हैं। शीघ्र ही हम इसकी चर्चा करने का अवसर पायेंगे।

पचीसवें समय के बाद बहुत दूर तक शुक और शुकी का पता नहीं चलता। तैंतीसवें समय में वे फिर द्विज और द्विजी के रूप में आते हैं–

दुज सम दुजी जु उच्चरिय, ससि निसि उज्ज्वल देख ।
किम तूंअर पाहार पहु गहिय सु असुर नरेस ।।

यदि मेरा यह अनुमान ठीक हो कि शुक-शुकी के संवाद के रूप में ही रासो लिखा गया था, तो कहा जा सकता है कि मूल रासो में शहाबुद्दीन के आने का यह प्रथम अवसर है।

दीर्घ व्यवधान के बाद पैंतालीसवें समय में फिर शुक-शुकी-संवाद बीच में उपस्थित हो आता है। शुक-शुकी का प्रसंग आने के पहले यहाँ अप्रासंगिक रूप से रामायण की कथा आ गई थी। चौवन छन्दों के बाद पचपनवाँ छन्द इस प्रकार है :

सुकी सुनै सुक उच्चरै। पुब्ब संजोय प्रताप ।
जिहि छर अच्छर मनी छत्र्यो। जिन त्रिय भयो सराप ।।५५।।

–पैंतालीसवाँ समय

यहाँ से संयोगिता की कहानी शुरू होती है। कहानी का आरम्भ इस प्रकार होता है कि कोई मंजुघोषा, जिसे बाद में चलकर रम्भा कहा गया है, इन्द्र की आज्ञा से ऋषि को छलने गई थी, और ऋषि के पिता द्वारा अभिशप्त होकर मर्त्यलोक में संयोगिता के रूप में अवतीर्ण हुई थी। यहीं से संयोगिता के स्वयंवर, विवाह और हरण की कहानी दूर तक चली जाती है। बीच-बीच में लड़ाइयाँ भी टपक पड़ती हैं, परन्तु प्रेम-व्यापार ठीक ही चलता रहता है। प्रक्षिप्त अंश इस कथा में भी बहुत है। सुमन्त मुनि जब अप्सरा पर आकृष्ट होकर उस पर अपना सब जप-तप निछावर करने पर उतारू हो जाते हैं, तब अप्सरा तुलसीदास जी की पत्नी की भाँति कह उठती है, कि मुझसे नहीं, भगवान् से प्रेम करो। सगुण भक्ति की प्रशंसा भी करती है। सुनते ही लगता है, कि यह प्रसंग तुलसीदासवाली कहानी से प्रभावित होकर लिखा जा रहा है। पैंतालीसवें समय के एक सौ अड़तालीसवें दोहे में तो 'भय बिन प्रीति न होई' आता है, जो लगभग इसी प्रकार की तुलसी की रामायण की याद दिलाये बिना नहीं रहता। यह प्रसंग सावधान करता है कि शुक-शुकी का नाम देखकर ही सब बातों को ज्यों-का-त्यों पुराना नहीं मान लिया जा सकता। फिर भी, संयोगिता की कहानी निःसन्देह प्राचीन है।

छियालीसवें समय में विनयमंगल है। इस विनयमंगल के बीच शुक-शुकी फिर आ जाते हैं :

निकट सुकी सुक उच्चरय । कर अवलम्बित डार ।।
मवरिय अंब सु अंब लगि । सुनत सु मारनि मार ।।७४।।
विनय साल सुक सुकनि दिषि । सर संभरिय अपार ।।
मानो मदन सुमत्त की । विधि संयोगि सु सार ।।७५।।

–छियालीसवाँ समय

विनयमंगल में संयोगिता को वधू-धर्म की शिक्षा दी गई है, और विनय की मर्यादा बताई गई है। इस समय में 'इति विनयकाण्ड समाप्त' लिखने के बाद दुज-दुजी का संवाद और स्थलों की अपेक्षा जरा विस्तार के साथ आया है। दुज-दुजी को सँभलने के लिए कहता है, और यहाँ से वे कहानी के श्रोता और वक्ता नहीं रह जाते, बल्कि पद्मावत के शुक की भाँति स्वयं कहानी के पात्र बन जाते हैं और संयोगिता और पृथ्वीराज के प्रेम-घटक के रूप में उपस्थित हो जाते हैं। पहले तो 'शुक नर भेष धरि साकार' पृथ्वीराज के पास जाता है। उधर दुजी भी उड़कर संयोगिता के पास जाती है। स्पष्ट ही यहाँ दुज और दुजी पक्षी हैं, ब्राह्मण और ब्राह्मणी नहीं। 'द्विज चले उड्डि कनवज्ज दिसी' आदि पंक्तियों में इसकी स्पष्ट ध्वनि है। यह सैंतालीसवें समय की कथा है।

सम्भवतः यह कहने की आवश्यकता नहीं है कि इस प्रकार की कथा रुद्रट और हेमचन्द्र के बताये लक्षणों से बहुत दूर नहीं पड़ेगी। साहित्यिक दृष्टि में भी यह अंश बहुत उपादेय हुआ है। शुक-शुकी के संवादरूप में कथा कहने की योजना तत्काल प्रचलित नियमों के अनुकूल तो थी ही, इसलिए भी आवश्यक थी कि उसमें चन्द कवि स्वयं एक पात्र है। किसी दूसरे के मुख से ही अपने बारे में कुछ कहलवाना कवि को उचित नहीं लगा होगा। इस प्रकार सब दृष्टियों से ऊपर बताये हुए प्रसंग रासो के मूल रूप होंगे। अब संक्षेप में उनकी साहित्यिक दृष्टि से परीक्षा कर लेनी चाहिए। क्योंकि, कथा की परीक्षा इतिहास की दृष्टि से नहीं, काव्य की दृष्टि से होनी चाहिए। पुरानी कथाएँ काव्य ही अधिक हैं, इतिहास वे एकदम नहीं हैं। ऐतिहासिक काव्यों के बारे में हम अगले व्याख्यान में कुछ विस्तार से कहने का अवसर पायेंगे। यहाँ संस्कृत की कथाजातीय पुस्तकों को एक क्षण के लिए देख लेना आवश्यक जान पड़ता है।

आलंकारिक ग्रन्थों के कथा-आख्यायिका के लक्षण बाह्य रूप की ओर ही इंगित करते हैं। उनका कथा की वक्तव्य वस्तु से कोई सीधा सम्बन्ध

नहीं है। परवर्त्ती गद्य-काव्यों में नाना भाँति के अलंकारों से अलंकृत करके सुललित गद्य लिखना ही लेखक का प्रधान उद्देश्य हो गया था। इन काव्यों में कवि को कहानी कहने की जल्दी नहीं जान पड़ती। वह रूपक, दीपक और श्लेष आदि की योजना को ही अपना प्रधान कर्त्तव्य मान लेता है। सुबन्धु ने तो यह प्रतिज्ञा ही कर ली थी कि अपने ग्रन्थ में आदि से अन्त तक श्लेष का निर्वाह करेंगे। इन कथाकारों के मुकुटमणि बाणभट्ट ने कथा की प्रशंसा करते हुए मानों अपनी ही रचना के लिए कहा था कि सुस्पष्ट मधुरालाप और भावों से नितान्त मनोहरा तथा अनुरागवश स्वयमेव शय्या पर उपस्थित अभिनवा वधू की तरह सुगम, कला-विद्या-सम्बन्धी वाक्य-विन्यास के कारण सुश्राव्य और रस के अनुकरण के कारण बिना प्रयास समझ में आनेवाले शब्दगुम्फवाली कथा किसके हृदय में कौतुकयुक्त प्रेम उत्पन्न नहीं करती ? सहजबोध्य दीपक और उपमा अलंकार से सम्पन्न अपूर्व पदार्थ के समावेश से विरचित, अनवरत श्लेषालंकार से किंचित् दुर्बोध्य कथाकाव्य उज्ज्वल प्रदीप के समान उपादेय चम्पक की कली से गुँथे हुए और बीच-बीच में चमेली के पुष्प से अलंकृत घनसन्निविष्ट मोहनमाला की भाँति किसे आकृष्ट नहीं करता :

स्फुरत्कलालापविलासकोमला करोति रागं हृदि कौतुकाधिकम् ।
रसेन शय्यां स्वयमभ्युपागता कथा जनस्याभिनवा वधूरिव ।।
हरन्ति कं नोज्ज्वलदीपकोपमैर्नवैः पदार्थैरूपपादिता कथा ।
निरन्तरश्लेषघना सुजातयो महास्त्रजश्चम्पककुड्मलैरिव ।।

–कादम्बरी

अर्थात्, संस्कृत के आलंकारिक जिस रस को काव्य की आत्मा मानते हैं, जो अंगी है, वही कथा और आख्यायिका का भी प्राण है। कथा-काव्य में कहानी या आख्यान गौण है, अलंकार-योजना गौण है, पदसंघटना भी गौण है, मुख्य है केवल 'रस'। यह रस अभिव्यक्त नहीं किया जा सकता, शब्द से वह अप्रकाश्य है। उसे केवल व्यंजित या ध्वनित किया जा सकता है। इस बात में काव्य और कथा-आख्यायिका समान हैं। विशेषता यह है कि कथा-आख्यायिका में रस के अनुकूल कहानी, अलंकार-योजना और पद-संघटना सभी महत्त्वपूर्ण हैं, किसी की उपेक्षा नहीं की जा सकती। एक पद्य के बन्धन से मुक्त होने के कारण ही गद्य-कवि की जिम्मेदारी बढ़ जाती है। वह अलंकारों की और पदसंघटना की उपेक्षा नहीं कर सकता। कहानी

तो उसका प्रधान वक्तव्य ही है। कहानी के रस को अनुकूल रखकर इन शर्त्तों का पालन सचमुच ही कठिन है, और इसलिए संस्कृत के आलोचकों ने गद्य को कवित्व की कसौटी कहा है—'गद्यं कवीनां निकषं वदन्ति।' किन्तु, अपभ्रंश और प्राकृत की कथाओं में पद का बन्धन भी लगा हुआ है। अपभ्रंश में भी अलंकार कथा का बहुत महत्त्वपूर्ण उपादान समझा जाता रहा है। 'णायकुमारचरिउ' में एक संकेतपूर्ण वाक्य आया है। सौत के कुचक्र से राजा ने नागकुमार की माता के सब अलंकार उतरवा लिये थे। जब नागकुमार लौटा, तब उसने अपनी माता को ऐसा निरलंकार देखा, मानों कुकवि की लिखी कथा हो। इससे जान पड़ता है कि अलंकार का अभाव कथा को फीका कर देता है।

कथा-साहित्य में असज्जन पुरुषों की चर्चा थोड़ी-बहुत अवश्य आ जाती है। लक्षण-ग्रन्थों में इसे आवश्यक भी मान लिया गया है। सम्भवतः, उन दिनों के चुगुलखोरों को जवाब देने का यही उपाय रहा हो। तुलसीदास जी ने भी जब इस प्रकार के प्रसंग को भुलाया नहीं है तो दरबारी निन्दकों से कुछ अधिक गम्भीर बात होनी चाहिए। वस्तुतः जैसा कि बाणभट्ट कह गये हैं, अकारण ही वैर को आविष्कार करनेवाले असज्जनों से सभी डरा करते हैं। कौन ऐसा है जो उनसे न डरता हो ? उनका परुष वचन कालसर्प के दुस्सह विष की भाँति सदा उनके मुँह में सहज भाव से ही विद्यमान रहता है। शायद बाणभट्ट की बात किसी युग-विशेष तक ही सीमित नहीं है, वह आज भी सत्य है और सौ-दो सौ वर्ष बाद भी सत्य रहेगी। शायद सहृदय जनों के लिए भी चुपके-से एकाध वाक्य कहकर मनोव्यथा हल्की कर लेने के सिवा अन्य उपाय न था, न है, न रहेगा। बाणभट्ट के शब्द इस प्रकार हैं :

अकारणाविष्कृतवैरदारुणा-
दसज्जनात्कस्य भयं न विद्यते।
विषं महाहेरिव यस्य दुर्वचो
सुदुःसहं सन्निहितं सदा मुखे।।

सो, कथा में अलंकार और रस की योजना के साथ खल-निन्दा को भी आवश्यक माना जाने लगा था।

पृथ्वीराजरासो ऐसी ही रसमय सालंकार युद्धबद्ध कथा था, जिसका मुख्य विषय नायक की प्रेमलीला, कन्याहरण और शत्रुपराजय था। इन्हीं

बातों का मूल रासो में विस्तार रहा होगा। ऊपर जिन अंशों को रासो का पुराना रूप कहा गया है, उनमें इन्हीं बातों का विस्तार है। यह कहना तो कठिन है कि इससे अधिक उसमें कुछ था ही नहीं; पर जहाँ तक अनुमान-शक्ति के उपयोग का अवसर है, वहाँ तक लगता है कि रासो ऐसी ही कथा थी। ऐसी कथाएँ उन दिनों और भी बहुत-सी लिखी गई थीं। कुछ का आभास संस्कृत-प्राकृत के विजय, विलास, रासक आदि की श्रेणी के काव्यों से लगता है और कुछ का उस समय की लिखी हुई नाटिकाओं, सट्टकों, प्रकरणों, शिलालेख-प्रशस्तियों आदि से मिलता है। संस्कृत में इतिहास का कुछ पता बता देनेवाले काव्य तो मिलते हैं; पर उन्हें 'ऐतिहासिक' काव्य नहीं कहा जा सकता। सब जगह इतिहास-प्रथित तथ्यों पर कल्पना द्वारा उद्‌भावित घटनाएँ प्रधान हो उठती हैं। मैं आगेवाले व्याख्यान में थोड़ा-सा इन ऐतिहासिक कहे जानेवाले काव्यों पर विचार करूँगा और फिर रासो के इस नवोद्‌घाटित मूल रूप के काव्य-सौन्दर्य पर विचार करूँगा।

मुझे खेद है कि रासो का प्रसंग कुछ अधिक बढ़ाने को बाध्य हो रहा हूँ, पर सब दृष्टियों से यह इतना महत्त्वपूर्ण ग्रन्थ है कि थोड़ा और विचार कर लेना बहुत अनुचित नहीं होगा।

चतुर्थ व्याख्यान

हमारे आलोच्य काल में ऐतिहासिक पुरुषों के नाम से सम्बद्ध कई काव्य, नाटक और चम्पू आदि मिले हैं। पृथ्वीराजरासो के बारे में हम कह आये हैं कि ऐतिहासिक व्यक्ति के नाम से जुड़े रहने के कारण शुरू-शुरू में अनुमान किया गया था कि इससे इतिहास का काम निकलेगा। पर यह आशा फलवती नहीं हुई। कम ही ऐतिहासिक पुरुषों के नाम से सम्बद्ध पुस्तकें इतिहास-निर्माण में सहायता कर सकी हैं। कुछ से ऐतिहासिक तथ्यों, नामों और वंशावलियों का कुछ सन्धान मिल जाता है। कुछ से इतना भी नहीं मिलता।

बहुत पहले से तो नहीं, पर पृथ्वीराज से आविर्भाव के काफी पहले से ऐतिहासिक व्यक्तियों के नाम से सम्बद्ध काव्य-पुस्तकें लिखी जाने लगी थीं। शिलालेखों और ताम्रपट्ट की प्रशस्तियों में तो ऐसी बात बहुत पुराने जमाने से मिलती हैं, पर पुस्तक-रूप में समसामयिक राजाओं के नाम से सम्बद्ध रचना सातवीं शताब्दी से पहले की नहीं मिली। बाद की शताब्दियों में यह बात बहुत लोकप्रिय हो जाती है और नवीं-दसवीं शताब्दी में तो संस्कृत-प्राकृत में ऐसी रचनाएँ काफी बड़ी संख्या में मिलने लगती हैं। ऐसा जान पड़ता है कि भारतीय साहित्य में यह प्रवृत्ति नई है। सातवीं शताब्दी के बाद भारतीय जीवन और साहित्य में अनेक नये उपादान आये हैं। ऐतिहासिक काव्य भी उनमें एक है। सम्भवतः तत्काल प्रचलित देश्यभाषा या अपभ्रंश में ऐसी रचनाएँ अधिक हुई थीं इस काल के संस्कृत-साहित्य में राजस्तुति का बहुत प्रमुख स्थान है। अपभ्रंश की रचनाओं में ऐसी राजस्तुति-परक रचनाओं का होना स्वाभाविक ही था। कई नवागत जातियों ने, जिनमें आभीर, गूजर और अनेक राजपूत समझी जानेवाली जातियाँ भी हैं, राज्य-अधिकार किया था। वे जिन प्रदेशों से आये थे, वहाँ की अनेक रीति-नीति भी साथ ले आये थे। फिर, वे संस्कृत उतनी अच्छी तरह समझ नहीं पाते थे, यद्यपि

अपने क्षत्रियत्व का दावा उच्च स्वर से घोषित करने के लिए वे पण्डितों का सम्मान भी करते थे और साधारण जनता से अपने को श्रेष्ठ बताने के जितने प्रयत्न सम्भव थे, सभी करते थे। इन उपायों में देशी भाषा की उपेक्षा भी एक था। फिर भी, सचाई यह है कि वे अपभ्रंश में लिखी स्तुतियाँ ही समझ सकते थे। इसलिए, अपभ्रंश में तेजी से राजस्तुतिपरक साहित्य की परम्परा स्थापित होने लगी। संस्कृत में भी यह बात थी, पर संस्कृत में और भी सौ बातें थीं।

हर्षचरित समसामयिक राजा के नाम के साथ सम्बद्ध प्रथम काव्य है। यद्यपि वह कवि के आश्रयदाता का जीवनचरित है, पर इसमें इतिहास की अपेक्षा काव्य ही प्रधान हो उठा है। हर्ष के जीवन का पूरा चित्र तो इसमें मिलता ही नहीं, उसके राजनीतिक कार्यों और योजनाओं का भी कोई स्पष्ट परिचय नहीं मिलता। यह भी पता लगाना कठिन ही है कि सम्राट् के सम्पर्क में आनेवाले लोगों की क्या स्थिति थी। और तो और, गौड़ और मालवराज-जैसे महत्त्वपूर्ण पात्र भी अस्पष्ट ही रह गये हैं, अन्य साधारण व्यक्तियों की तो बात ही क्या है। सब मिलाकर हर्षचरित में ऐतिहासिक तथ्य नाममात्र को ही है। प्रधानतः वह गद्यकाव्य है। उसकी शैली वही है, अन्तरात्मा वही है, और स्थापन-पद्धति भी वही है। इतिहास-लेखक उससे लाभान्वित हो सकता है; क्योंकि हर्ष के सभा-मण्डप का, ठाट-बाट का, रहन-सहन का, उससे परिचय मिल जाता है, पर उसे सावधान रहना पड़ता है। कौन जाने, कवि कल्पना के प्रवाह में उपमा, रूपक, दीपक या श्लेष की उमंग में तथ्य को कितना बढ़ा रहा है, कितना आच्छादित कर रहा है, कितना दूसरे रंग में रँग रहा है। इस कवि के लिए कल्पना की दुनिया वास्तविक दुनिया से अधिक सत्य है। और, वास्तविक जगत् की कोई घटना सिर्फ उसकी कल्पनावृत्ति को उकसाने का सहारा भर है। इस प्रकार इतिहास इसकी दृष्टि में गौण है। वह केवल कल्पना-वृत्ति को उकसाने के लिए और मनोहरतर जगत् के निर्माण के लिए सहायक मात्र है। विवाह के समय स्त्रियाँ नाचती-गाती थीं, यह ऐतिहासिक तथ्य है। कवि के लिए इतना संकेत काफी है। फिर, वह कल्पना का जाल बिछा देगा। 'स्थान-स्थान पण्य-विलासिनियों के नृत्य-आयोजन को वह इस रूप में चित्रित करेगा, जिससे पाठक का चित्त मदविह्वल हो जाय। मन्द-मन्द भाव से आस्फाल्यमान आलिंग्यक नामक वाद्य मुखर हो उठेंगे, मधुर शिंजनकारी मंजुल वेणुनिनाद

से दिग्मण्डल झनझना उठेगा, झनझनाती हुई झल्लरी के साथ कलकांस्य और कोशी के क्वणन अपूर्व ध्वनिजाल उत्पन्न करेंगे, उत्ताल ताल से दिग्मण्डल चटचटा उठेगा, निरन्तर ताड्यमान तन्त्री-पटह की गुंजार से और मृदु-मधुर झंकार के साथ झंकृत अलावु-वीणा की मनोहर ध्वनि से नृत्य वाचाल हो उठेगा और आप इस अपूर्व मायालोक में देखेंगे कि सुन्दरियों के कानों में ऋतुसुलभ पुष्प नृत्य के आघूर्णन-वेग से दोलायित हो रहे हैं और कुंकुम-गौर-कान्ति नृत्यचारियों के वेग के साथ सौन्दर्य-चक्रवाल की सृष्टि कर रही है और बाणभट्ट के मुख से आप उस शोभा और श्री की अपूर्व सम्पत्ति को सुनकर चकित रह जायेंगे। आपको मालूम होगा कि वे किशोरियाँ नृत्य के नाना करणों में जब भुजलताओं को आकाश में उत्क्षिप्त करती थीं, तो ऐसा लगता था कि उनके कंकण सूर्यमण्डल को बन्दी बना लेंगे, उनकी कनक-मेखला से उलझी हुई कुरण्टक-माला उनके मध्य-देश को घेरकर ऐसी शोभित हो रही थी, मानों कामाग्नि ही प्रदीप्त होकर उनको वलियत किये हैं, उनके प्रदीप्त मुखमण्डल से सिन्दूर और अबीर की छटा विच्छुरित हो जाती थी और उस लाल-लाल कान्ति से अरुणायित कुण्डलपत्र इस प्रकार सुशोभित हुआ करते थे, मानों चन्दन-द्रुम की सुकुमार लताओं के विलुलित किसलय हों। उनके नीले वासन्ती चित्रक और कौसुम्भ वस्त्रों के उत्तरीय जब नृत्य-वेग से आघूर्णित हो उठते थे तो मालूम पड़ता था कि विक्षुब्ध शृंगार-सागर की चटुल वीचियाँ तरंगित हो उठी हैं। वे मद को भी मदमत्त बना देती थीं, आनन्द को भी आनन्दित कर देती थीं, नृत्य को भी नचा देती थीं और उत्सव को भी उत्सुक बना देती थीं।' हर्षचरित के चतुर्थ उच्छ्वास में एक ऐसा ही मनोरम वर्णन है। मैं उसका अनुवाद नहीं दे रहा हूँ, केवल उसकी वक्तव्य वस्तु और स्थापन-पद्धति की ओर इशारा करने के लिए थोड़ी-सी बानगी दे रहा हूँ इस प्रकार का कोई अवसर मिला नहीं कि कवि की कल्पना उत्तेजित हुई नहीं। फिर कहाँ गया इतिहास और कहाँ गई तथ्यों की वह दुनिया, जो बार-बार ठोकर मारकर कवि-कल्पना की स्वच्छन्द उड़ान में बाधा पहुँचाती रहती है। कोई आश्चर्य नहीं कि बाण के समान कल्पकवि ने जिस काव्यरूप को छू दिया, वह वहीं अपनी चरम सीमा पर पहुँचकर समाप्त हो गया। किसकी हिम्मत है कि फिर से उस काव्यरूप को छूकर उसी गरिमा तक पहुँचा सके। यदि आगे चलकर किसी ने हिम्मत की भी तो वह रसिकों का हृदय नहीं जीत सका। बाणभट्ट ने कथा और

आख्यायिका की गद्यवाली शैली को अपने चरम उत्कर्ष तक पहुँचाकर छोड़ दिया। कोशिश करनेवालों ने कोशिश की अवश्य, 'पर न हुआ मीर का इकबाल नसीब। जौक यारों ने बड़ा जोर गजल में मारा।'

फिर तो गद्य को छोड़ ही दिया गया। लिया भी गया तो पद्यबहुल करके। आगे चलकर चम्पुओं की शैली अधिक लोकप्रिय हो गई। पद्यों में संस्कृत-भाषा मँज गई थी, उसका सहारा लेकर कुछ कहना सम्भव था; पर गद्य को तो बाणभट्ट ने जिस ऊँचाई पर उठा दिया, उस तक पहुँचना असम्भव हो गया।

प्रकृत प्रसंग ऐतिहासिक काव्यों का है। ऐतिहासिक व्यक्तियों के नाम पर काव्य लिखने की प्रथा बाद में खूब चली। इन्हीं दिनों ईरान के साहित्य में भी इस प्रथा का प्रवेश हुआ, उत्तर-पश्चिम सीमान्त से बहुत-सी जातियों का प्रवेश होता रहा। वे राज्य-स्थापन करने में भी समर्थ हुईं। पता नहीं कि उन जातियों की स्वदेशी प्रथा की क्या-क्या बातें इस देश में चलीं। साहित्य में नये-नये काव्यरूपों का प्रवेश इस काल में हुआ अवश्य। सम्भवतः, ऐतिहासिक पुरुषों के नाम पर काव्य लिखने या लिखाने की चलन भी उनके संसर्ग का फल हो। परन्तु, भारतीय कवियों ने ऐतिहासिक नाम-भर लिया, शैली उनकी वही पुरानी रही, जिसमें काव्य-निर्माण की ओर अधिक ध्यान था, विवरण-संग्रह की ओर कम; कल्पना-विलास का अधिक मान था तथ्य-निरूपण का कम; सम्भावनाओं की ओर अधिक रुचि थी, घटनाओं की ओर कम; उल्लसित आनन्द की ओर अधिक झुकाव था, विलसित तथ्यावली की ओर कम। इस प्रकार इतिहास को कल्पना के हाथों परास्त होना पड़ा। ऐतिहासिक तथ्य इन काव्यों में कल्पना को उकसा देने के साधन मान लिये गये हैं। राजा का विवाह, शत्रुविजय, जलक्रीड़ा, शैल-वन-विहार; दोला-विलास, नृत्य-गान-प्रीति—ये सब बातें ही प्रमुख हो उठी हैं, क्रमशः इतिहास का अंश कम होता गया और सम्भावनाओं का जोर बढ़ता गया। राजा के शत्रु होते हैं, युद्ध होता है। इतिहास की दृष्टि में एक युद्ध हुआ और भी तो हो सकते थे। कवि सम्भावना को देखेगा। राजा के एकाधिक विवाह होते थे, यह तथ्य अनेक विवाहों की सम्भावना उत्पन्न करता है, जलक्रीड़ा और वनविहार की सम्भावना की ओर संकेत करता है और कवि को अपनी कल्पना के पंख खोल देने का अवसर देता है। उत्तरकाल के ऐतिहासिक काव्यों में इसकी भरमार है। ऐतिहासिक विद्वान्

के लिए संगति मिलाना कठिन हो जाता है।

वस्तुतः इस देश में इतिहास को ठीक आधुनिक अर्थ में कभी नहीं लिया गया। बराबर ही ऐतिहासिक व्यक्ति को पौराणिक या काल्पनिक कथानायक बनाने की प्रवृत्ति रही है। कुछ में दैवी शक्ति का आरोप करके पौराणिक बना दिया गया है; जैसे—राम, बुद्ध, कृष्ण आदि और कुछ में काल्पनिक रोमांस का आरोप करके निजन्धरी कथाओं का आश्रय बना दिया गया है; जैसे—उदयन, विक्रमादित्य और हाल। जायसी के रतनसेन, और रासो के पृथ्वीराज में तथ्य और कल्पना का—फैक्ट्स और फिक्शन का—अद्‌भुत योग हुआ है। कर्मफल की अनिवार्यता में, दुर्भाग्य और सौभाग्य की अद्‌भुत शक्ति में और मनुष्य के अपूर्व शक्ति-भाण्डार होने में दृढ़ विश्वास ने इस देश के ऐतिहासिक तथ्यों को सदा काल्पनिक रंग में रँगा है। यही कारण है कि जब ऐतिहासिक व्यक्तियों का भी चरित्र लिखा जाने लगा, तब भी इतिहास का कार्य नहीं हुआ। अन्त तक ये रचनाएँ काव्य ही बन सकीं, इतिहास नहीं। फिर भी, निजन्धरी कथाओं से वे इस अर्थ में भिन्न थीं कि उनमें बाह्य तथ्यात्मक जगत् से कुछ-न-कुछ योग अवश्य रहता था। कभी-कभी मात्रा में भी कमी-बेशी तो हुआ करती थी, पर योग रहता अवश्य था। निजन्धरी कथाएँ अपने-आपमें ही परिपूर्ण होती थीं।

जिस प्रकार भारतीय कवि काल्पनिक कथानकों में ऐसी घटनाओं को नहीं आने देता, जो दुःख-परक विरोधों को उकसावें, उसी प्रकार वह ऐतिहासिक कथानकों में भी करता है। सिद्धान्ततः, काव्य में उस वस्तु का आना भारतीय कवि उचित नहीं समझता, जो तथ्य और औचित्य की भावनाओं में विरोध उत्पन्न करे, दुःखोद्रेचक विषम परिस्थितियों—ट्रेजिक कण्ट्रेडिक्शन्स—की सृष्टि करे; परन्तु वास्तव जीवन में ऐसी बातें होती ही रहती हैं। इसलिए इतिहासाश्रित काव्य में भी ऐसी बातें आयेंगी ही। बहुत कम कवियों ने ऐसी घटनाओं की उपेक्षा कर जाने की बुद्धि से अपने को मुक्त रखा है। यही कारण है कि इन ऐतिहासिक काव्यों के नाटक को धीरोदात्त बनाने की प्रवृत्ति ही प्रबल हो गई है; परन्तु वास्तविक जीवन के कर्त्तव्य, द्वन्द्व, आत्मविरोध और आत्मप्रतिरोध-जैसी बातें उसमें नहीं आ पातीं। ऐसी बातों के न आने से इतिहास का रस भी नहीं आ पाता और कथानायक कल्पित पात्र की कोटि में आ जाता है। फिर, जीवन में कभी

हास्योद्रेचक अनमिल स्वर भी मिल जाते हैं। संस्कृत-काव्य का कर्त्ता कुछ अधिक गम्भीर रहने में विश्वास करता है और ऐसे प्रसंगों को छोड़ जाता है। और, ऐसे प्रसंगों को तो वह भरसक नहीं आने देना चाहता, जहाँ कथानायक के नैतिक पतन की सूचना मिलने की आशंका हो। यदि ऐसे प्रसंगों की वह अवतारणा भी करता है तो घटनाओं और परिस्थितियों का ऐसा जाल तानता है, जिसमें नायक का कर्त्तव्य उचित रूप में प्रतिभात हो। सब मिलाकर ऐतिहासिक काव्य काल्पनिक निजन्धरी कथानकों पर आश्रित काव्य से बहुत भिन्न नहीं होते। उनसे आप इतिहास के शोध की सामग्री संग्रह कर सकते हैं, पर इतिहास को नहीं पा सकते। इतिहास, जो जीवन्त मनुष्य के विकास की जीवन-कथा होता है, जो काल-प्रवाह से नित्य उद्घाटित होते रहनेवाले नव-नव घटनाओं और परिस्थितियों के भीतर से मनुष्य की विजय-यात्रा का चित्र उपस्थित करता है, और जो काल के परदे पर प्रतिफलित होनेवाले नये-नये दृश्यों को हमारे सामने सहज भाव से उद्घाटित करता रहता है। भारतीय कवि इतिहास-प्रसिद्ध पात्र को भी निजन्धरी कथानकों की ऊँचाई तक ले जाना चाहता है। इस कार्य के लिए वह कुछ ऐसी कथानक-रूढ़ियों का प्रयोग करता है, जो कथानक को अभिलषित ढंग से मोड़ देने के लिए दीर्घकाल से भारतवर्ष की निजन्धरी कथाओं में स्वीकृत होते आये हैं और कुछ ऐसे विश्वासों का आश्रय लेता है, जो इस देश के पुराणों में और लोक-कथाओं में दीर्घकाल से चले आ रहे हैं। इन कथानक-रूढ़ियों से काव्य में सरसता आती है और घटना-प्रवाह में लोच आ जाती है। मध्यकाल में ये कथानक-रूढ़ियाँ बहुत लोकप्रिय हो गई थीं और हमारे आलोच्य काल में भी इनका प्रभाव बहुत व्यापक रहा है।

संस्कृत में ऐतिहासिक व्यक्तियों के नाम से सम्बद्ध काव्यों को 'चरित', 'विलास', 'विजय' आदि नाम दिये गये हैं। सबसे पुराना काव्य तो, जैसा कि पहले ही बताया गया है, 'हर्षचरित' नामक आख्यायिका ही है। इसके बाद पद्मगुप्त का 'नवसाहसांकचरित' (१००० ई० के आसपास) और विल्हण का 'विक्रमांकदेवचरित' नाम के ऐतिहासिक काव्य मिलते हैं। ये दोनों काव्य हमारे आलोच्य काल के आरम्भ के हैं और ऐतिहासिक काव्यों की तत्कालीन परिस्थिति को बताते हैं। विक्रमांकदेवचरित राजकीय विवाहों और युद्धों का काव्य है। राजाओं के गुणानुवाद के लिए उन दिनों ये ही दो

विषय उपयुक्त समझे जाने लगे थे। दोनों में ही कल्पना का प्रचुर अवकाश रहता था और सम्भावनाओं की पूरी गुंजायश रहती थी। यह वस्तुतः, इन स्तुतिमूलक कल्पनाप्रवण काव्यों में इतिहास का केवल सुदूरस्पर्श-मात्र ही है। इतिहास की दृष्टि से कुछ अधिक उपादेय पुस्तक कल्हण की 'राजतरंगिणी' है; लेकिन उसमें भी पौराणिक विश्वासों और निजन्धरी कथाओं की कल्पना का गड्डमड्ड थोड़ा-बहुत मिल ही जाता है। तन्त्र-मन्त्र, शकुन-अपशकुन के विश्वासों का सहारा भी लिया ही गया है। और, प्राचीन गौरव की अनुभूति के कारण घटनाओं में असन्तुलित गुरुत्वारोप हो ही गया है। मानव-कृत्य को अतिप्राकृत घटनाओं द्वारा नियन्त्रित समझने के विश्वास ने इस अपूर्व इतिहास-ग्रन्थ को थोड़ा-सा इतिहास के आसन से दूर खड़ा अवश्य कर दिया है; पर सब मिलाकर 'राजतरंगिणी' ऐतिहासिक काव्य है। सन्ध्याकरनन्दी का 'रामचरित' एक ही साथ अयोध्याधिपति श्रीरामचन्द्र का भी अर्थ देता है और बंगाल के रामपाल पर भी घटित होता है। इस प्रकार के कठिन व्रत को निर्वाह करनेवाले श्लिष्ट काव्य से इतिहास की जितनी आशा की जा सकती है, उतनी इससे भी की जा सकती है। यहाँ कवि को रामपाल के जीवन की वास्तविक घटनाओं से कम और श्लेष-निर्वाह से अधिक मतलब है। 'सोमपालविलास' जल्हण का लिखा ऐतिहासिक काव्य है। 'जयानक' का लिखा कहा जानेवाला 'पृथ्वीराजविजय' हिन्दीभाषियों के निकट परिचित ही है। इसी पुस्तक की हस्तलिपि के प्राप्त होने से पृथ्वीराजरासो का ऐतिहासिक माहात्म्य धूमिल पड़ गया था और बंगाल की एसियाटिक सोसायटी से प्रकाशित होना बीच ही में बन्द हो गया था। इस पुस्तक के बारे में हम आगे विशेष भाव से चर्चा करेंगे। एक और ऐतिहासिक पुस्तक अनन्तपुत्र रुद्र-लिखित 'राष्ट्रौढ़-वंश' बताई जाती है। इन सब पुस्तकों के बारे में एक ही बात सत्य है। इतिहास इनमें कल्पना के आगे म्लान हो गया है और ऐतिहासिक, पौराणिक और निजन्धरी घटनाओं के विचित्र और असन्तुलित मिश्रण से इनका ऐतिहासिक रूप एकदम गौण हो गया है। जैन कवि हेमचन्द्राचार्य का लिखा 'कुमारपालचरित' चरित या द्वयाश्रय काव्य है, जिसके प्रथम बीस सर्ग संस्कृत में हैं और परवर्त्ती आठ अध्याय प्राकृत में। इस काव्य में कुमारपाल के पूर्वपुरुषों का वृत्तान्त भी है। अनहिलवाड़े के इन चौलुक्यों के बारे में जो कुछ लिखा गया है, वह इतिहास-सम्मत माना जाता है। परन्तु, हेमचन्द्राचार्य की मुख्य दृष्टि

व्याकरण के प्रयोगों को समझाना है। बाद के आठ सर्ग प्राकृत में कुमारपाल के वर्णन में हैं। गुजरात के चौलुक्यों के इतिहास की दृष्टि से पुस्तक बहुत ही महत्त्वपूर्ण है। इसी प्रकार, सोमेश्वर की 'कीर्त्तिकौमुदी' और 'सुरथोत्सव', बालचन्द्र सूरि का 'वसन्तविलास' और जयचन्द्र सूरि का 'हम्मीरकाव्य' ऐतिहासिक दृष्टि से उल्लेखयोग्य है। अन्तिम पुस्तक में ऋतु-वर्णन और विहार-वर्णन बहुत सुन्दर है।

इन ऐतिहासिक काव्यों में 'कीर्त्तिलता' का स्थान कुछ विशिष्ट है। यद्यपि यह पुस्तक भी आश्रयदाता समसामयिक राजा की कीर्त्ति गाने के उद्देश्य से ही लिखी गई है और कविजनोचित अलंकृत भाषा में रची गई है तथापि इसमें ऐतिहासिक तथ्य कल्पित घटनाओं या सम्भावनाओं के द्वारा धूमिल नहीं हो गया है। कीर्त्तिसिंह का चरित्र बहुत ही स्पष्ट और उज्ज्वल रूप में चित्रित हुआ है। कवि की लेखनी चित्रकार की उस तूलिका के समान नहीं है, जो छाया और आलोक के सामंजस्य से चित्रों को ग्राह्य बनाती है; बल्कि उस शिल्पी की टाँकी के समान है, जो मूर्त्तियों के भित्तिगात्र में उभार देता है, हम उत्कीर्ण मूर्त्ति के ऊँचाई-नीचाई का पूरा-पूरा अनुभव करते हैं। उस काल के मुसलमानों का, हिन्दुओं का, सामन्तों का, शहरों का, लड़ाइयों का, सेना का सिपाहियों के इतना जीवन्त और यथार्थ वर्णन अन्यत्र मिलना कठिन है। कवि ने, जो भी सामने आ गया उसका ब्यौरेवार वर्णन करके चित्र को यथार्थ बनाने का प्रयत्न नहीं किया है; बल्कि आवश्यकतानुसार, निर्वाचन, चयन और समंजस योजना के द्वारा चित्र को पूर्ण और सजीव बनाने का प्रयत्न किया है। इस प्रकार, यह काव्य इतिहास की सामग्री से निर्मित होकर भी केवल तथ्यनिरूपक पुस्तक नहीं बना है; बल्कि सचमुच का काव्य बना है। बहुत कम स्थलों पर कवि ने केवल सम्भावनाओं को बृहदाकार बनाया है। कीर्त्तिसिंह का वीररूप भी स्पष्ट हो जाता है और जौनपुर के सुलतान फिरोजशाह के सामने उसका अतिनम्र भक्तिमान् रूप भी प्रकट हुआ है। इन चित्रणों में कवि ने कीर्त्तिसिंह के द्वितीय रूप को दबाने का, उज्ज्वलतर रूप में चित्रित करने का प्रयास नहीं किया; बल्कि ऐतिहासिक तथ्य को इस भाँति रखने का प्रयत्न किया है कि जिस स्थान पर कथानायक झुकता है, वहाँ भी वह पाठक की सहानुभूति और परिशंसन का पात्र बना रहता है। छन्दों के चुनाव में भी कवि ने कुशलता का परिचय दिया है। तथ्यात्मक विवरण को

मोड़ने के साथ-ही-साथ वह छन्दों को बदल देता है और पाठक के चित्त में उत्पन्न हो सकनेवाली एक धृष्टता या मोनोटानी को कम कर देता है। सब मिलाकर कीर्त्तिलता अपने समय का बहुत ही सुन्दर चित्र उपस्थित करती है। वह इतिहास का कविदृष्ट जीवन्त रूप है। उसमें न तो काव्य के प्रति पक्षपात है, न इतिहास की उपेक्षा; उसमें यथास्थान पाठक के चित्त में करुणा, सहानुभूति, हास्य, औत्सुक्य और उत्कण्ठा जागृत् करने के विचित्र गुण हैं। इस पुस्तक में उन कथानक-रूढ़ियों का प्रयोग बहुत कम किया गया है, जो संस्कृत, प्राकृत और अपभ्रंश की रचनाओं में एक ही प्रकार के अभिप्राय ला देती हैं और तथ्यात्मक जगत् से कम सम्बन्ध रखकर कल्पना-विलास की ओर पाठक का मन मोड़ दिया करती हैं।

पृथ्वीराजरासो और पद्मावत भी ऐतिहासिक व्यक्ति के नाम के साथ सम्बद्ध काव्य है। परन्तु अन्यान्य ऐतिहासिक काव्यों की भाँति मूलतः इनमें भी ऐतिहासिक और निजन्धरी कथाओं का मिश्रण रहा होगा। जैसा कि शुरू में ही इशारा किया गया है, ऐतिहासिक चरित का लेखक सम्भावनाओं पर अधिक बल देता है। सम्भावनाओं पर बल देने का परिणाम यह हुआ कि हमारे देश के साहित्य में कथानक को गति और घुमाव देने के लिए कुछ ऐसे अभिप्राय बहुत दीर्घकाल से व्यवहृत होते आये हैं, जो बहुत थोड़ी दूर तक यथार्थ होते हैं और जो आगे चलकर कथानक-रूढ़ि में बदल गये हैं। इस विषय में ऐतिहासिक और निजन्धरी कथाओं में विशेष भेद नहीं किया गया। केवल ऐसी बात का ध्यान रखा गया है कि सम्भावना क्या है। चित्तौर के राजा से सिंघल देश की राजपुत्री का विवाह हुआ था या नहीं, इस ऐतिहासिक तथ्य से कुछ लेना-देना नहीं है; हुआ हो तो बहुत अच्छी बात है, न हुआ हो तो होने की सम्भावना तो है ही। राजा से राजकुमारी का विवाह नहीं होगा तो किससे होगा ? शुक नामक पक्षी थोड़ा-बहुत मानव-वाणी का अनुकरण कर लेता है, और भी तो कर सकता था। जितनी शक्ति उसे प्राप्त है उससे अधिक की सम्भावना तो है ही। ऋषि के वरदान से वह शक्ति बढ़ सकती है, ऋषि के शाप से पतित गन्धर्व यदि सुआ हो गया हो तो पुनर्जन्म के संस्कार उसको कलामर्मज्ञ बना सकते हैं। जब ये सम्भावनाएँ हैं तो क्यों न उसे सकलशास्त्र-विचक्षण सिद्ध कर दिया जाय। इस प्रकार सम्भावना-पक्ष पर जोर देने के कारण बहुत-सी कथानक-रूढ़ियाँ इस देश में चल पड़ी हैं। कुछ रूढ़ियाँ ये हैं :

१. कहानी कहनेवाला सुग्गा,

२. (क) स्वप्न में प्रिय का दर्शन पाकर आसक्त होना,

(ख) चित्र में देखकर किसी पर मोहित हो जाना,

(ग) भिक्षुकों या बन्दियों के मुख से कीर्त्ति-वर्णन सुनकर प्रेमासक्त होना इत्यादि।

३. मुनि का शाप,

४. रूप-परिवर्त्तन,

५. लिंग-परिवर्त्तन,

६. परकाय-प्रवेश,

७. आकाशवाणी,

८. अभिज्ञान या सहिदानी,

९. परिचारिका का राजा से प्रेम और अन्त में उसका राजकन्या और रानी की बहन के रूप में अभिज्ञान,

१०. नायक का औदार्य,

११. षड् ऋतु और बारहमासा के माध्यम से विरह-वेदना,

१२. हंस, कपोत आदि से सन्देश भेजना,

१३. घोड़े का आखेट के समय निर्जन वन में पहुँच जाना, मार्ग भूलना, मानसरोवर पर किसी सुन्दरी स्त्री या उसकी मूर्त्ति का दिखाई देना, फिर प्रेम और प्रयत्न,

१४. विजन वन में सुन्दरियों से साक्षात्कार,

१५. युद्ध करके शत्रु से या मत्त हाथी के आक्रमण से, या कापालिक की बलिवेदी से सुन्दरी स्त्री का उद्धार और प्रेम,

१६. गणिका द्वारा दरिद्र नायक का स्वीकार और गणिका-माता द्वारा तिरस्कार,

१७. भारुण्ड और गरुड़ आदि के द्वारा प्रिय-युगलों का स्थानान्तर-करण,

१८. पिपासा और जल की खोज में जाते समय असुर-दर्शन और प्रिया-वियोग,

१९. ऐसे शहर का मिल जाना जो उजाड़ हो गया हो, नायक का हाथी आदि द्वारा जयमाला पाना,

२०. प्रिय की दोहदकामना की पूर्त्ति के लिए प्रिय का असाध्यसाधन का संकल्प?

२१. शत्रु-सन्तापित सरदार को उसकी प्रिया के साथ शरण देना, और फलस्वरूप युद्ध इत्यादि।

भारतीय साहित्य के विद्यार्थियों को प्रायः ऐसी कथानक-रूढ़ियों में टकराना पड़ता है। मैंने केवल इशारे के लिए कुछ रूढ़ियों के नाम गिनाये हैं। मेरा उद्देश्य केवल इस बात की ओर आपका ध्यान आकृष्ट करना है। पद्मावत में इन रूढ़ियों का व्यवहार है, और रासो में तो प्रेम-सम्बन्धी सभी रूढ़ियों का मानों योजनापूर्वक समावेश किया गया है। जो बात मूल लेखक से छूट गई थी उसे प्रक्षेप करके पूरा कर लिया गया है। मैं यहाँ सभी रूढ़ियों के सम्बन्ध में चर्चा नहीं करूँगा, करने का समय नहीं है; परन्तु कुछ थोड़ी-सी रूढ़ियों की ओर आपका ध्यान आकृष्ट करना चाहता हूँ। भारतीय साहित्य की कथानक-रूढ़ियों के विषय में ब्लूमफील्ड ने अमेरिकन ओरिएण्टल सोसायटी के जर्नल की छत्तीसवीं, चालीसवीं, एकतालीसवीं जिल्दों में कई लेख लिखे हैं और पेंजर ने कथासरित्सागर के नये संस्करण में अनेक महत्त्वपूर्ण टिप्पणियाँ दी हैं। इस विषय पर अन्य कई यूरोपियन पण्डितों ने भी विशेष भाव से परिश्रम किया है, जिनमें डब्ल्यू० नार्मन ब्राउन का नाम उल्लेखनीय है। यद्यपि वेनिफी नामक जर्मन पण्डित की कृतियाँ बहुत पुरानी हो गई हैं तथापि वे इस विषय के जिज्ञासुओं के काम की चीज हैं। साधारणतः इन पण्डितों ने निजन्धरी कहानियों के अभिप्रायों के विषय में ही काम किया है; परन्तु उस अध्ययन का उपयोग परवर्त्ती ऐतिहासिक कथाओं के क्षेत्र में भी उपयोगी है। अस्तु, यहाँ दो-चार रूढ़ियों के बारे में ही कुछ कहने की इच्छा है।

सबसे पहले शुकवाली कथानक-रूढ़ि को लिया जाय।

शुक और सारिका—तोता और मैना—भारतीय परिवार के बहुत पुराने साथी हैं। कथाओं में इनसे तीन काम लिये गये हैं—(१) कथा के कहनेवाले श्रोता के रूप में, (२) कथा की गति को अग्रसर करनेवाले सन्देशवाहक या प्रेम-सम्बन्ध-घटक के रूप में और (३) कथा के रहस्यों को खोलनेवाले अनपराद्ध भेदिया के रूप में। अन्तिम रूप में सारिका अधिक उपयोगी समझी गई है। बाणभट्ट की कादम्बरी शुक-मुख से कहलवाई गई है और रासो की पूरी कहानी शुक और शुकी—तोता-मैना—के संवादरूप में कहलवाई गई है। मैंने पिछले व्याख्यान में बताया है कि यह शुक-शुकीवाला संवाद काफी महत्त्वपूर्ण है और इसके द्वारा हम कथासूत्रों की योजना करके

रासो के मूलरूप को पहचान सकते हैं। ऐसा जान पड़ता है कि शुक की कथा कहने की शक्तिवाली बात क्रमशः हमारे देश के साहित्य में विशाल रूप ग्रहण करती गई है। शुरू-शुरू में वह काफी सहज-सरल थी। अमरूक के शतक में एक बहुत ही सुन्दर और स्वाभाविक श्लोक आया है—दम्पति ने रात भर प्रेमालाप किया, कम्बख्त शुक सब सुनता रहा। प्रातःकाल सास-जिठानी के सामने ही उसने उन वाक्यों को दुहराना शुरू किया। वधू हैरान। उसे तुरन्त एक युक्ति सूझ गई। कान के कर्णफूल में पद्मरागमणि का टुकड़ा था। उसे लेकर उसने शुक के सामने रखा और उस वाचाल मूर्ख ने उसे दाड़िम-फल समझकर चोंच मारी। वचन उसका बन्द हुआ और लज्जाविह्वला नववधू ने शान्ति की साँस ली :

दम्पत्योर्निशि जल्पतोर्गृहशुकेनाकर्णितं यद्वचः
तत्प्रातर्गुरुसन्निधौ निगदतः श्रुत्वैव तारं वधूः ।
कर्णालम्बितपद्मरागशकलं विन्यस्य चञ्च्वाः पुरो
व्रीडार्त्ता प्रकरोति दाडिमफलव्याजेन वाग्बन्धनम् ।। —अ० श०, १६

यहाँ तक तो चल सकता है। परन्तु जब शुक को सकलशास्त्रार्थ का वेत्ता कहा जाता है तो सम्भावना को जरूरत से ज्यादा घसीटा जाता है। श्रीहर्षदेव की रत्नावली में नायिका के गोपन प्रेम का रहस्य सारिका खोलती है। उस मुखरा ने नायिका को सखी से कुछ कहते सुन लिया था और उसी का जप शुरू कर दिया था। संयोगवश राजा और विदूषक को यह बात सुनने को मिल गई और कथा के प्रेमव्यापार में गर्मी आ गई। राजा ने ठीक ही कहा था कि प्रिया ने अपनी सखी से जो प्रणय-कथा सुनाई हो उसे शिशु, शुक और सारिका के मुख से सुनने का अवसर बड़भागियों को ही मिलता है :

दुर्वारां मदनव्यथां वहन्त्या कामिन्या यदभिहितं पुरः सखीनाम् ।
तद्भूयः शुकशिशुसारिकाभिरुक्तं धन्यानां श्रवणपथातिथित्वमेति ।।

शुक का दूसरा रूप है कथा को गति देनेवाला महत्त्वपूर्ण पात्र। पद्मावत में वह सही काम करता है और रासो के दो प्रसंगों में उसे यही काम करना पड़ा है। प्रथम प्रसंग है समुद्रशिखरगढ़ की राजकन्या पद्मावती के साथ पृथ्वीराज के विवाह का सम्बन्ध-स्थापन और दूसरा है इंछिनी और संयोगिता की प्रतिद्वन्द्विता के समय इंछिनी की वियोग-विधुरा अवस्था की सूचना देकर राजा को बड़ी रानी (इंछिनी) की ओर उन्मुख करना। दोनों ही

स्थानों पर सुग्गे ने महत्त्वपूर्ण कर्म किया है। इनमें पहला तो उस अत्यधिक प्रचलित लोककथानक का स्मारक है जिसका उपयोग जायसी ने भी किया था। इस कथानक में इतिहास खोजने के लिए मूँड़ मारना बेकार है। यह अत्यन्त प्रचलित लोककथा थी। इसे अमुक पुराण से अमुक ने चुराया है, कहकर पौराणिक कथा मानना भी उचित नहीं है। यह दीर्घकाल से प्रचलित भारतीय कथानक-रूढ़ि है। दो या तीन स्थानों पर ही इसका उपयोग नहीं हुआ है, कई स्थानों पर हुआ है। तीसरा भी चिर-प्रचलित कथानक-रूढ़ि है और भिन्न-भिन्न प्रदेशों की लोककथाओं में आज भी खोजा जा सकता है।

पद्मावतीवाली कहानी पर थोड़ा और भी विचार करना है।

भारतीय साहित्य में सिंहलदेश की राजकन्या से विवाह के अनेक प्रसंगों की चर्चा आती है। साधारणतः उनमें परिचारिका से प्रेम और बाद में परिचारिका का रानी की बहन के रूप में अभिज्ञान—इस कथानक की रूढ़ि का ही आश्रय लिया जाता है। श्रीहर्षदेव की रत्नावली में इसी रूढ़ि का ही आश्रय लिया गया है। कौतूहल की 'लीलावती' में भी नायिका सिंहलदेव की राजकन्या ही है, और जायसी के पद्मावत में भी वह सिंहलदेश की ही कन्या है। इन सभी स्थानों पर सिंहल को समुद्र-मध्य-स्थित कोई द्वीप माना गया है। अपभ्रंश की कथाओं में भी इस सिंहलदेश का समुद्र-स्थित होना पाया जाता है। ऐसी प्रसिद्धि है कि सिंहलदेश की कन्याएँ पद्मिनी जाति की सुलक्षणा होती हैं। जायसी के पद्मावत तक के काल में सिंहल के समुद्र-स्थित होने की चर्चा आती है। परन्तु बाद में सिंहलदेश के सम्बन्ध में कुछ गोलमाल हुआ जान पड़ता है। मत्स्येन्द्रनाथ के सम्बन्ध में प्रसिद्ध है कि वे किसी स्त्री-देश में विलासिता में फँस गये थे, और उनके सुयोग्य शिष्य गोरक्षनाथ ने वहाँ से उनका उद्धार किया था। 'योनिसम्प्रदायाविष्कृति' नामक एक परवर्त्ती ग्रन्थ में सिंहल को 'त्रिया-देश' अर्थात् 'स्त्री-देश' कहा गया है। भारतवर्ष में 'स्त्री-देश' नामक एक स्त्री-देश की ख्याति बहुत प्राचीन काल से है। इसी देश को 'कदलीदेश' और बाद की पुस्तकों में 'कजरीवन' कहा गया है। मैंने अपनी पुस्तक 'नाथ-सम्प्रदाय' में इस स्त्री-देश और कजरीवन के सम्बन्ध में विस्तार से विचार किया है। यहाँ प्रासंगिक सिर्फ इतना ही है, कि परवर्त्ती काल की नाथ-अनुश्रुतियों में सिंहलदेश, त्रिया-देश और कजरीवन को एक

दूसरे से उलझा दिया गया है। पद्मावत के समय में भी सिंहलदेश दक्षिण में समझा जाता था। परन्तु कुछ बाद चलकर 'त्रिया-देश' और 'कजरीवन' के साथ उलझा देने के कारण उसे उत्तर में समझा जाने लगा। यह विश्वास किया जाता था कि सिंहल में पद्मिनी नारियाँ हुआ करती थीं, जिनके शरीर से पद्म की सुगन्ध निकलती रहती है, और जो उत्तम जाति की स्त्री मानी जाती हैं। रासो में पद्मावती के विवाहवाला अध्याय इसी परवर्त्ती काल की विचारगत उलझन की सूचना देता है। कहानी उसमें वही है, जो पद्मावत में है। परन्तु वहाँ पद्मावती उत्तरदेश की राजकन्या बताई गई है। पुरानी कहानी की स्मृति इसके कुछ शब्दों में जी रही है। जैसे, यह तो नहीं कहा गया कि पद्मावती सिंहलदेश की राजकन्या थी। परन्तु उसके नगर का नाम 'समुद्रशिखर' यह सूचित करता है कि उस देश का सम्बन्ध किसी समय समुद्र से था। फिर भी उसका राजा विजयसिंह सिंहल के प्रथम राजा विजयसिंह से मिलता-जुलता है, जादूकुल में सम्भवतः यातुधानकुल की यादगार बची हुई है :

उत्तर दिसि गढ़ गढ़नपति समद शिषर इक दुग्ग ।
वहँ सुविजय सुरराजपति जादूकुलह अभग्ग ।।

इस प्रकार यह कहानी सोलहवीं शताब्दी के बाद की लिखी हुई है, और रासो में प्रक्षिप्त हुई है। यह ध्यान देने की बात है, कि जिन विवाहों के सम्बन्धों में शुक और शुकी का संवाद मिलता है, उनसे यह भिन्न है, और यह भी ध्यान देने की बात है कि बीकानेर की फोर्ट लाइब्रेरी में रासो की जो छोटी प्रति सुरक्षित बताई जाती है उसमें भी यह कहानी नहीं है। कथानक-रूढ़ियों का विचार किये बिना जो लोग रासो या पद्मावत की ऐतिहासिकता या अनैतिहासिकता की जाँच करने लगते हैं, वे भ्रान्त मार्ग का अनुसरण करते हैं। पद्मावती की कहानी इस बात की स्पष्ट सूचना देती है।

शुक और शुकी के वार्त्तालाप रूप में प्रथम विवाह इंछिनी का है। दूसरा विवाह शशिव्रता का और तीसरा संयोगिता का है। तीनों विवाह सरस बने हैं और सुकविरचित जान पड़ते हैं।

इंछिनी के विवाह के प्रसंग में तीन घटनाएँ उल्लेखयोग्य हैं जो शुक-शुकी के प्रश्नोत्तर के रूप में आई हैं। पहली बात है भीम भोरंग के साथ पृथ्वीराज के वैर का कारण। भीम के सात चचेरे भाई, जो उसके

राज्य में उपद्रव मचाने लगे थे, भीम के प्रताप से भयभीत होकर पृथ्वीराज की शरण आये, पर पृथ्वीराज के एक प्रिय सामन्त कन्ह से उनकी लड़ाई हो गई और वे मारे गये। इस पर भीमराव असन्तुष्ट हुआ। दूसरी बात है भीम का इंछिनी से विवाह की इच्छा। इंछिनी की बड़ी बहन मन्दोदरी से उसका विवाह पहले ही हो चुका था। छोटी बहन को बड़ी पत्नी की सौत के रूप में पाने का प्रयत्न अच्छा नहीं था। सलष अपनी छोटी लड़की को और उसका पुत्र जैत अपनी बहन को, इस प्रकार ब्याहने के विरुद्ध थे। उन्होंने भीम से रक्षा पाने के उद्देश्य से ही पृथ्वीराज की शरण ली। लड़ाइयाँ हुईं—रासो में होती ही रहती हैं—शहाबुद्दीन भी भीम के कहने से, किन्तु भीम को बरबाद कर देनें की इच्छा के साथ चढ़ आया—वह भी रासो में जब-तब आ ही धमकता है—और इंछिनी से पृथ्वीराज का विवाह हुआ। आगे तीसरी घटना है बारात का वर्णन और इंछिनी का नख-सिख ('नख-सिख') वर्णन। इस विवाह में कवि ने किसी प्रकार की कथानक-रूढ़ि का आश्रय नहीं लिया है फिर भी और विवाहों से यह विशिष्ट है। इसमें इंछिनी का सौन्दर्य बहुत ही सुन्दर रूप में निखरकर प्रकट हुआ है, जो प्रधानतः कवि-समय के अनुसार ही है :

नयन सुकज्जल रेष तष्षि निष्छल छवि कारिय।
श्रवनन सहज कटाछ चित्त कर्षन नर नारिय।
भुज मृनाल कर कमल उरज अंबुज कल्लिय कल।
जंघ रंभ कटि सिंघगमन दुति हंस करी छल।
देव अरु जष्षि नागिनि नरिय गरहि गर्व दिष्षत नयन।
इंछिनी अंखि लज्जा सहज कितक शक्ति कव्विय वयन। (१४-१५९)

सो, यह विवाह झगड़ों और लड़ाइयों के बावजूद सहज विवाह है। इसके पहले और बाद में पटापट दो विवाह और हुए हैं; पर उनमें कवि का मन रमा नहीं है। स्पष्ट ही लगता है कि वे मूल रासो के विवाह नहीं हैं। इंछिनी का विवाह ही शायद मूल रासो का प्रथम विवाह है। बाकी दो विवाहों का वैशिष्ट्य दिखाने के लिए ही कवि ने इस सहज विवाह की पृष्ठभूमि तैयार की है। इस सहज विवाह की सहज शोभा का कवि ने बार-बार उल्लेख किया है :

धन धंमि घम्मर हेम। कवि कहो ओपम एम।।
मनों कमल सौरभ काज। प्रति प्रीत भमर विराज।।

कह कहौ अंग सुरंग । रति भूमि देखि अनंग ।।
लषि लच्छि पूर सहज्ज । चित्त वृत्त मानों रज्ज ।।
सो सलष राजकुँवारि । नृप लही ब्रह्म सँवारि ।।
इन लच्छि इंछनिय रूप । कुल वध लछिछन रूप ।।
रति रूप रमनिय रज्जि । छवि सरस छति तन सज्जि ।।
रसि रसित रङ्गह राज । तिह रमन हुअ प्रथिराज ।।

अगले विवाह में कवि ने जम के कथानक-रूढ़ियों का सहारा लिया है। राजा का नट के मुख से यादवराज-कन्या शशिव्रता के रूप की प्रशंसा सुनना और आसक्त होना, यह जानना कि उज्जैन के कामध्वज राजा को सगाई भेजी गई है, पर कन्या उसे नहीं चाहती, कन्या-प्राप्ति के लिए शिव-पूजन और शिवजी का स्वप्न में मनोरथ-सिद्धि के लिए वरदान—ये पुरुष-राग की चिराचरित भारतीय कथानक-रूढ़ियाँ हैं। कवि ने इन्हें निपुणता के साथ उपस्थित किया है। फिर पृथ्वीराज भिन्न-भिन्न ऋतुओं में मन्मथ-पीड़ा से व्याकुल होता है—यहाँ भी वही बात है। कवि ने इस बहाने बड़ा ही सुन्दर ऋतु-वर्णन किया है :

मोर सोर चहुँ ओर घटा आसाढ़ बंधि नभ ।
बच दादुर झिंगुरन रटत चातिग रंजत सुभ ।
नील बरन वसुमतिय पहिर आभ्रंन अलंकिय ।
चंद वध सिव्यंद धरे वसुमत्तिसु रज्जिय ।
बरषंत बंद घन मेघसर तब सुभौग जद्दव कुँअरि ।
नन हंस धीर धीरज सुतन इस फुट्टे मन मत्थ करि ।। (२५-६५)

और फिर,

घन घटा बंधि तम मेघ छाय ।दामिनिय दमकि जामिनिय जाय ।।
बोलत मोर गिरवर सुहाय ।चातिग्ग रटत चिहुँ और छाय ।।

इत्यादि।

यह विरह-वर्णन साधारणतः बाह्य वस्तु-प्रधान है। विरह में जिस प्रकार का हृदय-राग-चित्रण होना चाहिए था वैसा इसमें नहीं है। अस्तु।

जिस प्रकार नैषधचरित के नल की भाँति नटमुख से प्रिया के गुण सुनकर पृथ्वीराज व्याकुल हो उठा, उसी प्रकार एक हंस की भी कल्पना की गई है। यहाँ आकर मालूम हुआ कि सगाई जयचन्द्र के भतीजे वीरचन्द से होने जा रही थी। किसी गन्धर्व ने यह बात सुन ली और वह हंस बनकर

शशिव्रता के पास पहुँचा। नैषध के हंस की भाँति यह भी सोने का ही था। शशिव्रता के पूर्वजन्म में चित्ररेखा नामक अप्सरा होने की बात हंस ने उसे बताई। अप्सरा का सुन्दरी कन्या के रूप में अवतार पृथ्वीराजरासो का प्रिय विषय है। संयोगिता भी अप्सरा का ही अवतार थी। 'पृथ्वीराजविजय' के अन्त में कहानी आई है कि पृथ्वीराज अपनी चित्रशाला में अप्सरा का चित्र देखकर मुग्ध हुए थे। कथा का झुकाव जिस प्रकार का है उससे पता चलता है कि वह अप्सरा किसी-न-किसी रूप में पृथ्वीराज को मिली होगी। दुर्भाग्यवश वह काव्य आधा ही प्राप्त हुआ है और यह नहीं पता चला कि वह अप्सरा पृथ्वीराज को किस रूप में मिली। पर जान पड़ता है कि अप्सरावाले विश्वास का पृथ्वीराज के वास्तविक जीवन से कोई सम्बन्ध है। जो हो, गन्धर्व (हंस) शशिव्रता को पृथ्वीराज की ओर उन्मुख करता है। वीरचन्द तो अभी साल भर का बच्चा था। अप्सरावतार युवती शशिव्रता को उससे विमुख करने में हंस का विशेष श्रम नहीं पड़ा। शशिव्रता के मन में प्रेमांकुर उत्पन्न करके वह दिल्ली गया। यही उचित था। यही स्वाभाविक भी। पृथ्वीराज ने उसे पकड़ा। नल ने भी ऐसा ही किया था। प्रेम गाढ़ होता है, पृथ्वीराज की ओर से और शशिव्रता की ओर से भी। हंस ने भी शशिव्रता का रूप-गुण-वर्णन किया, चित्ररेखा का अवतार होना बताया और एक नई बात यह बताई कि शशिव्रता ने गान सिखानेवाली अपनी शिक्षिका चन्द्रिका से पृथ्वीराज का गुण सुनकर आकृष्ट हुई है। पृथ्वीराज भी नट से सुनके आकृष्ट हुआ था, शशिव्रता भी गायिका के मुख से सुनकर आकृष्ट हुई थी—दोनों ओर गुण-श्रवण-जन्य आकर्षण है। यह भी भारतीय कथानक-रूढ़ि है, पर कहानी नैषधचरित के समानान्तर हो गई है। पृथ्वीराज के प्रेम की समानान्तर दूसरी घटना है शशिव्रता का भी शिव-पूजन। हंस संकेत करता है कि रुक्मिणी को जिस प्रकार श्रीकृष्ण ने हरा, उसी प्रकार तुम हरो। कन्याहरण का यह 'अभिप्राय' भी बहुत पुराना है। रासो में पद्मावती ने भी पृथ्वीराज को उसी प्रकार वरा था 'ज्यों रुकमिनी कन्हर वरिय।' और, संयोगिता को भी लगभग इसी पद्धति से हरा गया था। रासोकार को यह अभिप्राय अत्यन्त प्रिय है।

अब कहानी नल के आदर्श पर नहीं चलकर श्रीकृष्ण के आदर्श पर चलने लगी। परन्तु शशिव्रता के पिता ने ही पृथ्वीराज को लिखा कि शिवजी की पूजा के लिए शशिव्रता जायेगी और वहीं मिलेगी। पुत्री की

दृढ़ता और व्रत से पिता का हृदय पसीज गया था। मन्दिर में पूजा के बहाने आई हुई कन्या का हरण पुराना भारतीय 'अभिप्राय' है, जो कथानक-रूढ़ि के रूप में ही बाद के साहित्य में जम बैठा है। पद्मावत में भी यह 'अभिप्राय' है। पर वहाँ पद्मावती अपने मन में अच्छी तरह जानती हुई जाती है कि वहाँ रतनसेन आनेवाला है। शशिव्रता को यह नहीं मालूम। जायसी की तुलना में यहाँ चन्द अधिक सफल हैं। रासोकार ने अन्तर्वृत्तियों के द्वन्द्व दिखाने में अद्भुत कौशल का परिचय दिया है। रामचरितमानस की सीता को भी गौरी-पूजन के प्रसंग में रामचन्द्र जी का अचानक दर्शन हो गया, पर वहाँ पूर्वराग उस सीमा तक नहीं पहुँचा था जिस सीमा तक शशिव्रता और पृथ्वीराज का पूर्वराग—अवश्य ही साक्षात् दर्शन अब भी बाकी था—पहुँच चुका था। सखी ने शशिव्रता को दिखाया—वह देखो, जिसे चाहती हो वह आ गया ! आँखें चार हुईं और—

> **कर्न प्रयंत कटाछ सुरंग विराजही**
> **कछ पुच्छन कों जाँहि पै पुच्छय लाजहीं**
> **नैन सैन में बात श्रवनन सो कहैं**
> **काम किधौं प्रथिराज भेद करि ना लहैं।** (४२-२६०)

शशिव्रता मन्दिर की ओर बढ़ी। ५०० सखियाँ उसे घेरे थीं। कान्यकुब्जेश्वर की सेना डटी हुई थी। मन्दिर में फिर पृथ्वीराज की आँखों से आँखें मिलीं। सुकुमार-लज्जाभारभरिता शशिव्रता की वह शोभा देखने ही लायक थी, पृथ्वीराज ने उसकी बाँह पकड़ी, मानों गजराज ने लहराकर आई हुई कांचनलता को पकड़ लिया हो :

> **चौहान हथ्थ बाला गहिय सो ओपम कवि चंद कहि।**
> **मानो की लता कंचन लहरि मत्त वीर गजराज गहि।।**

यह बिल्कुल अप्रत्याशित बात थी। शशिव्रता इसके लिए बिल्कुल तैयार नहीं थी। उसकी आँखों में आँसू आ गये। उधर सेनाएँ डटी हुई थीं। एक ही साथ राजा पृथ्वीराज के हृदय में रौद्र, शशिव्रता के मन में करुण, वीरों के मन में सुभट-गतिजन्य उत्साह, सखियों के मन में हास, अरिदल के हृदय में बीभत्स और 'कमधज्ज' के हृदय में भयानक रस का संचार हुआ :

> **नृप भयौ रुद्द, करुणा सुत्रिय, वीरभोग वर सुभट गति।**

संगियन सुहास, वीभच्छ रिन भय भयान कमधज्ज दुति।।

फिर युद्ध युद्ध युद्ध! अन्त में शशिव्रता ने प्रस्ताव किया कि दिल्ली चलिए। शशिव्रता यहाँ अत्यन्त कोमल पतिपरायणा स्त्री के रूप में दिखाई पड़ती है। सब मिलाकर यह कथा रासोकार की कवित्वशक्ति का परिचायक है। इसमें उसने प्रेम-कथानकों की अनेक काव्य-रूढ़ियों का प्रयोग किया है। उसे सफलता भी मिली है।

संयोगिता का स्वयंवर विशुद्ध कवि-कल्पना है। ऐतिहासिक दृष्टि से इसकी प्रामाणिकता पर कई बार सन्देह प्रकट किया गया है। जयचन्द की किसी पुत्री से पृथ्वीराज का विवाह हुआ था या नहीं, सन्दिग्ध ही है। कहा जाता है कि ऐतिहासिकता के लिए प्रमाण मानी जानेवाली योग्य प्रशस्तियों में या मुसलमान ऐतिहासिकों के विवरणों में तो इसका कोई उल्लेख है ही नहीं। चौदहवीं-पन्द्रहवीं शताब्दी के जैन प्रबन्धों में भी इसकी चर्चा नहीं है। पृथ्वीराजविजय अधूरा ही मिला है। उसके उपलब्ध अन्तिम हिस्से में चित्रशाला में पृथ्वीराज एक अप्सरा की मूर्त्ति देखकर प्रेमातुर होता है। यह पता नहीं चलता कि आगे क्या हुआ, पर कथा के झुकाव से अनुमान होता है कि किसी ऐसे ही प्रेम-विवाह की ओर कवि कथा को ले जाना चाहता है जैसा रासो के कवि ने वर्णन किया है। उन दिनों स्वयंवर-प्रथा वास्तविक जगत् में समाप्त हो गई थी; पर कवियों की कल्पना की दुनिया से ऐसी बात लोप नहीं हुई थी। इस काल के कुछ थोड़ा पहले सन् ११२५ ई० में विल्हण ने विक्रमांकचरित में बहुत टीमटाम के साथ एक स्वयंवर का वर्णन किया है। विल्हण चालुक्य राजा विक्रमादित्य के प्रताप का वर्णन करता है। कर्णाट देश के शिलाहारकुल की राजकन्या चन्द्रलेखा रूप और गुण में इतनी उत्तम और विख्यात थी कि राजतरंगिणी के समान ऐतिहासिक समझे जानेवाले काव्य के लेखक कल्हण ने भी लिखा है कि कश्मीर का राजा हर्ष उसे प्राप्त करने की इच्छा से कर्णाट पर चढ़ाई करने की सोच रहा था। उस राजकन्या का स्वयंवर हुआ और वह सर्वसौन्दर्यनिधि राजकन्या विल्हण के आश्रयदाता राजा विक्रमादित्य के अतिरिक्त और किसे वरण कर सकती थी? ऐतिहासिक विद्वान् इस घटना को कवि-कल्पना ही मानते हैं। इससे केवल इतना ही सूचित होता है कि कवियों की दुनिया से स्वयंवर-जैसी मनमोहक प्रथा समाप्त नहीं हुई थी। पृथ्वीराजविजय के लेखक ने भी किसी ऐसे आयोजन की कल्पना की हो तो कुछ आश्चर्य नहीं है।

राजतरंगिणी के लेखक ने भी कविजनोचित भाषा में हर्ष के प्रेमोद्रेक का कारण चित्र-दर्शन ही बताया है[1] और पृथ्वीराज-विजय के कवि के मन में भी कुछ ऐसी ही बात है :

हृदये लिखितां पुरः स्थितादपि चित्राद्रुचिरां ददर्श यत्।
अविदत् परमार्थतस्ततः स मनोराज्यमनोतिशायिनीम्।। (१२-२५)

इसलिए घटना ऐतिहासिक हो या न हो, रासो के कवि की कल्पना में इसका आविर्भाव अवश्य हुआ था। संयोगिता की प्राप्ति ही रासो का चरम उद्देश्य जान पड़ता है। क्षेप इसमें भी है पर कवि ने इसे लिखने में बड़ा मनोयोग दिया है।

इस प्रसंग में कवि को ऋतुवर्णन करने का अच्छा बहाना मिल गया है। बहाना तो खोजना ही पड़ता है। सन्देशरासक के कवि ने भी एक सुन्दर बहाना खोजा है। वहाँ विरहिणी का सन्देशा ले जानेवाला पथिक बार-बार जाने को उत्सुक होता है, पर उस बिचारी का दुःख देखकर रुक जाता और पूछता है कि तुम्हें और भी कुछ कहना है ? कहना तो उसे है ही। प्रसंग बढ़ता जाता है। अन्त में पथिक पूछता है कि कब से तुम्हारा यह हाल है ? फिर एक-एक करके ऋतु-वर्णन चलने लगता है। रासो में पृथ्वीराज जयचन्द का यज्ञ विध्वंस करने और संयोगिता को हर लाने की इच्छा से घर से निकलना चाहते हैं। यह कोई नई बात नहीं है। पृथ्वीराज तो बाहर जाते ही रहते हैं, लड़ना तो उनका स्वभाव ही है और कन्याहरण और विवाह भी नया नहीं होने जा रहा है। फिर भी कवि यहाँ रुकता है। पृथ्वीराज हर रानी के पास विदा लेने जाते हैं और जिस ऋतु में जाते हैं उसका मनोरम वर्णन सुनके रुक जाते हैं। वसन्त ऋतु में वे इंछिनी के पास जाते हैं पर अनुमति नहीं मिलती। इंछिनी उन्हें समझाती है कि इस ऋतु में कोई भला आदमी बाहर जाता है? जब आम बौरा गये हों, कदम्ब फूल चुके हों, रात की दीर्घता में कोई कमी न आई हो, भँवरे भावमत्त होकर झूम रहे हों, मकरन्द की झड़ी लगी हुई हो, मन्द-मन्द पवन विरहाग्नि को सुलगाने में

---

१. कर्णाटभर्तुः पमद्रिः सुन्दरीं चन्दलाभिधाम्।
आलेख्यलिखितां वीक्ष्य सोऽभूत् पुष्पायुधाहतः।।
स विटोद्रेचितो वीतत्रपश्चक्रे सभान्तरे।
प्रतिज्ञां चन्दलावाप्त्यै पर्मद्रिश्च विलोडने।। –राजतरंगिणी, ७।११२४।

लगी हो, कोकिल कूक रहे हों और किसलयरूपी राक्षस प्रीति की आग लगा रहे हों, तब कैसे कोई युवती रमणी अपने प्रिय को बाहर जाने की अनुमति दे सकती है ? इंछिनी ने पैरों पड़के विनय किया कि हे प्राणनाथ, इस ऋतु में बाहर मत जाओ :

मवरी अंब फुल्लिग कदंब रयनी दिघ दीसं ।
भँवर भाव भल्लै भ्रमंत मकरंद बरीसं ।।
बहत बात उज्जलति मौर अति विरह अगिनि किय ।
कुहकुहंत कलकंठ पत्रराषस अति अग्गिय ।।
पय लग्गि प्रानपति बिनवौं नाह नेह मुझ चित धरहु ।
दिन दिन अवद्धि जुब्बन घटय कंत वसंत न गम करहु ।।

पृथ्वीराज ऐसे दो-चार पद्य सुनने के बाद वसन्त भर वहीं रुक गये। फिर ग्रीष्म आया—प्रचण्ड ग्रीष्म। उस समय वे पुण्डीरनी रानी से विदा लेने गये। वही कैसे छोड़तीं ? भला, यह भी कोई बाहर जाने का समय है—उत्तप्त वायु बह रही हो, तरुणी का क्षीण शरीर ताप से दग्ध हो रहा हो, चारों दिशाएँ धधक उठी हों, क्षण भर के लिए भी कहीं ठण्ड का अनुभव न होता हो, ज्वलन्त पानी पीने को मिलता हो, खून सूख रहा हो, राह चलना कठिन हो रहा हो, दिन-रात गर्मी की ज्वाला से काया क्लेशापन्न हो उठी हो—इस प्रकार के समय में तो कन्त को कभी बाहर नहीं जाना चाहिए, सम्पत्ति हो या विपत्ति !! :

षीन तरुनि तन तपै बहै नित बाव रयन दिन ।
दिसि चार्‌यों पर जलै नहीं कहौं सीत अरध षिन ।।
जल जलंत पीवंत रुहिर निसिवासर घट्टै ।
कठिन पंथ काया कलेस दिन रयनि संघट्टै ।।
त्रिय लहै तत्त अष्षर कहै गुनियन ग्रब्ब न मंडियै ।
सुनि कंत सुमति संपति विपति ग्रीषम ग्रेह न छंडियै ।।

सो, पृथ्वीराज यहाँ भी एक ऋतु तक रुके रहे। वर्षाकाल में इन्द्रावती से विदा लेने गये। वही कैसे छोड़तीं भला ? विशेष करके जब बादल घहरा रहे हों, एक-एक क्षण पहाड़ बने हुए हों, सजल सरोवरों को देखकर सौभाग्यवतियों के हृदय फटे जा रहे हों, बादल जल से सींच-सींचकर प्रेमलता को पलुहा रहे हों; कोकिलों के स्वर के साथ प्रेम के देवता अपना बाण-सन्धान कर रहे हों, दादुर, मोर, दामिनी, चातक, राब-के-सब दुश्मनी

पर उतारू हो आये हों तो प्रिय को कैसे जाने दिया जा सकता है ? :

घन गरजै घरहै पलक निस रैनि निघट्टै ।
सजल सरोवर पिष्षि हियौ ततछन घन फट्टै ।
जल बद्दल बरषंत पेम पल्लहौ निरंतर ।
कोकिल सुर उच्चरै अंग पहरंत पंचसर ।।
दादुरह मोर दामिनि दसय अरि चवत्थ चातक रटय ।
पावस प्रवेस बालम न चलि विरह अगिनि तन तप घटय ।।
घुमड़ि घोर घन गरिजि करत आडंबर अंबर ।
पूरत जलधर धसत धार पथ पथिक दिगंबर ।।
झझकित द्रिग सिसु म्रिग समान दमकत दामिनि द्रसि ।
विहरत चात्रग चुवत पीय दुष्यन्त समं निसि ।।
ग्रीषम्म विरह द्रुमलतातन परिरंभन क्रत सेन हरि ।
सज्जंत काम निसि पंचसर पावस पिय न प्रवास करि ।।

इस ऋतु का वर्णन कवि ने प्राण ढालकर किया है :

द्रिग भरित धूमिल जुरति भूमिल कुमुद नृम्मल सोभिलं ।
द्रुम अंग वल्लिय सीस हल्लिय कुरलि कंठह कोकिलं ।।
कुसुमंज कुंज सरीर सुम्मर सलित दुम्मर सद्दयं ।
नद रोर दद्दुर मोर नद्दुर बनसि बद्दरि बद्दयं ।।
झम झमकि विज्जल काम किज्जल श्रवनि सज्जल कद्दयं ।
पप्पीह चीहति जीह जंजरि मोर मंजरि मद्दयं ।।
जगमगति झिंगन निसि सुरंगन भय अभय निसि हिद्दयं ।
मिति हंस हंसि सुवास सुंदरि उरसि आनन मिद्धयं ।।

सो, चन्दवरदाई का यह वर्षा-वर्णन भाषा और भाव—ध्वनि और बिम्ब—दोनों ही दृष्टियों से बहुत उत्तम हुआ है। अनुकूल ध्वनियों का ऐसा समंजस विधान है कि देखते ही बनता है। चन्द इस कला में निपुण हैं। बल्कि यह कहना चाहिए कि वे इस कला में जरूरत से ज्यादा महारत हासिल कर चुके हैं। युद्ध के प्रसंगों में तो वे लाठी लेकर शब्दों को पीट-पीटकर इस योग्य बनाते हैं कि वे युद्ध की ध्वनि उत्पन्न कर सकें। यदि किसी का हाथ-पैर टूट जाय तो उन्हें कोई परवाह नहीं। इस ऋतु-वर्णन के प्रसंग में इतनी दूर तक शासन से काम नहीं लेते। थोड़ा तो लेते ही हैं। शरद्, हेमन्त और शिशिर भी इसी प्रकार एक-एक रानी के पास

बीत जाते हैं, पृथ्वीराज का जाना नहीं होता। अन्त में वे चन्द की शरण जाते हैं :

षट रित बारह मास गय फिर आयौ रु वसंत।
सो रित चंद बताउ मँहि, तिया न भावै कंत।।

चन्द ने 'ऋतु' शब्द को पकड़ लिया। उसी पर श्लेष करते हुए उत्तर दिया :

रोस भरै उर कामिनी, होइ मलिन सिर अंग।
उहि रिति त्रिया न भावई, सुनि चुहान चतुरंग।।

और प्रसंग समाप्त होता है।

यह ऋतुवर्णन मिलनजन्य आनन्द में उद्दीपना का संचार करता है। शशिव्रता-विवाह के प्रसंग में विरहजन्य दुःखबोध को गाढ़ बनाने के लिए ऋतुवर्णन का सहारा लिया गया है। इस काल के कवि अद्दहमाण (अब्दुल रहमान) के सन्देशरासक और ढोला-मारू के दोहों में विरहदशा की अनुभूतियों के वर्णन का प्रयत्न है। कुछ थोड़ा परवर्त्ती काल के कवि मलिक मुहम्मद जायसी ने विरह-वेदना की अनुभूतियों को दिखाने के उद्देश्य से ऋतुवर्णन लिखा है। सन्देशरासक में कवि ने जिस बाह्य प्रकृति के व्यापारों का वर्णन किया है, वह रासो के समान ही कवि-प्रथा के अनुसार है। उन दिनों ऋतुवर्णन के प्रसंग में वर्ण्य वस्तुओं की सूची बन गई थी। बारहवीं शताब्दी की पुस्तक 'कविकल्पलता' में और चौदहवीं शताब्दी की पुस्तक 'वर्णरत्नाकर' में ये नुस्खे पाये जा सकते हैं। इन बाह्य वस्तु और व्यापारों के आगे न तो रासो का कवि गया है, न अद्दहमाण ही। फिर भी जायसी की भाँति अद्दहमाण के सादृश्यमूलक अलंकार और बाह्यवस्तु-निरूपक वर्णन बाह्यवस्तु की ओर पाठक का ध्यान न ले जाकर विरह-कातर मनुष्य के (चाहे वह स्त्री हो या पुरुष) मर्मस्थल की पीड़ा को अधिक व्यक्त करता है। रासो में यह बात इस मात्रा में नहीं मिलती। सन्देशरासक का कवि बाह्य वस्तुओं की सम्पूर्ण चित्रयोजना इस कौशल से करता है कि उससे विरहिणी के व्यथा-कातर सहानुभूति-सम्पन्न कोमल हृदय की मर्मवेदना ही मुखर हो उठती है। वर्णन चाहे जिस दृश्य का हो, व्यंजना हृदय की कोमलता और मर्मवेदना की ही होती है। तुलना के लिए एक वर्षा-वर्णन का प्रसंग ही लिया जाय। विरहकातरा प्रिया किसी पथिक से अपने प्रिय का सन्देशा भेजती है। वह मेघों का समय है। दसों दिशाओं

में बादल छाये हुए हैं, रह-रहके घहरा उठते हैं, आकाश में विद्युल्लता चमक रही है, कड़क रही है, दादुरों की ध्वनि चारों ओर व्याप्त हो रही है— धारासार वर्षा एक क्षण के लिए भी नहीं रुकती। इस कविप्रथा-सिद्ध वर्षा का वर्णन करते-करते विरहिणी कातर भाव से कह उठती है—हाय पथिक, पहाड़ की चोटियों पर से उसने (प्रिय ने) यह सब कैसे सहा होगा ? :

झंपवि तम बद्दलिण दसह दिसी छायउ अंबरु।
उन्नवीयउ घुरहुरइं घोर घणु कीसणाडंबरु।।
णहह मग्गिणहवल्लीय तरल तडयडिवि तडक्कइ।
दद्दुर रउणु रउद्दु सद्दुकुवी सहवि ण सक्कइ।।
निबड निरंतर नीरहर दुद्धर धर धारोह भरु।
कीम सहउ पहिय सिहरट्ठियइ दुसहउ कोइल रसह सरु।।

—सन्देशरासक

इससे विरहकातरा प्रिया का अत्यन्त कोमल और प्रीति-परायण हृदय ही ध्वनित हुआ है। बाह्य प्रकृति तो उसके सहानुभूतिमय प्रेम-परायण हृदय को दिखा देने का साधन भर है। रासो के वर्णनों में यह बात नहीं आने पाई है, फिर भी वे बाह्य प्रकृति के सरस चित्र उपस्थित करते हैं। ध्वनियों और रंगों के सामंजस्य से रासो के चित्र खिल उठे हैं। अस्तु।

सो, इस प्रसंग में कवि ने विरह के समय ऋतुवर्णन की प्रथा को न अपनाकर संयोग-कालीन उद्दीपक ऋतुवर्णन की पुरानी प्रथा को ही अपनाया है। यद्यपि वर्ण्य विषयों की योजना में कोई नवीनता नहीं है, वे तत्काल प्रचलित रूढ़ियों के अनुसार ही हैं तथापि उनमें अपना सौन्दर्य है। वे पाठकों को आकृष्ट करते हैं, ठीक उसी प्रकार, जिस प्रकार राजपूत-चित्र रूढ़िबद्ध होने पर भी दर्शक को विह्वल बनाते हैं। शब्दचयन की अद्भुत शक्ति ने चन्द के काव्य को अपूर्व शोभा प्रदान की है। इन मधुर-मोहन छन्दों को पढ़ने के बाद रासो के अन्य प्रसंगों की ऊबड़-खाबड़ बेठौर-ठिकाने की भाषा के विषय में सन्देह होना उचित ही है। कहाँ यह सुन्दर शब्दयोजना, गम्भीर ध्वनिमान्द्र्य और कहाँ द्वित्व और अनुस्वारों के सहारे बेमतलब खड़ी की गई बेतरतीब शब्दों की पल्टन। एक बार दिखती है कथाकार की अद्भुत योजनाशक्ति, कथा का घुमाव पहचानने की अपूर्व क्षमता, भावों का उतार-चढ़ाव चित्रित करने की मोहक भंगिमा और फिर दिखता है लड़नेवाले सरदारों की नामावली बताने की आतुरता, हथियारों के

लक्षण और हिसाब बताने की उतावली, कवि चन्द की सिद्धियों की महिमा बखानने की उमंग और कथा को बेमतलब बोझिल और लस्टम-पस्टम बनाने की निर्बुद्धिक योजना ! रासो विचित्र मिश्रण है। खैर !

इसके राजा कन्नौज के लिए प्रस्थान करते हैं। कवि को अनेक शकुनों और फलों के वर्णन का अवसर मिलता है। इस काल में शकुन पर पूरा विश्वास किया जाता था और शकुनों का यहाँ विस्तारपूर्ण वर्णन अपेक्षित ही है। बाद में पृथ्वीराज और उनके साथी वेश बदलकर कन्नौज पहुँचते हैं। कन्नौज का सुन्दर वर्णन दिया गया है। और, जयचन्द की दासियों को गंगा में जल भरते देख कवि को नारी-सौन्दर्य के मोहक वर्णन का बहाना मिल जाता है :

द्रिग चंचल चंचल तरुनि, चितवत चित्त हरंति ।
कंचन कलस झकोरि कैं, सुंदर नीर भरंति ।

इसके बाद दासियों के नख-शिख-सौन्दर्य का वर्णन चिराचरित कविप्रथा के अनुसार होने लगता है। फिर जरा कतराकर कवि कन्नौज नगर की सुन्दरियों की शोभा का भी लगे हाथों उद्धार कर देता है। दासियाँ अभी पानी भर ही रही हैं। उनका घूँघट अचानक जरा सरका और सामने रूप और शोभा के अगाध समुद्र दिल्ली-नरेश दिख गये। सोने का घड़ा हाथ में जो पड़ा था सो पड़ा ही रह गया, घूँघट छूटा सो छूट ही गया, वाग्रोध हो गया, वक्षःस्थल के तटदेश पर पसीना झलक आया, ओठ काँप गये, आँखों में पानी भर आया, जड़िमा और आलस्य के लक्षण जृम्भा और स्वेद प्रकट हो गये, गति शिथिल हो गई—सात्त्विक विकारों से ससाध्वसा वह सुन्दरी भाग गई। भागते-भागते भी पृथ्वीराज को निहारती गई, खाली घड़ा गंगा के तट पर पड़ा रह गया :

दरस त्रियन दिल्ली नृपति सोब्रन घट पर हथ्थ ।
वर घूँघट छुटि पट्ट गौ सटपट परि मनमथ्थ ।।
सटपट परि मनमथ्थ भेद वच कुचतट स्वेदं ।
उष्ट कंप जल द्रगन लग्गि जंभायत भेदं ।।
सिथिल सुगति लजि भगति गलत पुंडरितन सरसी।
निकट निजल घट तजै महर मुहरं पति दरसी ।। (६२-३७०)

कवि भावी रोमांस का बीज यहीं बो देता है। इसके बाद नगर का, किले का, सेना का, दरबार का और अन्य बातों का वर्णन करने का बहाना

खोज निकालता है। एक बहुत ही मजेदार प्रसंग कवि चन्द का राजा जयचन्द्र के दरबार में जाना है। जयचन्द्र के दरबार में कोई दसोंधी कवि थे। ये सम्भवतः वर्त्तमान जसोंधी जाति के हैं जो आज भी कड़खे और नाजि कहनेवाले जोगवरों की जाति है, या यह भी हो सकता है कि इस नाम का कोई कवि रहा हो और आज के जसोंधी अपने इसी पूर्वपुरुष के नाम पर अपना परिचय दिया करते हों। दसोंधियों और चन्द के वार्त्तालाप से चन्द की सर्वज्ञता का परिचय मिलता है। चन्द अदृष्ट बातों का—जिनमें स्वयं राजा जयचन्द्र और उसके दरबार की तात्कालिक अवस्था भी शामिल है—वर्णन सफलतापूर्वक करता है और इस प्रकार कवि चन्द दरबार में प्रवेश करने का अधिकार पाता है। और, जयचन्द्र जब पृथ्वीराज के विषय में प्रश्न करता है तो तुर्की-ब-तुर्की जवाब देता है। इसी प्रसंग में कवि पृथ्वीराज की वीरता के वर्णन का बहाना भी खोज निकालता है। जब जयचन्द्र पूछता है कि क्यों नहीं पृथ्वीराज उसके दरबार में और राजाओं की भाँति आता तो चन्द बताता है कि पृथ्वीराज ने तुम्हारे राज्य की रक्षा की है। शहाबुद्दीन गोरी जब कन्नौज पर आक्रमण करना चाहता था तो पहले तो कुन्दनपुर के पास रायसिंह बघेले ने उसे रोका; परन्तु वह उसे पराजित करके आगे बढ़ा। उस समय पृथ्वीराज नागौर में थे। वे बाज की भाँति शहाबुद्दीन पर झपट पड़े। इसी बहाने कवि विस्तार के साथ इस लड़ाई की चर्चा करता है। स्वयं पृथ्वीराज भी दरबार में चन्द के खवास के रूप में उपस्थित होते हैं और इस प्रकार कवि ने पृथ्वीराज-सम्बन्धी वार्त्तालाप में स्वयं उसे श्रोता बनाकर एक प्रकार का नाटकीय रस ला दिया है। जयचन्द्र के मन में एकाध बार सन्देह होता है, पर पृथ्वीराज खवाश-वेश में दरबार के बाहर आ जाता है। लेकिन अन्त तक यह बात छिपती नहीं। पृथ्वीराज का पड़ाव घेर लिया जाता है, युद्ध का नगाड़ा बज उठता है और इसी युद्ध के बीच पृथ्वीराज अकेले कन्नौज की शोभा देखने चल पड़ते हैं। युद्ध का रोर सुनकर कन्नौज की सुन्दरियाँ अटारियों पर आ बैठती हैं। घोर युद्ध होता है और उसी दुर्द्धर युद्ध की पृष्ठभूमि में कवि ने रोमांस का आयोजन किया है। चन्द की यह अद्भुत घटना-योजना-शक्ति रासो में अन्यत्र कहीं भी प्रकट नहीं हुई। तलवारें चमक रही थीं, घोड़े और हाथियों की सेना में जुझाऊ बाजे बज रहे थे, वीरदर्प से कन्नौज मुखरित हो उठा था और मस्तमौला पृथ्वीराज संयोगिता के महल के नीचे मछलियों

को मोती चुगा रहे थे। संयोगिता की सखियों ने देखा, संयोगिता ने भी देखा। क्या देखा ? हृदय के आराध्य प्रेममूर्त्ति पृथ्वीराज मछलियों को मोती चुगा रहे हैं। एक क्षण के लिए सन्देह हुआ। चित्रसारी में जाकर पृथ्वीराज का चित्र देखा और विश्वास हो गया कि निस्सन्देह यही वह राजा है जिसकी मूर्त्ति के गले में संयोगिता ने अपनी वरमाला डाल दी थी। और फिर पृथ्वीराज ने भी संयोगिता को देखा। क्या देखा ? :

कुंजर उप्पर सिंघ सिंघ उप्पर दोय पव्वय।
पव्वय उप्पर भृंग भृंग उप्पर ससि सुभ्भय।।
ससि उप्पर इक कीर कीर उप्पर मृग दिट्ठौ।
मृग उप्पर कोवंड संघ कंद्रप्प वयट्ठौ।।
अहि मयर महि उप्परह हीर सरस हेमन जर्‌यो।
सुर भुवन छंडि कवि चंद कही तिहि धोषै राजन पर्‌यौ।।

इसके बाद प्रेम का देवता अपनी स्वाभाविक गति से आगे बढ़ने लगता है। संयोगिता ने दारी के हाथ से थाल में मोती भिजवाया। पृथ्वीराज अन्यमनस्क भाव से उन मोतियों को भी मछलियों को चुगाते रहे। फिर दासी ने ऊपर इशारा करके संयोगिता को दिखाया। कवि ने बड़ी कुशलता के साथ प्रेमियों के भाव-परिवर्त्तन का चित्रण किया है। संयोगिता की विचित्र स्थिति है, बोले कि न बोले ? बोले तो हाथ से चित्त ही निकल जाय और न बोले तो हृदय फट जाय ! भई गति साँप छुछुन्दरि केरी ! :

जो जंपो तो चित्त हर अनजपै विहरंत।
अहि डट्टै छच्छुन्दरी हियै विलग्गी वंति।।

परन्तु, अन्त तक त्रिभुवनविजयी प्रेमदेवता की ही जीत होती है। पृथ्वीराज महल में लाये जाते हैं और गन्धर्वविवाह हो जाता है। इसी समय पृथ्वीराज को खोजते हुए गुरुराम गंगा के तट पर आ जाते हैं और उनसे सेना का हाल सुनकर पृथ्वीराज चल देते हैं। युद्ध फिर बीच में भयंकर ध्वनि के साथ आ उपस्थित होता है। संयोगिता व्याकुल हो उठती है। माता-पिता की इच्छा के विरुद्ध उनके शत्रु को प्रेम करनेवाली बालिका के हृदय की दशा बड़ी ही करुण थी। वह व्याकुलभाव से रोकर मूर्च्छित हो गई। इसी समय पृथ्वीराज उपस्थित हुए। संयोगिता को घोड़े पर बैठाकर वे दिल्ली की ओर चले। जुझाऊ बाजे बजते रहे, तलवारें खनखनाती रहीं, घोड़े दौड़ते रहे, सूर-सामन्त युद्धोन्माद में पगे रहे। भयंकर युद्ध हुआ।

पृथ्वीराज के राजभक्त सामन्त कई दिनों तक लड़ते रहे और राजा अपनी प्रिया के साथ भागते रहे। वीर रस की पटभूमि पर यह प्रेम का चित्र बहुत ही सुन्दर निखरता है, पर युद्ध का रंग बहुत-बहुत गाढ़ा हो गया है। प्रेम का चित्र उसमें एकदम डूब गया है। कथा का आरम्भ जिस प्रकार हुआ था उससे लगता है कि प्रेम के चित्र को इस प्रकार युद्ध के गहरे रंग में नहीं डूबना चाहिए। यह युद्ध प्रेम का परिपोषक होकर आया है। या तो युद्ध का इतना गाढ़ा रंग बाद के किसी अनाड़ी चित्रकार ने पोता है या फिर चन्द बहुत अच्छे कवि नहीं थे। कथा का आरम्भ जिस ललित ऊर्जस्वल योजना के साथ हुआ था उसे देखते हुए उसकी यह परिणति सामंजस्य न पहचानने का चिह्न है। कथा की परवर्त्ती परिणति बताती है कि शुरू में मूल कवि ने इतना रंग नहीं पोता होगा। चन्द कुशल कवि ही थे। उन्होंने इस प्रेम-कथानक की बड़ी ही सुन्दर और सुकुमार योजना की थी। युद्ध का वर्णन उस प्रेम-प्रसंग को गाढ़ बनाने के उद्देश्य से आया है, सरदारों की मृत्यु-सूची बताने के लिए नहीं। जान पड़ता है; किसी उत्साही वीर कवि ने युद्ध के प्रसंग में बहुत-कुछ जोड़कर बेकार ही उसे इतना घसीटा है। इस बात को यदि स्वीकार न किया जाय तो कहना होगा कि चन्द को सामंजस्य का बोध नहीं था।

इस प्रकार संयोगितावाला प्रसंग निस्सन्दिग्ध रूप से मूल रासो का सर्वप्रधान अंग था। यद्यपि अपने वर्त्तमान रूप में वह बहुत-से प्रक्षिप्त अंशों के कारण विकृत हो गया है। इसके बाद शुकचरित्र है जिसके बारे में पहले ही उल्लेख किया गया है कि कथा के प्रवाह के वह अनुकूल ही है। यद्यपि उसके बारे में निश्चपूर्वक नहीं कहा जा सकता कि वह रासोकार की अपनी रचना है ही। अन्यान्य काव्यों की भाँति रासक-काव्य भी मिलनान्त होते हैं। संयोगिता के मिलन के बाद कवि का उद्देश्य पूरा हो जाना ही संगत जान पड़ता है। शुकचरित्र के द्वारा इंछिनी-हृदय शान्त करना भी संगत ही है। सन्देशरासक विरह-काव्य है, पर कवि अचानक अन्त में मिलन की योजना कर देता है। विरहिणी अपना व्याकुल सन्देशा देकर ज्यों ही घर की ओर लौटना चाहती है त्यों ही उसका पति दक्षिण की ओर से आता दिखाई देता है। इस प्रकार अप्रत्याशित 'अचिंतिउ' मिलन की योजना कवि को स्वयं थोड़ा उद्वेजक मालूम पड़ती है। लेकिन उसका उपयोग वह पाठक को आशीर्वाद देने में कर लेता है—उस विरहिणी की कामना जिस प्रकार

अप्रत्याशित रूप से छन भर में ही सिद्ध हो गई उसी प्रकार इस काव्य के पढ़नेवालों की भी पूरी हो—अनादि अनन्त देवता की जय हो :

जेम अचिंतिउ कज्ज सुत, सिद्ध खणद्धि महंतु ।
तेम पठंत सणंत यह, जयउ अणाइ अणंतु ।।

और तो और, कालिदास को भी विरह का समुद्र उद्वेल कर लेने के बाद मिलन करा देने की उतावली हो गई थी :

श्रुत्वा वार्त्तां जलदकथितां तां धनेशोऽपि सद्यः
शापस्यान्तं सदयहृदयः संविधायास्तकोपः ।
संयोज्यैतौ विगलितशुचौ दम्पती हृष्टचित्तौ
भोगानिष्टानविरतसुखं भोजयामास शश्वत् ।।

यही चिराचरित भारतीय प्रथा है। रासो की समाप्ति भी आनन्द में ही होनी चाहिए। रासो में संयोगिता के साथ पृथ्वीराज के विलास का प्रधान वर्णन तो शुकचरित्र में ही मिल जाता है, पर अन्तिम हिस्सों में कई जगह बिना किसी योजना के और बिना किसी प्रसंग के (या जबर्दस्ती लाये हुए प्रसंगों में) इस संयोग-सुख का वर्णन मिलता है। बीच-बीच में इंछिनी का पतिव्रता-रूप भी स्पष्ट हो उठता है। इन्हीं किन्हीं प्रसंगों में मूल रासो का अन्तिम अंश प्रच्छन्न है। यह प्रसिद्ध है कि चन्द के पुत्र ने इस ग्रन्थ को पूरा किया था। पता नहीं, इस 'पुत्र' ने कितना विस्तार किया है। सहज ही अनुमान किया जा सकता है कि इन 'पुत्रों' की संख्या बहुत अधिक रही है और दो-तीन शताब्दियों तक उनका प्रभुत्व रहा है।

आरम्भ में हमने ऐतिहासिक व्यक्तियों के नाम से सम्बद्ध भारतीय काव्यों की मूल प्रवृत्तियों का विश्लेषण किया है। उस पृष्ठभूमि में रासो का यह रूप अनुचित नहीं मालूम होता। सभी ऐतिहासिक कहे जानेवाले काव्यों के समान इसमें भी इतिहास और कल्पना का—फैक्ट और फिक्शन का—मिश्रण है। सभी ऐतिहासिक मानी जानेवाली रचनाओं के समान इसमें भी काव्यगत और कथानक-प्रथित रूढ़ियों का सहारा लिया गया है। इसमें भी रस-सृष्टि की ओर अधिक ध्यान दिया गया है, सम्भावनाओं पर अधिक जोर दिया गया है और कल्पना का महत्त्वपूर्ण रूप से स्वीकार किया गया है।

पंचम व्याख्यान

अपभ्रंश-ग्रन्थों के प्रकाशन से अनेक तथ्यों का उद्घाटन हुआ है। जब-जब कोई जाति नवीन जातियों के सम्पर्क में आती है तब-तब उसमें नई प्रवृत्तियाँ आती हैं, नई आचार-परम्परा का प्रचलन होता है, नये काव्य-रूपों की उद्भावना होती है और नये छन्दों में जनचित्त मुखर हो उठता है। नया छन्द नये मनोभाव की सूचना देता है। श्लोक का उदय नये साहित्यिक मोड़ की सूचना है। वह बताता है कि संवेदनशील कविचित्त में नये युग के उषःकाल की किरण नवीन जागरण का सन्देशा दे चुकी है। इसी प्रकार गाथा का उदय दूसरी सूचना है और दोहा का तीसरी। श्लोक लौकिक संस्कृत के आविर्भाव का सन्देशवाहक है। वैदिक युग जब समाप्त हुआ तभी वह पूरी शक्ति के साथ उदित हुआ। एक तरफ उसमें आदि कवि का काव्य मुखर हुआ और दूसरी तरफ व्यासदेव का महाभारत। रामायण ने काव्य-साहित्य की परम्परा को जन्म दिया और इतिहास-काव्य ने पुराण और स्मृति-साहित्य को। बाद में लौकिक संस्कृत का काव्य अनेक छन्दों से बहु-विचित्र हो उठा। इन छन्दों में उपजाति-श्रेणी के छन्द अधिक लोकप्रिय हुए। फिर मन्दाक्रान्ता और शार्दूलविक्रीडित छन्द भी उदित हुए। अनेक कृति कवियों ने इन छन्दों में मनोहर काव्य लिखे। अमरुक और मेघदूत में बड़े-बड़े छन्द व्यवहृत हुए हैं। इतने बड़े-बड़े छन्दों में सुन्दर काव्य का निर्वाह सूचित करता है कि कवियों का भाषा पर बहुत व्यापक अधिकार हो चुका है। जिन दिनों यह जटिल छन्दोबन्ध लौकिक संस्कृत में बहुत सफलतापूर्वक लिखा जाने लगा था उन्हीं दिनों लोकभाषा एक नये छोटे-से छन्द की ओर मुड़ गई। जिस प्रकार श्लोक संस्कृत के मोड़ का सूचक है उसी प्रकार गाथा, प्राकृत की ओर के झुकाव का व्यंजक है। आगे चलकर श्लोक संस्कृत का और गाथा प्राकृत का प्रतीक हो गया। सन्-ईसवी के आरम्भिक दिनों में गाथा का साहित्यिक क्षेत्र में प्रवेश हो चुका था। 'हाल'

का गाथाकोश या 'सत्तसई' अपने ढंग की बिल्कुल नवीन रचना थी। इसमें जिस प्रकार की लौकिक-रस-प्रधान कविता का दर्शन होता है वह संस्कृत-साहित्य में अपरिचित-सा था। छोटे-मोटे नित्य घटने वाले जीवन-व्यापारों के साथ इसमें एक ऐसा निकट-सम्पर्क पाया जाता है जो आमुष्मिकता के आतंक से ग्रस्त पूर्ववर्त्ती संस्कृत-साहित्य में बिल्कुल नहीं मिलता। प्रेम और करुणा के चुभनेवाले भाव, प्रेमियों की सरस क्रीड़ाओं का बोलता हुआ चित्र और प्रेम के घात-प्रतिघात के मनोहर दृश्य इस ग्रन्थ में अत्यन्त सजीव रूप में प्रकट हुए हैं। अहीर और अहीरिनियों की प्रेमगाथाएँ, ग्रामवधूटियों की शृंगार-चेष्टाएँ, चक्की पीसती हुई या पौधों को सींचती हुई ग्राम-ललनाओं के नयनाभिराम चित्र, विभिन्न ऋतुओं के भावोद्दीपक व्यापार इस ग्रन्थ में बहुत ही मनोरम रूप में चित्रित हैं और फिर भी इन प्राकृत गाथाओं को लोक-साहित्य नहीं कहा जा सकता। सतर्कता और सावधानी, जो संस्कृत-कविता की जान है, इसमें भी है। अग्राम्य मनोहर भावों का चुनाव रुचि के साथ किया गया है। एक करोड़ गाथाओं में से चुनकर सात सौ रत्नों को निकालने की अनुश्रुति उसी सतर्कता और सावधानी की सूचना देती है। इसलिए, गाथा को इस विदग्ध-स्वीकृत रूप में आते-आते निश्चय ही कुछ शताब्दियों की यात्रा करनी पड़ी होगी। तीसरे झुकाव की सूचना लेकर एक दूसरा छन्द भारतीय साहित्य के प्रांगण में प्रवेश करता है, यह दोहा है। 'विक्रमोर्वशीय' में इसका सबसे पुराना रूप प्राप्त होता है, जैसे श्लोक—लौकिक संस्कृत का; गाथा, प्राकृत का प्रतीक हो गया है उसी प्रकार दोहा, अपभ्रंश का। कभी-कभी एक आध दोहे प्राकृत के भी बताये गये हैं। जैसे हेमचन्द्र की समस्या-पूर्त्तिवाला 'प्रबन्धचिन्तामणि' का यह दोहा :

पहली ताव न अनुहरइ गोरी मुहकमलस्स।
अद्दिट्ठी पुनि उन्नमइ पडिपयली चंदस्स।।

परन्तु विचार किया जाय तो इस दोहे में कोई ऐसा विशेष लक्षण नहीं है जिससे इसे अपभ्रंश का दोहा न कहकर प्राकृत का कहा जाय। मुझे तो यह दोहा अपभ्रंश का ही लगता है और सच बात तो यह है कि जहाँ दोहा है वहाँ संस्कृत नहीं, प्राकृत नहीं, अपभ्रंश है। वैसे तो यह देश बहुत संरक्षणप्रिय है और जो छन्द एक बार चल पड़ा वह निरन्तर चलता रहता है। संस्कृत में भी दोहे लिखे गये हैं और गाथाएँ भी लिखी गई हैं और प्राकृत में भी सभी संस्कृत छन्दों का व्यवहार हुआ है, दोहे का भी

कहीं-न-कहीं मिल ही जायेगा। परन्तु, सचाई यही है कि श्लोक संस्कृत का, गाथा प्राकृत का और दोहा अपभ्रंश का अपना छन्द है। माइल्लधवल नामक कवि ने 'दव्वसहावपायास' (द्रव्यस्वभावप्रकाश) नामक ग्रन्थ को पहले दोहाबन्ध (अर्थात् अपभ्रंश) में देखा था। लोग उनकी हँसी उड़ाते थे (शायद इसलिए कि अपभ्रंश गँवारू भाषा थी)। सो, उन्होंने गाहाबन्ध (प्राकृत) में कर दिया। स्पष्ट ही दोहाबन्ध का अर्थ अपभ्रंश है और गाहाबन्ध का प्राकृत। माइल्लधवल कहते हैं :

दव्वसहावपयासं दोहयबन्धेण आसि जं दिट्ठं ।
तं गाहाबन्धेण य रइयं माइल्ल धवलेण ।।

—जैन साहित्य का इतिहास, पृ० १६८

{जो द्रव्यस्वभावप्रकाश नामक ग्रन्थ पहले दोहा बन्ध में दिखता था उसे माइल्लधवल ने गाथाबन्ध में लिखा।}

पहले-पहल यह सहज छन्द कब चल पड़ा—यह कह सकना कठिन है। विक्रमोर्वशीय में का दोहा-छन्द अपभ्रंश भाषा में ही निबद्ध है :

महँ जानिअँ मियलोयणी, णिसयरु कोइ हरेइ ।
जाव ण णव जलि सामल, धाराहरु बरसेइ ।।

—विक्रमोर्वशीय, चतुर्थ अंक

अर्थात् 'मैंने समझा था कि कोई निशाचर मृगलोचनी को हरण किये जा रहा है; लेकिन यह मेरी गलती थी। इस गलती को मैंने तब महसूस किया जब कि नवीन विद्युत् से संयुक्त श्यामल मेघ बरसने लगे।' जैकोबी को लगा था कि यह भाषा कालिदास की नहीं हो सकती। अर्थात् यह प्रक्षिप्त है। भाव के बारे में भी किसी-किसी को सन्देह है। इसी शब्दावली से मिलता-जुलता दोहा हेमचन्द्र के व्याकरण में भी है :

मइं जाणिउं प्रियविरहियइं, कवि धर होई विआलि ।
णवर मियंकु वि तिह तवइ, जिह दिणयरु खयगालि ।। —हेमचन्द्र ४

अर्थात् 'मैंने समझा था कि प्रिय-विरहिता नारियों को कम-से-कम सायंकाल में कुछ सहारा मिल जाता होगा। पर यहाँ तो मृगांक भी इस भाँति तपता है जैसे प्रलयकाल का सूर्य हो।' छः सौ वर्ष बाद एक-सी पदावली का आना बहुत आश्चर्य की बात नहीं है; पर सन्देह जगा देने की योग्यता तो उसमें है ही। परन्तु यह दोहा कालिदास में प्रक्षिप्त हो या न हो, इसमें कोई सन्देह नहीं कि अपभ्रंश का साहित्य ५वीं-६ठी शताब्दी में काफी

मात्रा में वर्त्तमान था। दण्डी और भामह ने उस साहित्य को देखा था और एकाध शताब्दी बाद के तो कई अपभ्रंश-काव्य और दोहा-ग्रन्थ मिल भी गये हैं। अपभ्रंश को 'दूहाविद्या' कहा गया है। इससे भी पता चलता है कि शुरू-शुरू में दोहा अपभ्रंश का प्रतीक था। बौद्धों और जैनों के कई दोहाबद्ध अपभ्रंश-काव्य मिले हैं। 'परमात्मप्रकाश' के दोहों को सातवीं शताब्दी का बताया गया है; परन्तु मैंने अन्यत्र दिखाया है कि वे दोहे नवीं-दसवीं शताब्दी के पहले के नहीं हो सकते।

यदि जंगल में भटकते हुए प्रिया-विरह से व्याकुल राजा के प्रलाप में कवि ने तत्काल प्रचलित ग्राम्यजन के गेय पदों में से एकाध पद्य कहलवा दिया हो तो कोई आश्चर्य की बात नहीं। माइल्लधवल की उक्ति से स्पष्ट ही है कि अपभ्रंश या दोहाबन्ध उन दिनों भले आदमियों की हँसी की चीज थी। इस दृष्टि से विक्रमोर्वशीयवाले दोहे को प्रक्षिप्त कहने की कोई आवश्यकता नहीं है। जिस प्रकार गाथा को बहुत बाद साहित्यकारों का करावलम्ब मिला उसी प्रकार दोहा को भी कुछ दिनों बाद ही उपरले स्तर के साहित्यकारों का सहयोग मिला होगा। यह कह सकना कुछ कठिन ही है कि आभीर या अहीर जाति से इस छन्द का क्या सम्बन्ध था। नाट्यशास्त्र में कथित जिस उकारबहुला भाषा को आभीरों से सम्बन्धित किया गया है, वह अपभ्रंश ही थी। दण्डी ने भी आभीर आदि की वाणी को अपभ्रंश कहा है और प्राकृतपैंगलम् में एक विशेष छन्द को आभीर या अहीर नाम दिया गया है। इस आभीर या अहीर छन्द में दोहा के द्वितीय और चतुर्थ चरण के समान ग्यारह मात्राओं के चार समान चरण होते हैं। इस छन्द का लक्षण इसी छन्द में इस प्रकार है :

ग्यारह मत्त करीज, अंत पओहर दीज ।
एहु सुछंद अहीर, जंपइ पिंगल धीर ।। —प्राकृतपैंगलम्

सो, इसका कुछ सम्बन्ध दोहे से खोजा जा सकता है। आधुनिक अहीरों के अत्यन्त प्रिय विरहा-गान का खाका मूलतः दोहा छन्द ही है। सोरठा का सम्बन्ध सौराष्ट्र से जोड़ा गया है; क्योंकि इसे कभी-कभी सोरट्ठ दोहा ही कहा गया है और आभीर-गुर्जरों का सौराष्ट्र से पुराना सम्बन्ध है। सब मिलाकर ऐसा लगता है कि दोहा का कुछ सम्बन्ध सम्भवतः आभीर आदि जातियों से स्थापित किया जा सके, परन्तु यह बात ठोस प्रमाणों पर कम और अटकल पर अधिक आधारित है।

गाथा प्राकृत-भाषा की प्रकृति के अनुसार दीर्घान्त छन्द में और दोहा अपभ्रंश-भाषा की प्रकृति के अनुसार ह्रस्वान्त छन्द के रूप में है। यह छन्द नवीं-दसवीं शताब्दी में बहुत लोकप्रिय हो गया था। इस छन्द में नई बात यह है कि इसमें तुक मिलाये जाते हैं। संस्कृत, प्राकृत में तुक मिलाने की प्रथा नहीं थी। दोहा, वह पहला छन्द है, जिसमें तुक मिलाने का प्रयत्न हुआ और आगे चलकर एक भी ऐसी अपभ्रंश कविता नहीं लिखी गई जिसमें तुक मिलाने की प्रथा न हो। इस प्रकार अपभ्रंश-भाषा केवल नवीन छन्द लेकर ही नहीं आई, बिल्कुल नवीन साहित्यिक कारीगरी लेकर भी आविर्भूत हुई। ईरान के साहित्य में मुस्लिम-पूर्वकाल में भी तुक मिलाने की प्रथा थी और बाद में तो फारसी गद्य में भी तुक मिलाकर लिखने की प्रथा चल पड़ी जिसका निश्चित अनुकरण विद्यापति की कीर्त्तिलता के गद्य में मिलता है। छठी-सातवीं शताब्दी तक भारतवर्ष में उत्तर-पश्चिम सीमान्त से अनेक नई जातियों का आगमन हुआ और उनके कारण इस देश की भाषा में नये-नये तत्त्व प्रविष्ट हुए और कविता भी नवीन कारीगरी से समृद्ध हुई। हो सकता है कि यह तुक मिलाने की नवीन प्रथा भी नवीन जातियों के सम्पर्क का फल हो। इसमें तो कोई सन्देह ही नहीं कि दोहा नवीन स्वर में बोलता है। स्त्रियों की अद्‌भुत दर्पोक्ति, जो आगे चलकर डिंगल-कविता की जान हो गई, इन दोहों में प्रथम बार बहुत ही दृप्त स्वर में प्रकट हुई है :

महु कंतहो बे दोसड़ा, हेल्लि म झंखहि आलू।
देंतहो हऊं पर उव्वरिय, जुज्झंतहो करवालु।।

ऐ सखी, बेकार बक-बक मत कर। मेरे प्रिय के दो ही दोष हैं—जब दान करने लगते हैं तो मुझे बचा लेते हैं और जब जूझने लगते हैं तो करवाल को।

जइ भग्गा पारक्कडा तो सहि मज्झु पिएण ।
अह भग्गा अम्हत्तणा तो तें मारिअडेण ।।

यदि शत्रुओं की सेना भगी है तो इसलिए कि मेरा प्रिय वहाँ है, और हमारी सेना भगी है तो इसलिए कि वह मर गया है !

जहिं कप्पिज्जइसरिण सरु, छिज्जइ खग्गिण खग्गु।
तहिं तेसइ भड धड निवहि, कंतु पयासइ मग्गु।।

जहाँ बाणों से बाण कटते हैं, तलवार से तलवार टकराती है, उसी भट-घटा-समूह में मेरा प्रिय मार्ग को प्रकाशित करता है।

भग्गउँ देक्खिवि निययबलु बलु पसरिअउँ परस्स।
उम्मिलइ ससिरेह जिवँ करि करवाल पियस्स ।।

जब प्रिय देखता है कि अपनी सेना भाग खड़ी हुई है और शत्रु का बल बढ़ रहा है। तब चन्द्रमा की महीन रेखा के समान मेरे प्रिय की तलवार खिल उठती है (और प्रलय मचा देती है !)

आयइं जम्महिं अन्नहिं वि गोरि सु दिज्जहि कंतु ।
गयमत्तहँ चत्तंकुसहँ जो अब्भिडहि हसंतु ।।

इस जन्म में भी और अगले जन्म में भी हे गौरि, ऐसा पति देना जो अंकुश के बन्धन को अस्वीकार कर देने वाले मदमत्त हाथियों से अनायास भिड़ जा सके।

संगर सएहिं जु वण्णिअइ देक्ख अम्हारा कंतु।
अहिमत्तहँ चत्तंकुसहँ गय कंभेहिं दारन्तु ।।

वह देखो, वह मेरा प्रिय है जिसका बखान सैकड़ों लड़ाइयों में हो चुका है। वह—जो अंकुश को अस्वीकार करने वाले मत्त गजराजों के कुम्भ विदीर्ण कर रहा है !

गाथा की भाँति अपभ्रंश के ये दोहे अपने-आपमें परिपूर्ण मुक्तक काव्यों के वाहन स्वीकार किये गये थे और सच पूछिए तो दोहा मुक्तक-काव्य का ही सफल वाहन है। यह प्रबन्ध या कथानक के लिए उपयुक्त छन्द नहीं मालूम होता। ढोला-मारू के दोहे यद्यपि कथानकरूप में लिखे गये हैं; परन्तु वे वस्तुतः मुक्तक ही हैं। इसी कथानक-सूत्र को जोड़ने के उद्देश्य से सोलहवीं शताब्दी में दोहों के बीच-बीच में चौपाई जोड़कर कथानक को क्रमबद्ध करने का प्रयास किया गया था। चौपाई छोटा छन्द है, वह कथानक को सहज ही जोड़ देता है। अपभ्रंश-काल के आरम्भ से ही इस छन्द के इस गुण को समझा जाने लगा था; परन्तु इसकी ठीक-ठीक प्रकृति जानने में कुछ समय लगा।

अपभ्रंश के काव्य कडवक-बद्ध हैं। पज्झटिका या अरिल्ल छन्द की कई पंक्तियाँ लिखकर कवि एक घत्ता या ध्रुवक देता है। कई पज्झटिका, अरिल्ल या ऐसे ही किसी छोटे छन्द को देकर अन्त में घत्ता या ध्रुवक—यह कडवक है। पं० नाथूराम जी 'प्रेमी' ने लिखा है कि अपभ्रंश-काव्यों में सर्ग की जगह प्रायः सन्धि का व्यवहार किया जाता है। प्रत्येक सन्धि में अनेक 'कड़वक' होते हैं और एक कडवक आठ 'यमकों' का तथा एक

यमक दो पदों का होता है। एक पद में, यदि यह पद्धड़ियाबद्ध हो तो सोलह मात्राएँ होती हैं। आचार्य हेमचन्द्र के अनुसार चार पद्धड़ियों यानी आठ पंक्तियों का 'कडवक' होता है। हर एक कडवक के अन्त में घत्ता या ध्रुवक होता है (जैन-साहित्य का इतिहास, पृ० ३७७ टि०)। अरिल्ल चौपाई का ही पूर्वरूप है। कथा-काव्य में इसका खूब प्रयोग भी हुआ है; परन्तु शुरू-शुरू में चौपाई की अपेक्षा अपभ्रंश में पद्धड़िया का ज्यादा प्रचार था। जिस प्रकार आजकल हम लोग चौपाई लिखने में तुलसीदास की श्रेष्ठता बतलाया करते हैं उसी प्रकार स्वयंभू ने चउम्मुह या चतुर्मुख को पद्धड़िया का राजा बताया था। हरिवंशपुराण में उन्होंने कहा है कि पिंगल ने छन्द-प्रस्तार, भामह और दण्डी ने अलंकार; वाण ने अक्षराडम्बर, श्रीहर्ष ने निपुणत्व और चतुर्मुख ने छर्दनिका, द्विपदी और ध्रुवकों से जटित पद्धड़िया दिया—छद्दणिय धुवएहिं जडिय। चउमुहेण समप्पिअ पद्धडिय। (जै० सा० इ०, पृ० ३७१-३७२)।

यह तो हुई चौपाई की बात, घत्ता दोहे से भिन्न छन्द है। यह ६ मात्राओं का छन्द होता है। प्रथम चरण में १०, ८, १३ पर यति होती है और दूसरे चरण में भी यही क्रम रहता है :

पढमं दह बीसामो बीए मत्ताइं अट्ठाइं ।
तीण तेरह बिरई, घत्त मत्ताइं बासट्ठि ।।

उदाहरण यह है :

रण दक्ख दक्ख हणु, जिण्णु कुसुमधण
अंधअ गंध विलास करु ।
सो रक्खउ संकरु, असुर भयंकरु
गिरिणायरि अद्धंग धरु ।।

{जिसने रणदक्ष दक्ष को मारा, कुसुमधन्वा (काम) को जीता, वह पार्वती को अर्धांग में धारण करने वाले असुर-भयंकर शंकर रक्षा करें।}

परन्तु व्यवहार में घत्ता शब्द का व्यवहार छेदन के अर्थ में ही होता रहा और कई बार काव्यों में अरिल्ल पज्झटिका के बाद उल्लाला या और कोई इसी तरह का 'द्विपंक्ति-लेख्य छन्द' (Couplet) दे दिया जाता था। तुलसीदास जी की रामायण में इसी कडवक-पद्धति को आठ या कुछ कम-ज्यादे चौपाइयों के बाद दोहा या घत्ता देकर स्वीकार किया गया है।

रामायण के प्रेमी पूरे कडवक को भी दोहा ही कहते हैं। रामायण के दो 'दोहा' पढ़ने का मतलब होता है दो कड़वक पढ़ना। तुलसी-रामायण के इन कड़वकों को दोहा-घत्ताक कड़वक कह सकते हैं; क्योंकि रामायण में घत्ता के स्थान पर दोहा-छन्द का प्रयोग किया गया है। अपभ्रंश के काव्यों में भी घत्ता के स्थान पर अन्य छन्दों का व्यवहार हुआ है।[1]

(१) उदाहरणार्थ 'पउमसिरिचरिउ' में प्रथम सन्धि के घत्ते 'घत्ता' छन्द में हैं। एक उदाहरण यह है :

पणमिनि जय सामिणि नय सुर कामिणि वागेसरि सिय कमल कर।
पणयहँ सब्भाविं जीएँ पभाविं कविहिं पयट्टइ वाणि वर।। १४।।

किन्तु द्वितीय सन्धि में दूसरा छन्द 'घत्ता' के लिए व्यवहृत हुआ है।

अवयरिउ गइंदह, कुमरु लोय लोयण सुहउ ।
सहु बंधव लोयहिं, संखु वि विसरिउ संमुहउ ।।३८।।

(२) कई अपभ्रंश कार्यों में घत्ता को घत्ता छन्द में ही लिखने का नियम कठोरता के साथ अपनाया गया है; पर सबमें उतनी कड़ाई नहीं दिखाई गई। कभी-कभी शुरू में दुवई (द्विपदी) देकर अन्त में किसी दूसरे छन्द में घत्ता दिया गया है। णायकुमारचरिउ में इस नियम का बहुत सुन्दर निर्वाह हुआ है। कभी छोटे-छोटे छन्दों में भी कडवक लिखे गये हैं। इन सब नियमों का परवर्त्ती काल में अनुसरण हुआ है। अनेक छन्दों में कथा कहने की प्रथा केशवदास की अपनी चलाई हुई नहीं है। करकंडुचरिउ, णायकुमारचरिउ आदि में छन्द बदलने की प्रवृत्ति मिलती है। वस्तुतः छन्दों के मामले में अपभ्रंश बहुत समृद्ध भाषा कही जा सकती है। अस्तु। दोहा का घत्ता अपभ्रंश के कवियों में एकदम अपरिचित तो नहीं था, जिन पद्मसूरि के 'थूलभद्दफागु' में इसका उदारहण मिल जाता है। परन्तु प्रबन्ध-काव्य में चौपाई-दोहा का क्रम बहुत लोकप्रिय नहीं हुआ। सम्भवतः,

---

१. उदाहरणार्थ पुप्फयंत के 'णायकुमारचरिउ' की सातवीं सन्धि के प्रथम कड़वक का घत्ता यह है :

कुडिलंकुस वस एहिं णिच्चमेव पडिवण्णउ।
हत्थिहिं सोहइ दाणु जेहिं संबंधणु दिण्णउ।।

फिर 'पउमसिरिचरिउ' की विईय सन्धि के घत्ते इस छन्द में हैं–

बन्धय जण वल्लह गुरुयणि विनय मरंद गइ।
लंघिय रयणायर राहब खक्खण दोवि नइँ।।

पूर्वी प्रदेश के कवियों ने प्रबन्ध-काव्य में चौपाई और दोहा से बने कडवकों का प्रयोग शुरू किया था। जायसी आदि सूफी कवियों ने इसी प्रथा का अवलम्बन किया था; परन्तु बीजरूप में यह प्रथा बौद्ध सिद्धों की रचनाओं में मिल जाती है। सरहपा ने लिखा है :

पंडिअ सअल सच्च वक्खाणइ। देहहि बुद्ध बसंत ण जाणइ ।।
गमणागमण न तेन विखंडिअ। तो वि णिलज्ज भणहि हउ पंडिअ।।
जीवंतह जो नउ जरइ,
सो अजरामर होइ ।
गुरु उवएसे विमल मइ,
सो पर धण्णा कोइ ।।

{पण्डित सकल शास्त्रों को ले बखानता है, पर देह में ही बुद्ध बसते हैं, यह नहीं जानता। उसने आवागमन को तो खण्डित नहीं किया तो भी वह निर्लज्ज कहा करता है कि मैं पण्डित हूँ। जो जीते-जी जीर्ण नहीं होता वही अजर-अमर होता है। वही धन्य है जिसे गुरु के उपदेश से विमल मति प्राप्त हो गई है।}

चौपाई-दोहे का सबसे पुराना प्रयोग शायद यही है। जो कुछ पुराना साहित्य उपलब्ध है उससे लगता है कि पूर्वी प्रदेश के बौद्ध सिद्धों ने ही इस शैली में लिखना शुरू किया था। पश्चिम में पद्धड़िया-बन्ध अधिक प्रचलित था और पद्धड़िया से कभी-कभी चौपाई का अर्थ भी ले लिया जाता था। जैसा कि जिनदत्तसूरि की चर्चरी के वृत्तिकार जिनपाल के वक्तव्य से स्पष्ट होता है। किन्तु सब मिलाकर चौपाई-दोहा की पद्धति उधर दीर्घकाल तक लोकप्रिय नहीं हुई। गोरखनाथ की बताई जाने वाली वाणियों में भी इस पद्धति को कथंचित् खोज लिया जा सकता है और कबीरदास ने तो निश्चित रूप से इस पद्धति का व्यवहार किया था। इतने बड़े पृथ्वीराजरासो में इस पद्धति का बहुत ही कम स्थानों में उपयोग हुआ है। रासो में बयालीसवें समय (पृ० ११६८) में एक स्थान पर चौपाई-दोहा की पद्धति मिलती है। यह अंश बहुत परवर्त्ती जान पड़ता है। छन्दों के आधार पर ही जो लोग रासो के प्राचीनतम रूप का अनुमान करते हैं वे तो इसे प्रक्षिप्त मानेंगे ही। ऐसा लगता है कि पूरब से ही यह प्रथा धीरे-धीरे पश्चिम की ओर गई है।

एक मनोरंजक बात इस प्रसंग में यह है कि जिस प्रकार घत्ता के स्थान अपभ्रंश-काव्य के कडवकों में दूसरे-दूसरे छन्द भी रख दिये जाते थे, उसी प्रकार परवर्त्ती काल में अवधी के प्रबन्धकाव्यों में दोहा के स्थान पर अन्य छन्दों के रखने की प्रवृत्ति का भी कुछ प्रमाण मिल जाता है। नूर मुहम्मद ने दोहा के स्थान पर बरवै रखकर अपने 'अनुराग-बाँसुरी' नामक प्रबन्धकाव्य के कडवकों की रचना की थी।[1] पर सब मिलाकर पूर्वी प्रदेशों में दोहा का ध्रुवक देने का नियम ही बना रहा। सरहपाद से लेकर द्वारकाप्रसाद मिश्र तक यह परम्परा लगभग अविच्छिन्न भाव से ही चली आई है।

चौपाई छन्द ही कथानक छन्द है। सूरदास के नाम पर बहुत-से पद चौपाई छन्दों में बद्ध मिलते हैं। कई प्रतियों में ये चौपाई वाले पद प्राप्त नहीं होते और कई में मिल जाते हैं। सूर-साहित्य के समालोचकों के लिए यह एक समस्या ही रही है। मुझे लगता है कि भावपूर्ण पदों के बीच, रासलीला आदि के समय कथासूत्र को जोड़ने के लिए ये चौपाई-बद्ध पद बाद में जोड़े गये होंगे। ढोला के दोहों का कथासूत्र मिलाने में कुशललाभ ने इसी कौशल का सहारा लिया था।

सो, यद्यपि अपभ्रंश के आरम्भिक काव्यों में चौपाई-जैसे कथानकसूत्र-योजक छन्द का प्रचलन हो गया था और चौपाई के साथ अपभ्रंश के लाड़िले छन्द दोहा का गठबन्धन भी हो चुका था; पर कथा-काव्य के लिए इसका महत्त्व बाद में समझा गया।

धीरे-धीरे अपभ्रंश में भी बड़े-बड़े छन्द लिखे जाने लगे। रोला, उल्लाला, वीर, कव्व, छप्पय और कुण्डलिया अपभ्रंश के अपने छन्द हैं।

---

१. एक उदाहरण–

बनो पंथ दोऊ मनमाँही । मानलीनता आवै नाहीं ।।
आवै जाई सुवा उपदेसी । दोऊ दिसि तैं बनो सँदेसी ।।
दुई मन मिले बीच जो होई । सो व्यवहार न जानै कोई।।
नित पलुहाइ नेह की बेली । फूलै लागि प्रीति की कली ।।
हित प्रगटावै ऊभी साँसू । बदन गोरना चख कै आँसू ।।
कैसे छुपे नेह दुख भारी । जहाँ आँसु ऐसी विभिचारी ।।
नेह न छिपे छिपाएँ जिमि मृगसार ।
चहुँ दिसि लै पहुँचावै बचन बयार ।।

–अनुरागबाँसुरी, साक्षात खण्ड

धीरे-धीरे अपभ्रंश की कविता भी आडम्बरपूर्ण होती गई। छप्पय और कुण्डलिया-जैसे छन्दों को सँभालकर वीरदर्प की ओजस्विनी कविता लिखना भाषा की प्रौढ़ता का सबूत है।

चन्दवरदाई छप्पयों का राजा था। बहुत पहले शिवसिंह ने यह बात लिखी थी और रासो असल में छप्पयों का ही काव्य है। कविराज श्यामलदास तो रासों में छप्पय और दूहा के अतिरिक्त और किसी छन्द का अस्तित्व ही नहीं मानते, और वैसे तो हर तलवार की झंकार में चन्दवरदाई तोटक, तोमर, पद्धरी और नाराच पर उतर आते हैं, पर जमकर वे छप्पय और दूहा ही लिखते हैं। यह अत्यन्त संकेतपूर्ण तथ्य है कि चन्दवरदाई के नाम से मिलने वाले छन्दों में जिनकी प्रामाणिकता लगभग निःसन्दिग्ध है, वे छप्पय ही हैं। मुनि जिनविजयजी ने 'पुरातनप्रबन्ध-संग्रह' में चन्द के नाम पर मिलनेवाले चार छप्पयों का उल्लेख किया है। उनमें से तीन तो मुनि जी ने स्वयं ही वर्त्तमान रासो से ढूँढ़ निकाले हैं। पुरातन प्रबन्ध के छप्पयों की भाषा अपभ्रंश है। मैंने बहुत पहले अनुमान किया था कि चन्द हिन्दी-परम्परा के आदिकवि की अपेक्षा अपभ्रंश-परम्परा के अन्तिम कवि थे। यह बात इन छप्पयों से प्रमाणित होती है :

इक्कु बाणु पहुवीसु जु पइं कइंवासह मक्कओ।
उर भिंतरि खडहडिउ धीर कक्खंतरि चक्कउ।।
वीअं करि संधीउं भंमइ सूमेसरनंदण।
एहु सु गडि दाहिमओं खणइ खुद्दइं सइंभरिवणु।।
फुड छंडि न जाई इहु लुब्भिउ वारइ पलकउ खल गुलह।
णं जाणउं चंदबलद्दिउ किं न वि छट्टइ इह फलह।।

—पुरातनप्रबन्ध-संग्रह, पृ० ८६, पद्य २७५

एक बान पहुमी नरेस कैमासह मुक्यौ।
उर उप्पर थरहर्‌यौ बीर कष्षंतर चक्यौ।।
बियौ बान संधान हन्यौ सोमेसर नंदन।।
गाढौ करि निग्रह्यौ षनिव गड़्यौ संभरि धन।।
थल छोरि न जाइ अभागरौ गड़्यौ गुन गहि अग्गरौ।
इम जंपै चंदवरद्दिया कहा निघट्टै इन प्रलौ।।

—पृथ्वीराजरासो, पृ० १४६६, पद्य २३६

अगहु म गहि दाहिमओं रिपुरायखयंकरु ।
कूडुमंत्रु मम ठवओं एहु जंवुय (य?) मिलि जग्गरु ।।
सह नामा सिक्खउं जइ सिक्खिवउं वज्झाइं ।।
जंपइ चंदवलिद्दु मज्झ परमक्खर सुज्झइ ।।
प्हु पहुविराय सइंभरिधणी सयंभरि सउणइ संभरिसि ।
कइंवास विआस विसट्ठविणु मच्छिबंधिबद्धओं मारिसि ।।

–पु० प्र० सं०, पद्य २७६

अगह मगह दाहिमौ देव रिपुराई षयंकर ।
कूरमंत जिन करौ मिले जंब वै जंगर ।।
मो सहनामा सुनौ एह परमारथ सुज्झै ।
अष्षै चंद विरद्द वियो कोउ एह न बुज्झै ।।
प्रथिराज सुनवि संभरि धनी इड संभलि संभारि रिस ।
कैमास बलिष्ठ बसीठ बिन म्लेच्छ बंध बंध्यौ मरिस ।।

–पृ० रा०, पृ० २१८२, पद्य ४७५

त्रीण्हि लक्ष तुषार सबल पाषरीभइं जसु हय ।
चऊद सय मयमत्त दंति गज्जंति महाभय ।।
बीस लक्ख पायक्क सफर फारक्क पणुद्धर ।
ल्हूसडु अरु बलु यान सखं कु जाणई ताहं पर ।।
छत्तीस लक्ष नरहिवई विहिविनडिओं हो कीम भयउ ।
जइचंद न जाणउ जल्हुकई गयउ, क मूडं कि धरी गयउ ।।

–पु० प्र० सं०, पृ० ८८, पद्य २८७

असिय लष्ष तोषार सजउ पष्षर सायदल ।
सहस हस्ति चवसट्ठि गरुअ गज्जंत महाबल ।।
पंच कोटि पाइक्क सुफर पारक्क धनुद्धर ।
जुध जुधान वर बी तोन बंधन बद्धनभर ।।
छत्तीस सहस रन नाइंवौ विही त्रिम्मान ऐसो कियौ ।
जैचंद राई कविचंद कही उदधि बुड्डि कै धर लियौ ।।

–पृ० रा० रा०, पृ० २५०२, पद्य २१६

एक मनोरंजक बात यह है कि चन्दवरदाई ने संस्कृत और प्राकृत श्लोक लिखने का भी प्रयास किया है। संस्कृत वे साटक या श्लोक छन्द में लिखते हैं और प्राकृत गाहा (गाथा) में। इन दोनों बातों को देखकर

अनुमान किया जा सकता है कि अपभ्रंश वे दूहा और छप्पय में लिखते होंगे। छप्पय आगे चलकर डिंगल का प्रधान छन्द हो गया है, पर यह संस्कृतवाला साटक क्या है ? रासो के सम्पादकों को इस नाम की व्याख्या करने में काफी श्रम उठाना पड़ा था। उन्होंने स्पष्ट ही अनुभव किया था कि यह छन्द 'शार्दूलविक्रीडित' का नामान्तर है। यहाँ इस बात का उल्लेख उनके मत में कोई भ्रान्ति दिखाने या संशोधन करने के उद्देश्य से नहीं किया जा रहा है। उन्होंने ठीक ही अनुमान किया था कि साटक शार्दूलविक्रीडित का नामान्तर है। मुझे इस शब्द पर विचार करने से एक दूसरी बात सूझी और यद्यपि यह थोड़ा अप्रासंगिक है, तो भी इस अध्ययन के लिए उपयोगी समझकर उसकी चर्चा कर रहा हूँ।

प्राकृतपिंगल में शार्दूलविक्रीडित का लक्षण और उदाहरण दिया गया है और उसके बाद ही 'सद्दूलसट्ट' का लक्षण दिया हुआ है जो वस्तुतः एक ही छन्द हैं। आगे 'शार्दूलस्य लक्षणद्वयमेतत्' कहकर उपसंहार दिया गया है। टीका में 'सट्टअ' या 'साटक' छन्द के और भी कई भेद दिये गये हैं। यहाँ छन्द के इन भेदों की चर्चा करने से कोई लाभ नहीं है। मुझे सिर्फ सट्टक या साटक शब्द से मतलब है। शार्दूलविक्रीडित का अनुवाद ही शार्दूलसट्टक होगा। वस्तुतः सट्टक एक प्रकार का नाटकभेद है। वह प्राकृत में लिखी हुई नाटिका के समान ही होता है। कर्पूरमंजरी एक सट्टक है। इसके लेखक राजशेखर ने सूत्रधार के मुख से इसका लक्षण कहलवाया है। सूत्रधार कहता है कि जो लोग सहृदय या 'छइल्ल' (छविल ? या छैला !) हैं अर्थात् विदग्ध हैं, उन्होंने कहा है कि सट्टक वह है जो बहुत कुछ नाटिका के समान होता है। अन्तर सिर्फ यह है कि उसमें प्रवेशक और विष्कम्भक नहीं होते :

सो सट्टओत्ति भण्णइ दूरं जो णाडियाए अणुहरदी ।
किंपुण पयेस विक्खंभआइं इह केवलं णत्थि ।।

सो, सट्टक एक प्रकार का नाटक है या लौकिक तमाशा है नौटंकी की तरह। 'रासक' भी इसी प्रकार का एक रूपकभेद है और छन्द तो है ही। श्रीहरिवल्लभ जी भायाणी ने सन्देश-रासक की प्रस्तावना में रासक छन्द और काव्य रूप पर विचार किया है। उससे जान पड़ता है कि रासक एक छन्द का नाम है। सन्देशरासक का यह मुख्य छन्द है। इस पुस्तक का लगभग एक तिहाई हिस्सा रासक छन्द में ही लिखा गया है। यह इक्कीस

मात्राओं का छन्द है। इसे आभाणक भी कहते हैं। अनुमान किया जा सकता है कि शुरू-शुरू में रासकजातीय ग्रन्थ प्रधानतः इसी छन्द में लिखे जाते होंगे। रासक का एक उदाहरण यह है :

तं जि पहिय पिक्खेविणु उक्कंखिरिय ।
मंथर गय सरलाइवि उतावलि चलिय ।।
तह मणहर चल्लंतिय चंचल रमण भरि।
छड़वि खिसिय रसणावलि किंकिणि रव पसरि।। –सन्देशरासक, २।२६(३)

{वह प्रियोत्कण्ठिता उस पथिक को देखकर मन्थर गति को सरल करके उतावली होकर चली। मनोहर भाव से उस प्रकार चलती हुई उस नायिका के कटि-प्रदेश से खिसककर करधनी गिर गई और उसकी किंकणियों की ध्वनि वायुमण्डल में फैल गई।}

श्रीजिनदत्तसूरि की चर्चरी में इसी छन्द का व्यवहार है। उनके 'उपदेशरसायनरास' में दूसरे छन्द का प्रयोग है जिसे टीकाकार ने पद्धटिका-बन्ध कहा है। यह चौपाई जैसे १६ मात्रा के छन्द में है। टीकाकार ने बताया है कि यह सभी रागों में गाया जा सकता है :

अत्र पद्धटिकाबन्धे मात्राः षोडशपादगाः ।
अयं सर्वेष रागेष गीयते गीतिकोविदैः ।।

इससे जान पड़ता है कि पद्धटिका-बन्ध चौपाई छन्दों में भी होता था। पद्धरी वस्तुतः १६ मात्रा का छन्द है और इसमें रचना करते समय कवियों ने यथेच्छ स्वाधीनता का परिचय दिया है। पर चौपाई को पद्धड़िया कहने का रिवाज बहुत पुराना नहीं जान पड़ता।

विरहांक ने अपने 'वृत्तजातिसमुच्चय' में दो प्रकार के रासक-काव्यों का उल्लेख किया है। एक में विस्तारितक या द्विपदी और विदारी वृत्त होते थे और दूसरे में अडिल्ल, दोहा, मत्ता, रड्ड और ढोला छन्द हुआ करते थे। सन्देशरासक दूसरी श्रेणी की रचना है। स्वयम्भू अपने 'स्वयम्भूछन्दस्' में बताते हैं कि रासाबन्ध में घत्ता छड्डणिआ (छप्पय ?) और पद्धड़िया के प्रयोग से जनमन-अभिराम हो जाता है :

घत्ताछड्डणिआहिं पद्धडियाहिं रूएहिं ।
रासाबंधो कव्वे जणमण अहिंरामओ होहि ।।

इससे पता चलता है कि उन दिनों रासाबन्ध काव्य का एक मुख्य भेद था और उसमें विविध छन्दों का प्रयोग होता था। पृथ्वीराजरासो इसी श्रेणी

का काव्य है। इसमें रासक छन्द का प्रयोग बहुत कम हुआ है। हालांकि स्वयम्भू के स्वयम्भूछन्दस् से स्पष्ट है कि रासक २१ मात्राओं का छन्द है, कोमल भाषा में लिखा जाता है, चौदह पर विश्राम होता है। इस प्रकार यह अभिरामतर लघु गतिवाला छन्द रासाबन्ध-काव्य में व्यवहृत होकर उसे मधुतर बना देता है :

एक्क बीस मत्ताणिह णउ उद्दामगिरु।
चउदसाइ बिस्साम हो भगण वीरह थिरु।।
रासाबंध समिद्ध एउ अहिराम अरु।
लहु अति अल अवसान विरइअ महुर अरु।।

शार्दूलसाटक का मतलब शार्दूल का खेल है। ठीक विक्रीडित शब्द का अनुवाद समझिए। संस्कृत के शार्दूलविक्रीडित शब्द का किसी ने 'सद्दूलसाटअ' अनुवाद किया होगा। यह बात थोड़ी महत्त्वपूर्ण इसलिए है कि 'रासो' शब्द को लेकर हिन्दी के विद्वानों ने बेमेल बेमतलब के अटकल लगाए हैं। सन्देशरासक-जैसे ग्रन्थों के मिलने के बाद भी यह अटकल समाप्त नहीं हुआ है। रासक वस्तुतः एक विशेष प्रकार का खेल या मनोरंजन है। रास में वही भाव है। सट्टक भी ऐसा ही शब्द है। लोक में इन मनोरंजक विनोदों को देखकर संस्कृत के नाट्यशास्त्रियों ने इन्हें रूपकों और उपरूपकों में स्थान दिया था। इन शब्दों के अर्थ विशेष प्रकार के विनोद और मनोरंजन थे। परवर्त्ती राजस्थानी काव्यों में चरितकाव्यों में चरितनायक के नाम के साथ 'रासो', 'विलास', 'रूपक' आदि शब्द देकर ग्रन्थ लिखना रूढ़ हो गया था। राजस्थानी रणमल्लरासो, राणारासो, सगतसिंहरासो, रतनरासो आदि रासो-नामधारी ग्रन्थ बहुत हैं। फिर 'विलास'—नामधारी ग्रन्थ भी कम नहीं हैं—राजविलास, जगविलास, विजयविलास, रतनविलास, अभयविलास, भीमविलास इत्यादि। और रूपक नाम देकर भी ग्रन्थ हैं। जैसे—राजरूपक, गोगादेरूपक, रावरिणमल्लरूपक, गजसिंहरूपक इत्यादि। ये सब शब्द बाद में चरितकाव्यों के लिए रूढ़ हो गये हैं। रासो या रासा नाम देखकर ही वीरगाथा समझ लेना बहुत अच्छे अध्ययन का सबूत नहीं है। शुक्ल जी नें वीसलदेवरासो को स्पष्ट रूप से वीरगाथा के बाहर घोषित किया था और अब तो दर्जनों ऐसे रासो या रासानामधारी ग्रन्थ मिले हैं जो वीरगाथा किसी प्रकार नहीं कहे जा सकते। रासो केवल चरितकाव्य का सूचक है। प्रकाश और विलास भी तथैव च। सो, रासो में का 'साटक' शब्द इशारा

करता है कि किसी जमाने में साटक या सट्टक विनोदवाची शब्द था और लोक में उसका प्रचलन देखकर शास्त्रकारों ने उसे नाट्यभेदों में गिना जिस प्रकार रास या रासक को गिना था।

गोस्वामी तुलसीदास का आविर्भाव १६वीं शताब्दी में हुआ था, उन दिनों लोक में बहुत तरह के काव्य प्रचलित रहे होंगे। गोस्वामी जी ने देखा कि ये 'प्राकृतजनगुणगानमूलक' काव्य बड़ा अनिष्टकर प्रभाव फैला रहे हैं। उन्हें इस बात से जरूर ही बहुत क्लेश हुआ होगा। चरित्रगत शिथिलता को बढ़ानेवाली चीजें उन्हें बिल्कुल पसन्द नहीं थीं। उन्होंने दुःख के साथ और दृढ़ता से घोषित किया कि—"कीन्हें प्राकृत जन गुन गाना, सिर धुन गिरा लगति पछताना।" दुःख उस समय की सामाजिक हीनता के कारण था और दृढ़ता अपनी शक्ति में विश्वास के कारण। वे इस प्रयत्न में लग गये कि इन 'प्राकृत-जनगुणगानमूल' काव्य रूपों को राममय कर दिया जाय। वे खूब सफल हुए। उन दिनों जितने 'प्राकृतजनगुणगानमूल' काव्य थे वे सभी गोस्वामी जी के प्रभावशाली काव्य से दब गये। सब काव्यरूपों को तो शायद वे राममय नहीं कर पाये होंगे; पर अधिकांश क्षेत्रों में वे सफल रहे। उनके काव्य-प्रयत्नों को देखकर अनुमान किया जा सकता है कि उनके पूर्व की दो-तीन शताब्दियों में किस जाति का साहित्य लिखा जा रहा था। गोस्वामी जी ने इन काव्यरूपों का उपयोग किया था :

१. दोहा-चौपाईवाले चरितकाव्य
२. कवित्त-सवैया
३. दोहों में अध्यात्म और धर्मनीति के उपदेश
४. बरवै छन्द
५. सोहर छन्द
६. विनय के पद
७. लीला के पद
८. वीरकाव्यों के लिए उपयोगी छप्पय, तोमर, नाराच आदि की पद्धति
९. दोहों में सगुन-विचार
१०. मंगल-काव्य

इनमें से कुछ रूपों के बारे में तो निश्चय के साथ ही कहा जा सकता है कि ये रूप अवश्य वर्त्तमान थे। चरितकाव्य बहुत लिखे जा रहे थे।

जायसी का पद्मावत और कुछ अन्य मुसलमान कवियों के चरितकाव्य प्राप्त हुए हैं। स्वयं जायसी ने अपने काव्य में कुछ लौकिक कथानकों का उल्लेख किया है। इनमें मुग्धावती है, मृगावती है, मधुमालती है और प्रेमावती है। मृगावती और मधुमालती के नाम पर लिखे गये काव्यग्रन्थों का पता लगा है। जायसी से पूर्व की एक और प्राचीन प्रेमकथा चन्दायन या लौरचन्दा भी प्राप्त हुई है। हो सकता है कि इन नायिकायों के चरित को आश्रय करके कई-कई काव्य लिखे गये हों। उन दिनों के रसिया युवक इन कहानियों को वृद्धों की आँख बचाकर पढ़ते थे। सन् १६०३ ई० के आसपास जैनकवि बनारसीदास ने अपना आत्मचरित 'अर्द्धकथानक' लिखा था, उसमें उन्होंने अपनी युवास्था के इस कुकृत्य का वर्णन किया है। वे कहते हैं कि हाट-बाजार जाना बन्द करके मैं मृगावती और मधुमालती की पोथियाँ पढ़ा करता था! सूफी कवियों ने इन अत्यन्त प्रचलित कहानियों में सूफियाना मर्मी भाव भरना चाहा। गोसाईं जी को इन 'कहनी-उपखान' के सहारे धर्मनिरूपण करनेवाले कलिकाल के अधम कवियों का पता था :

साखी सबदी दोहरा, कहि कहनी उपखान।
भगति निरूपहि अधम कवि निंदहि वेद पुरान।।

इस प्रकार 'कहनी-उपखान' के द्वारा धर्मनिरूपण की प्रथा इस देश में नई भी नहीं है और अपरिचित भी नहीं है। गोस्वामी जी ने यह नहीं बताया कि ये 'कहनी-उपखान' कहने वाले कवि सूफी ही थे या और कोई। सूफी भी हो सकते हैं, जैन भी और निर्गुणिथा तो थे ही।

कवित्त-सवैया की प्रथा कब चली, यह कहना भी कठिन है। ये व्रजभाषा के अपने छन्द हैं। सवैया का संधान तो कथंचित् संस्कृत-वृत्तों में मिल भी जाता है, पर कवित्त कुछ अचानक ही आ धमकता है। तुलसीदास ने जब इस छन्द का इतना उपयोग किया है तो इसका प्रचार निश्चय ही उन दिनों खूब रहा होगा। गंग, केशव आदि उनके समसामयिक कवियों ने जमकर इनका प्रयोग किया है। कवित्त अर्थात् घनाक्षरी। रासो में कवित्त का अर्थ है छप्पय। चन्द के नाम पर कुछ विशुद्ध व्रजभाषा के घनाक्षरी छन्द चलते हैं, इनमें पृथ्वीराज का गुणानुवाद है। शिवसिंह ने अपने सरोज में ऐसे कुछ छन्द उद्धृत किये थे। एक इस प्रकार है :

मंडन मही के अरि खंडे पृथिराज वीर
तेरे डर वैरी वधू डाँग-डाँग डगे हैं।

देश-देश के नरेश सेवत सुरेश जिमि
काँपत फणेश सुनि वीर रस पगे हैं ।
तेरे स्नुतिमंडलनि कुंडल विराजत हैं
कहै कवि चंद यहि भाँति जेब जगे हैं।
सिंधु के वकील संग मेरु के वकीलहिं लै।
मान्हुँ कहत कछ कान आनि लगे हैं।

भाषा से ये परवर्त्ती लगते हैं। साहित्य में इस छन्द का प्रवेश एकदम अचानक हुआ है। मूलतः ये बन्दीजन के छन्द हैं। सम्भवतः उसी परम्परा में इसका मूल भी मिले। जिस प्रकार श्लोक लौकिक संस्कृत का, गाथा प्राकृत का और दोहा अपभ्रंश का अपना छन्द है उसी प्रकार कवित्त-सवैया व्रजभाषा के अपने छन्द हैं। जिसे हिन्दी का आदिकाल कहा जाता है उसमें इस छन्द का प्रचार निश्चय ही हो गया था।

बरवै अवधी का अपना छन्द है। कुछ कवियों ने इसका उत्तम प्रयोग किया है। पर यह आगे चलकर उतना लोकप्रिय नहीं हो सका है। सोहर अब भी लोकगीत के रूप में जी रहा है। साहित्य में तुलसीदास के पहले इसका प्रयोग अब तक नहीं प्राप्त हुआ।

'दोहा' अपभ्रंश का लाडला छन्द है, यह पहले ही बताया जा चुका है। सातवीं शताब्दी के बाद भारतीय साहित्य में इसका दर्शन होता है। प्रवेश तो इसका बहुत पहले ही हो चुका था, पर सातवीं-आठवीं शताब्दी में इसने शृंगार को, वीर को, धर्म को और नीति को लोकचित्त में प्रवेश कराने का व्रत लिया। धर्म के क्षेत्र में जो इन्दु और रामसिंह के मर्मी उपदेशों को इसने प्रचारित किया; सरह, कन्ह, तिल्लोपा आदि बौद्ध सिद्धों की रहस्यवादी भावनाओं का वाहन बना, गोरखनाथ-जैसे अलख जगानेवालों का सहायक हुआ और कबीर जैसे फक्कड़ का सन्देशवाहक बना। शृंगार-क्षेत्र में इसकी दुन्दुभी बहुत पहले बज चुकी थी। हेमचन्द्र के व्याकरण, प्रबन्धचिन्तामणि, सन्देशरासक और ढोलामारू के दोहों में इस छन्द की भाववाहन-योग्यता अद्‌भुत रूप में प्रमाणित हो चुकी थी। ऐसे छन्द को तुलसी बाबा कब छोड़नेवाले थे। इसे पवित्र भक्ति की मन्दाकिनी में स्नान कराने का श्रेय उन्हीं को है।

मंगलकाव्य की परम्परा बंगाल में प्राप्त होती है। जान पड़ता है कि तुलसीदास के पूर्व इस प्रकार के मंगलकाव्य बहुत लिखे जाते थे। बंगाल में

पाये जाने वाले मंगल-काव्यों में देवताओं के यश वर्णित हैं। कबीर के नाम पर 'आदिमंगल', 'अनादिमंगल' और 'अगाधमंगल' नाम के तीन मंगलकाव्य मिलते हैं। तुलसीदास ने 'पार्वतीमंगल' और 'जानकीमंगल' नाम से दो मंगलकाव्य लिखे हैं। जो वस्तुतः विवाह-काव्य हैं। इस पर से अनुमान लगाया जा सकता है कि मंगलकाव्य प्रधानतः विवाह-काव्य थे। पृथ्वीराजरासो के ४६वें समय में 'विनयमंगल' नाम का एक काण्ड जोड़ दिया गया है। यह भी विवाह-काव्य है। प्रसंग संयोगिता की शिक्षा का है। संयोगिता को उसकी गुरु ब्राह्मणी ने वधू-धर्म की शिक्षा दी थी। ऐसा जान पड़ता है कि यह 'विनयमंगल' कोई पृथक् काव्य था जो बाद में रासो में जोड़ दिया गया है। अध्याय के मध्य में ही 'इति विनयकाण्ड समाप्त' कहा गया है जो इस बात का सूचक है कि यह विनयकाण्ड पूरा-का-पूरा कहीं से उठाकर इसमें जोड़ दिया गया। आगेवाले अध्याय में फिर से विनयमंगल का प्रसंग आ जाता है। ऐसा गड्डमड्ड क्यों हुआ ? संयोगिता की शिक्षा का यह प्रकरण मूल रासो का अंग था, उसमें विनयमंगल का प्रसंग देखकर बाद में किसी इसी नाम की पूरी पुस्तक को वहाँ जोड़ दिया गया है। रासोवाला विनयमंगल इस बात का सबूत है कि मंगल-साहित्य बंगाल से राजस्थान तक किसी समय व्याप्त था। कबीरदास का 'आदिमंगल' अपनी व्याख्या के लिए एक छोटे-से उपाख्यान की अपेक्षा रखता है। परवर्ती कबीरपन्थी ग्रन्थों में सृष्टि-प्रक्रिया का यह उपाख्यान मिल जाता है। मैंने अन्यत्र बंगाल के धर्म मंगल-साहित्य से इसकी तुलना करके दिखाया है कि ये दोनों साहित्य एक दूसरे के पूरक हैं। सम्भवतः तुलसीदास ने जब 'कहनी-उपखान' वालों की खबर ली थी तो मंगल-साहित्य के ग्रन्थ भी उनकी दृष्टि में थे। बंगाल में पाये जानेवाले मंगलकाव्य पौराणिक उपाख्यान-जैसे ही हैं और सचमुच ही उनमें 'धरमनिरूपन' का प्रयास है। उत्तर भारत से अब उस श्रेणी का साहित्य प्रायः लुप्त हो गया है। पंजाब में 'रुक्मिणीमंगल' नामक लोकगीत अब भी गाँवों में गाये जाते हैं। श्री महेन्द्र राजा ने एक ऐसे ही लोकगीत का सन्धान बताया है (जनपद, अंक ३)। और भी प्रदेशों में ऐसे काव्य जीवित होंगे। पूर्वी जिलों में माँगर (मंगल) विवाह-गीत ही हैं। पर तुलसी-पूर्व युग में विवाहपरक मंगलकाव्यों के साथ ही 'उपखानमूलक' मंगलकाव्य भी अवश्य लिखे जाते होंगे। कबीर के नाम पर बाद में लिखे गये अनेक मंगल और उपखान-ग्रन्थ इसके साक्षीरूप में जीवित हैं।

तुलसीदास के द्वारा प्रयुक्त अन्य काव्यरूपों को देखकर भी अनुमान होता है कि उस प्रकार के काव्यरूप पहले वर्त्तमान थे। अभी तक मैंने पदों के साहित्य को नहीं लिया। अब उसका भी प्रसंग आ रहा है; किन्तु उसकी चर्चा करने के पहले तुलसीदास ने जिस 'साखी सबदी दोहरा' पद्धति पर कटाक्ष किया है, उसकी थोड़ी विवेचना कर लेना आवश्यक है।

x x x

कबीरदास के बीजक में इतने काव्यरूपों का प्रयोग है :

१. आदिमंगल (मंगलकाव्य)
२. रमैनी (चौपाई-दोहे)
३. शब्द अर्थात् गेय पद
४. ग्यांनचौंतीसा अर्थात् वर्णमाला के प्रत्येक अक्षर से आरम्भ करके पद लिखना
५. विप्रमतीसी
६. कहरा
७. वसन्त
८. चाँचर
९. बेलि
१०. विरहुली (साँप के विष उतारनेवाला गान)
११. हिंडोला
१२. साखी (दोहे)

यद्यपि बीजक जिस रूप में आज मिलता है वह बहुत पुराना नहीं है तो भी यह मान लिया जा सकता है कि इसमें जितने प्रकार के काव्यरूपों का प्रयोग है, वे सभी कबीरदास के समय में लोकप्रिय थे। तुलसीदास की भाँति कबीर ने भी अपने आस-पास के लोकप्रचलित विनोदों और काव्यरूपों को अपनाया होगा और उसमें अपने उपदेशों को भरकर जनता के उपयोग के लिए प्रचारित किया होगा। सन्त लोग प्रायः ही ऐसा करते आये हैं। कभी-कभी सन्तों ने लोक-प्रचलित ऐसे विनोद-रूपों का उल्लेख किया है जिनका साहित्य में बहुत बाद में प्रवेश हुआ है। कबीरदास के प्रयुक्त बहुत-से काव्यरूप जो बीजक में सुरक्षित हैं आज भी जी रहे हैं, जैसे विरहुली साँप का विष उतारने का गाना है। कबीरदास ने उसका प्रयोग विषयरूपी सर्प के विष उतारने के लिए किया है। कभी-कभी उनके द्वारा प्रयुक्त काव्यरूपों की परम्परा काफी पुरानी भी सिद्ध होती है।

आदिमंगल की चर्चा हम पहले ही कर आये हैं। यहाँ एक-एक करके 'साखी सबदी दोहरा' पर विचार करना है। यह 'साखी' शब्द गोरखपन्थियों के साहित्य में भी मिलता है और कबीर-पन्थी साहित्य में तो मिलता ही है। सम्भवतः बौद्ध सिद्धों को भी इस शब्द का पता था; क्योंकि कण्हपा के एक पद में 'साखि करब जलंधरपाएँ' में जालन्धरपाद को साक्षी करने की बात है। यहाँ मतलब यह मालूम होता है कि जालन्धरपाद के वचनों को कण्हपा साखीरूप में उल्लेख कर रहे हैं। धीरे-धीरे गुरु के वचनों को साखी कहा जाने लगा होगा। बौद्ध सिद्धों के ये उपदेश दोहा-छन्दों में लिखे गये थे। इसलिए दोहा और साखी समानार्थक शब्द मान लिये गये होंगे। सरहपाद ने अपने एक दोहे में उसे 'उएस' या उपदेश कहा है। यही 'उएस' या उपदेश परवर्त्ती काल में साखी बन गया है। परवर्त्ती कबीर-साहित्य में तो दोहे का अर्थ ही साखी हो जाता है। अन्य निर्गुणिया सन्तों के सम्प्रदाय में भी शब्द का प्रचलन है। प्रायः साखी की पुस्तकों का विभाजन अंगों में हुआ करता है अर्थात् साखी साक्षात् गुरुस्वरूप है। इसीलिए सन्त लोग अन्य दोहों से साखी को भिन्न वस्तु मानते हैं। रमैनियों के साथ साखी को उसकी प्रामाणिकता बढ़ाने के लिए जोड़ा जाता है। मेरा विश्वास है कि रमैनी शब्द कबीर-सम्प्रदाय में बहुत बाद में चला है; परन्तु साखी शब्द निश्चय ही पुराना है।

'शब्द' गेय पद हैं। पुराने सिद्ध गेय पदों को किसी-न-किसी राग के नाम से ही लिखते थे; जैसे राग 'गवड़ा' (गौड़), राग धनाश्री इत्यादि। यह प्रथा सूरदास, तुलसीदास और दादू आदि सन्तों में भी पाई जाती है। गुरुग्रन्थसाहब में भी पदों के राग निर्दिष्ट हैं और कबीरदास के जो पद उसमें संकलित हैं उनके रागों का भी निर्देश कर दिया गया है। कबीर-ग्रन्थावली में भी पदों के गेय रागों का निर्देश है। यहाँ तक रिमैनी का भी राग 'सूहौ' निर्दिष्ट है। केवल बीजक में इस नियम का अपवाद है। यहाँ केवल 'शब्द' कहकर सन्तोष कर लिया गया है। क्यों ऐसा हुआ, इसका कोई स्पष्ट कारण नहीं मालूम। आदिग्रन्थ में बीजक के कुछ पद मिल जाते हैं।[1] परन्तु

---

१. बीजक का शब्द ७३ आदिग्रन्थ के सोरठ २ से

"	"	११२	"	गौड़ी ४२ से
"	"	८७	"	प्रभाती २ से
"	चाँचरी	२	"	गौड़ी ५७ से तुलनीय।

अधिकांश शब्द उसमें नहीं हैं। हमने 'कबीर' नामक अपनी पुस्तक में दिखाया है कि तुलसीदास को बीजक के एक सौ नवें पद का पता था जिसमें 'दशरथ सुत तिहुँ लोक बखाना, राम नाम को मरम है आना' कहा गया है। 'शब्द' गोरखनाथियों में भी प्रचलित था। ऊपर बताया गया है कि सन्तों ने लोकप्रचलित काव्यरूपों को अपनाया और उसमें अपना उपदेश प्रचारित किया है। इस बात का एक मनोरंजक उदाहरण है ढोला-मारू के दोहों का कबीर के नाम से थोड़ा परिवर्त्तन के साथ पाया जाना। 'ढोला-मारू रा दूहा' के सम्पादकों ने कबीर के दोहों में से ऐसे बहुत खोज निकाले हैं जो बहुत कुछ मिलते हैं। मेरा अनुमान है कि ये दोहे बहुत अधिक लोकप्रिय होंगे और कबीर या कबीरमत के अन्य सन्तों में उनमें थोड़ा परिवर्त्तन करके अपना सिद्धान्त प्रचार करना चाहा होगा। दो-एक उदाहरण लीजिए :

१. ढोला– राति जु सारस कुरलिया गुंजि रहे सब ताल।
जिणकी जोड़ी बीछड़ी तिणका कवण हवाल।।
कबीर– अंबर कुंजाँ करलियाँ गरजि भरे सब ताल।
जिनिपैं गोबिंद बीछुटे तिनके कौन हवाल।।
२. ढोला– यह तन जारौं मसि करूँ, धुआँ जाहि सरग्गि।
मुझ प्रिय बद्दल होई करि बरसि बुझावै अग्गि।।
कबीर– यहु तन जालौं मसि करौं जसु धुआँ जाय सरग्गि।
मति वै राम दया करै बरसि बुझावै अग्गि।।
कबीर– चहु तन जालौं मसि करौं लिखौं राम का नाँउ।
३. ढोला– सुहिणा तोहि मराविसूँ, हियइ दिराउँ छेक।
जद सोऊँ तद दोइ जन, जद जागूँ तद हेक।।
कबीर– कबीर सुपनै रैनिकै पारस जियमैं छेक।
जो सोऊँ तो दोइ जण जे जागूँ तौ एक।।
४. ढोला– चिंता बंध्यउ सयल जग, चिंता किणहि न बद्ध।
जे नर चिंता बस करई, ते माणस नहीं सिद्ध।।
कबीर– संसै खाया सकल जगु संसा किनहुँ न खद्ध।
जे बेधे गुरु अष्षिरां तिनि ससा चुणि चुणि खद्ध।।
५. ढोला– तालि चरंति कुंझडी सर सँधिउ गँमारि।

कोइक आखर मनि वस्यउ, ऊँडी पंख सँभारि ।।

कबीर– काटी वूटी मछली छींकैं धरी चहोड़ि ।
कोई एक अषिर मन बस्या दहमैं पड़ी बहोड़ि ।।

इस प्रकार के और भी अनेक दोहे मिलते हैं। इसी तरह हेमचन्द्र के व्याकरण में एक दोहा मिलता है जिसे सूरदास की कहानी में भक्तिप्रचार के उपयोग में लाया गया है। दोहा इस प्रकार है :

बा बिछोडवि जाहि तुहुँ, हउँ तेवइँ को दोषु।
हिअअट्ट्रिठअ जइ नीसरहि, जाणउँ मुंज सरोसु ।।

{बाँह छुड़ाकर तुम जा रहे हो, मैं तुम्हें क्या दोष दूँ। ऐ मुंज, तुम हृदय में स्थित हो, यहाँ से निकलो तो समझूँ कि तुम सचमुच सरोष हो !}

स्पष्ट ही यह बात किसी ने मुंज से कही है। सूरदासवाली कहानी में इससे मिलता-जुलता दोहा सूरदास के मुख से भगवान् को सम्बोधित करके कहलाया गया है :

बाँह छुड़ाए जात हौ निबल जानि के मोहि ।
हिरदय से जब जाहु तौ, सबल बदौंगो तोहि ।।

सभी देश में जनसाधारण में प्रचलित काव्यरूपों को सन्तों ने अपने मत प्रचार का साधान बनाया है। हमारे देश के सभी सम्प्रदाय के सन्तों ने ऐसा किया है। हमने पहले ही देखा है कि तेरहवीं शताब्दी के जिनदत्तसूरि नामक जैन सन्त ने लोक-प्रचलित चर्चरी और रासकजाति के गीतों का सहारा लिया था। चर्चरी उन दिनों जनता में बड़े चाव से गाई जाती थी। श्रीहर्षदेव की 'रत्नावली' से और बाणभट्ट की पुस्तकों से चर्चरीगान की सूचना प्राप्त होती है। बारहवीं शताब्दी में सोमप्रभ के वसन्तकाल में चर्चरीगान सुना था—'पसरंत चारु चच्चरिव भालु।' तेरहवीं शताब्दी के लक्खण नामक कवि ने 'जउणा णइ उत्तर तडित्थ' (अर्थात् यमुना नदी के उत्तरी तट पर बसे हुए) रायवड्डिय (रायभा शहर) का वर्णन किया है जो आगरे के आसपास कहीं रहा होगा। उन्होंने उस नगर के चौहट्ट को चर्चरध्वनि से उद्दाम देखा था। इस चर्चरी का कोई निर्दिष्ट छन्द नहीं था। कबीरदास के बीजक में चाँचर नामक एक अध्याय है। इस चाँचर में पुरानी चर्चरी का ही अवशेष है। बीजक की एक चाँचर इस प्रकार है :

खेलति माया मोहिनी जिन्ह जेर कियो संसार ।
रच्यों रंग ते चूनरी कोइ सुंदरि पहिरे आय ।।

इसमें केवल गान का रूप ही नहीं लिया गया है, आध्यात्मिक उपदेश में चर्चरी जैसे लोकप्रिय गान के प्रिय शृंगार रस का आभास देने का भी प्रयत्न है।

इसी प्रकार लोक-प्रचलित फाग आदि गानों का भी जैन मुनियों ने प्रयोग किया है। जिनपद्मसूरि की पुस्तक 'थूलभद्दफागु' प्रसिद्ध ही है। इस विद्वान् कवि की रचना में अद्भुत नाद-सौन्दर्य है। बीजक का वसन्त इसी प्रकार लोक-प्रचलित काव्यरूप का अंगीकरण है। भाषा इसकी अवश्य बदल गई है, पर यह इस बात का सबूत तो है ही कि उन दिनों के प्रचलित काव्यरूपों का सन्तों ने अपने ढंग से अपने उद्देश्य के लिए उपयोग किया है। अस्तु, अब फिर प्रकृत विषय पर लौटा जाय।

संवत् १७१५ की लिखी हुई एक प्रति से संगृहीत और गोरखबानी में उद्धृत पदों को 'सबदी' कहा गया है। जान पड़ता है, बीजक का 'शब्द' इसी 'सबदी' का संशोधन है। इस प्रकार यह 'सबदी' शब्द नाथपन्थी योगियों का है और कबीरपन्थ में वह सीधे वहीं से आया है। निश्चय ही हमारे आलोच्य काल में इस ढंग में पद बहुत प्रचलित थे। यह नहीं समझना चाहिए कि सिर्फ तुलसीदास ने ही 'साखी सबदी' की निन्दा की है। स्वयं कबीरदास ने भी कहा है :

माला पहिरे टोपी पहिरे छाप तिलक अनुमाना ।
साखी सबदी गावत भूलै आतम खबर न जाना ।।

इसका मतबल यह हुआ कि कबीरदास के पहले 'साखी सबदी' का खूब प्रचार था।

वर्णमाला के अक्षरों से आरम्भ करके काव्य लिखने की प्रथा भी पहले रही होगी। जायसी का 'अखरावट' इसी पद्धति पर लिखा गया था। बंगाल के कई मुसलमान कवियों के लिखे 'चौंतीसा' नामवाले ग्रन्थ मिलते हैं। ऐसा लगता है कि मुस्लिम सूफी सन्तों ने ही इस प्रथा का प्रचार किया होगा। परन्तु पदों का 'राग' नाम देकर लिखने की प्रथा कब से शुरू हुई, यह विवादास्पद प्रश्न है सिद्धों ने तो निश्चित रूप से पदों के साथ राग का नाम दिया हैं इसलिए यह तो नहीं कहा जा सकता कि राग नाम देकर लिखने की प्रथा मुस्लिम-काल के बाद चली है। शकुन्तला नाटक में सूत्रधार ने निम्नलिखित श्लोक कहा है :

तवास्मि गीतरागेण हारिणा प्रसभं हृतः।
एष राजेव दुष्यन्तः सारङ्गेणातिरंहसा ।। (१-५)

इसमें पाये जानेवाले 'सारंग' शब्द पर थोड़ा विवाद हुआ है। कुछ लोग बताना चाहते हैं कि यहाँ 'सारंग' शब्द पर श्लेष है। उसका एक अर्थ शार्ंग या सारंग नामक राग है और दूसरा हरिण। यदि यह बात सत्य हो तो मानना पड़ेगा कि रागों का प्रचलन छठी शताब्दी से ही है; परन्तु इसके बारे में कुछ निश्चित रूप से नहीं कहा जा सकता।

यह हमने पहले ही देखा है कि कबीरदास का प्रयोग किया हुआ एक काव्यरूप 'चाँचर' है। टीकाओं में इस शब्द का अर्थ खेल बताया गया है। कालिदास और श्रीहर्ष आदि के नाटकों में 'चर्चरी-गान' के अनेक उल्लेख हैं। अपभ्रंश में जिनदत्तसूरि की लिखी हुई 'चर्चरी' प्राप्त हुई है। उसके टीकाकार (जिनपाल उपाध्याय) ने भी बताया है कि यह भाषा-निबद्ध गान नाच-नाचकर गाया जाता है। इस चर्चरी का प्रथम पद इस प्रकार है :

कव्वु अउव्वु जु विरयइ नवरस भर सहिउ।
लद्ध पसिद्धिहिं सुकइहिं सायरु जो महिउ ।।
सुकइ माहु ति पसंसहिं जे तसु सुहगुरुहु।
साहु न मुणई अयाणुय मइजिय सुरगुरुहु।।४।।

बीजक का 'चाँचर' ठीक इसी छन्द में नहीं है। ऐसा जान पड़ता है कि चर्चरी या चाँचर की दीर्घ परम्परा रही होगी। इन दो-चार उदाहरणों से यह प्रमाणित हो जाता है कि बीजक में जिन काव्यरूपों का प्रयोग किया गया है उनकी परम्परा बहुत पुरानी है। और आलोच्य काल में विभिन्न सम्प्रदाय के गुरुओं ने धर्मप्रचार के लिए इन काव्यरूपों को अपनाया था।

लीला के पद कब लिखे जाने लगे—यह भी कुछ निश्चय के साथ नहीं कहा जा सकता; परन्तु दसवीं-ग्यारहवीं शताब्दी में मात्रिक छन्दों में श्रीकृष्णलीला के गाने की प्रथा चल पड़ी थी, इसमें कोई सन्देह नहीं। जयदेव का गीतगोविन्द इसी प्रकार के मात्रिक छन्दों के पद में लिखा गया था। पण्डितों का अनुमान है कि लोकभाषा में इस प्रकार के गान लिखे और गाये जाते रहे होंगे। जयदेव ने उन्हीं के अनुकरण पर ये गान लिखे थे। जयदेव का जन्म बंगाल के वीरभूमि जिले में हुआ था और उड़ीसा की जगन्नाथपुरी उनकी साधना का क्षेत्र थी। हाल में ही उड़ीसा के कुछ विद्वानों ने यह दावा करना शुरू किया है कि जयदेव का जन्म भी उड़ीसा

के किसी गाँव में हुआ था। जो हो, जयदेव का जन्मस्थान और साधनास्थान पूर्वी भारत में था, यह निर्विवाद है। जयदेव के बाद उसी प्रकार की पदावली बंगाल के चण्डीदास और मिथिला के विद्यापति नामक कवियों ने लिखी। इसलिए साधारणतः यह विश्वास किया जाता है कि यह पद लिखने की प्रथा पूर्वी प्रदेशों से चलकर पश्चिम की ओर आई है। बौद्ध सिद्धों के गान, जयदेव का गीतगोविन्द, चण्डीदास के पद, विद्यापति के भजन—सभी इस प्रकार का अनुमान करने को प्रोत्साहन करते हैं। परन्तु क्षेमेन्द्र (११वीं शताब्दी) के 'दशावतारवर्णन' में कवि ने एक जगह लिखा है कि जब गोविन्द यानी श्रीकृष्ण मथुरापुरी को चले गये तो वियोग क्षिप्त-हृदया गोपियाँ गोदावरी (?) के किनारे पर गोविन्द का गुणगान करने लगीं :

गोविन्दस्य गतस्य कंसनगरीं
व्याप्ता वियोगाग्निना।
स्निग्धश्यामलकूललीनहरिणे
गोदावरी - गह्वरे ।
रोमन्थस्थितगोगणैः परिचया-
द्यत्कर्णमाकर्णितम् ।
गुप्तं गोकुलपल्लवे गुणगणं
गोप्यः सरागा जगुः। (८-१७३)

गोपियों ने जो गान गाया उसे कवि ने मात्रिक छन्द में लिखा है। अनुमान किया जा सकता है कि क्षेमेन्द्र ने इस प्रकार के गान अपने आसपास सुने थे। और इस गान में उन्होंने उन्हीं लौकिक गीतों का अनुकरण किया है। गीत इस प्रकार है :

ललितविलासकलासुखखेलन-
ललनालोभनशोभनयौवन-
मानितनवमदने।
अलिकुलकोकिलकुवलयकज्जल-
कालकलिन्दसुताविगलज्जल-
कालियकुलदमने।
केशकिशोरमहासुरमारण-
दारुणगोकुलदुरितविदारण-

गोवर्धनहरणे।

कस्य न नयनयुगं रतिसंज्ञे

मज्जति मनसिजतरलतरंगे-

वररमणीरमणे।

इस गान से यह अनुमान होता है कि जिस प्रकार के पद बंगाल और उड़ीसा में प्रचलित थे उसी प्रकार के पद सुदूर कश्मीर में भी प्रचलित थे। अर्थात् पूर्व से पश्चिम तक सम्पूर्ण भारत में ऐसे पद व्याप्त थे। सूरदास व्रजभाषा के प्रथम कवि हैं। उनके पद इतने सुन्दर और कलापूर्ण हैं कि सहसा यह विश्वास नहीं होता कि यह रचना व्रजभाषा की पहली रचना है। निश्चय ही इसके पहले बहुत बड़ी परम्परा रही होगी। पं० रामचन्द्र शुक्ल ने तो एक बार यह भी अनुमान किया था कि सूरसागर दीर्घकाल से चली आती हुई किसी पुरानी परम्परा का विकास है। सूरदास और उन्हीं के समान अन्य भक्त कवियों के पदों का बाद में चलकर इतना अधिक विकास हुआ कि उनके पहले के सभी पद या तो लुप्त हो गये या फिर इन्हीं कवियों में से किसी-न-किसी के नाम पर चल पड़े।

गीतगोविन्द में बहुत थोड़े गानों का संग्रह है। कवि ने उसे प्रबन्धकाव्य के रूप में ही सजाया है। निःसन्देह गीतगोविन्द के गान गीतिकाव्यात्मक अर्थात् 'लिरिकल' हैं। ऐसे पदों से प्रबन्ध का काम नहीं लिया जा सकता। इसीलिए गीतगोविन्द वास्तविक प्रबन्धकाव्य नहीं हो सका है। वह वस्तुतः गीति-काव्यसंग्रह ही है। सूरदास आदि व्रजभाषा के कवियों ने भी बहुत-कुछ इसी पद्धति को अपनाया है। श्रीकृष्णलीला का गान करने के पहले जयदेव ने दशावतार का स्मरण कर लिया है। ऐसा जान पड़ता है कि ग्यारहवीं-बारहवीं शताब्दी में दशावतारवर्णन बहुत आवश्यक समझा जाने लगा था। प्राकृतपैंगलम् में उदाहरणरूप से उद्धृत कई छन्दों से दशावतार-चरित-वर्णन का आभास मिल जाता है। मूल रासो में भी दशावतारवर्णनपरक कुछ कविताएँ अवश्य रही होंगी। वर्त्तमान रासो में भी दशावतार नाम का एक अध्याय जुड़ा हुआ है। मूल ग्रन्थ से यह लगभग स्वतन्त्र ही है। इसमें अच्छे कवित्व का परिचय है। जान पड़ता है कि क्षेमेन्द्र के दशावतारचरितम् की भाँति यह भी देशी भाषा में लिखा हुआ कोई स्वतन्त्र ग्रन्थ था। वर्त्तमान रासो में इसका 'दसम्' नाम अब भी सुरक्षित है। 'दसम् अर्थात् दशावतारचरित। यद्यपि वर्त्तमान रासो में यह

दूसरे समय के रूप में अन्तर्भुक्त किया गया है तथापि इसका दसम् नाम उसमें दिया हुआ है। सम्पादकों को इस नाम की व्याख्या में कहना पड़ा है कि दसम् अर्थात् द्वितीय समय। जब तक यह स्वीकार न किया जाय कि दसम् नाम का दशावतारचरितविषयक कोई अलग ग्रन्थ था जो बाद में रासो में जोड़ दिया गया तब तक 'दसम्' अर्थात् 'द्वितीय' की ठीक-ठीक संगति नहीं लग सकती।

परन्तु मेरे कहने का यह मतलब नहीं है कि 'दसम्' नामक पुस्तक चन्द की रचना होगी ही नहीं। इसमें सुन्दर कवित्व है। यह किसी अच्छे कवि की रचना जान पड़ती है। इसमें राधा का नाम आया देखकर बिदकने की कोई जरूरत नहीं है। यह विश्वास बिल्कुल गलत है कि जयदेव के पहले उत्तरभारत में राधा शब्द अपरिचित था। मैंने 'हिन्दी-साहित्य की भूमिका' में दिखाया है कि दसवीं शताब्दी में आनन्दवर्द्धन को इस राधा का परिचय था। उन्होंने एक पुराना श्लोक उद्धृत किया है जिसमें श्रीकृष्ण उद्धव से राधा का कुशल पूछ रहे हैं। श्लोक इस प्रकार है :

तेषां गोपवधूविलाससुहृदः
राधारहःसाक्षिणाम्।
भद्रं भद्र ! कलिन्दराजतनया-
तीरे लतावेश्मनाम्। इत्यादि।

इसी तरह ग्यारहवीं शताब्दी में क्षेमेन्द्र ने भी अपने दशावतारचरित में राधा की चर्चा की है। श्लोक इस प्रकार है :

गच्छन् गोकुलगूढकुञ्जगहनान्यालोकयन् केशवः
सोत्कण्ठं वनितानतो वनभुवा सख्येन रुद्धाञ्चलः ।
राधाया न न नेति नीविहरणे वैक्लव्यलक्ष्याक्षराः
सस्मार स्मरसाध्वसाद्भुततनोरर्द्धोक्तिरिक्ता गिरः ।।

इसीप्रकार वेणीसंहार नाटक के इस श्लोक में भी राधा नाम है :

कालिन्द्याः पुलिनेषु केलिकुपितामुत्सृज्य रासे रसे
गच्छन्तीमनुगच्छतोऽत्र कलुषां कंसद्विषो राधिकाम् ।
तत्पादप्रतिमानिवेशितपदस्योद्भूतरोमोद्गते-
रक्षण्णोऽनुनयः प्रसन्नदयितादृष्टस्य पुष्णातु वः ।।

हेमचन्द्राचार्य के व्याकरण में जो अपभ्रंश के दोहे संगृहीत हैं वे उनके समय के पहले के हैं। कुछ ऐसे भी होंगे जो उनके या उनके समसामयिक

कवियों के लिखे होंगे। उनमें भी राधा का प्रधान गोपीरूप में ही उल्लेख है। इस दोहे में राधा के वक्षःस्थल की महिमा इस प्रकार बताई गई है कि इसने आँगन में तो हरि को नचा ही दिया, लोगों को विस्मय के गर्त्त में गिरा ही दिया (इससे बड़ी सफलता इसकी क्या हो सकती है)। सो, अब इसका जो होना हो, सो हो :

हरि णच्चाइब अंगणई विम्हई पाडिउ लोइ ।
एव्वहिं राह पयोहरं जं भावइ तं होइ ।।

(इन्होंने हरि को नचा दिया आँगन में, विस्मय में डाल दिया लोगों को; अब राधा के इन पयोधरों का जो भावै, सो हो।)

जो लोग गाथाशप्तसती में आये हुए राधा शब्द को सन्देह की दृष्टि से देखते हैं उन्हें आश्वस्त होकर इतना तो कम-से-कम मान ही लेना चाहिए कि नवीं-दसवीं शताब्दी में राधा का नाम उत्तरभारत में अत्यन्त परिचित हो चुका था, इसलिए वर्त्तमान पृथ्वीराजरासो में संयोजित 'दसम्' अर्थात् 'दशावतारचरित' में राधा नाम आ जाने मात्र से यह नहीं सिद्ध होता कि यह रचना चन्द की नहीं है। परंन्तु मैं यह भी नहीं कह रहा हूँ कि यह रचना चन्द की है ही। मेरा निवेदन केवल इतना ही है कि यह दसम् किसी अच्छे कवि की रचना है और भक्तिकाल के पूर्ववर्त्ती दशावतारवर्णन-परम्परा का एक उत्तम निदर्शन है। विनयमंगल की ही भाँति इसे भी भक्तिपूर्वकाल की साहित्यिक रचना-प्रवृत्ति का निदर्शन मानना चाहिए। ये दोनों रचनाएँ 'रासो' से बाहर की हैं। यह भी सम्भव है कि चन्द ने अलग से इन दो पुस्तकों की रचना की हो और बाद में वे रासो के साथ जोड़ दी गई हों। या फिर यह भी हो सकता है कि ये किसी अन्य अच्छे कवि या कवियों की रचनाएँ हों। रासो में ये जोड़ी गई हैं, यह स्पष्ट है। दशावतार का कोई प्रसंग नहीं था। यदि था भी तो बहुत थोड़ा, उसको इतने विस्तार से कहने की वहाँ कोई आवश्यकता नहीं थी। जान पड़ता है कि रासो में कुछ थोड़ा-साप्रसंग देखकर किसी ने बाद में इस पुस्तक को उसमें जोड़ दिया है और विनयमंगल तो स्पष्ट रूप से अलग पुस्तक है। उसके समाप्त हो जाने के बाद भी रासो में विनयमंगल का प्रसंग चलता रहता है। इससे यह प्रमाणित होता है कि उस स्थान पर विनयमंगल का थोड़ा-सा प्रसंग देखकर किसी ने वहाँ पर इस पूरी पुस्तक को जोड़ दिया है। वस्तुतः ये दोनों ही भक्तिकाल के पूर्व के काव्यरूपों के उत्तम नमूने हैं।

तुलसीदास ने 'साखी' के अतिरिक्त धर्म-निरूपण के एक और साधन का भी उल्लेख किया है। वह है दोहरा। दोहरा का अर्थ दोहा ही है। पर साखी से भिन्न ये दोहे क्या रहे होंगे ? नाथपन्थियों और कबीरपन्थियों के 'धरम-निरूपणपरक' दोहे 'साखी' कहे जाते हैं। बाकी जैनों में प्रचलित एक प्रकार के अपभ्रंश दोहे हैं, जिनका स्वर बहुत कुछ निर्गुणियों के दोहों से मिलता है, पर वे साखी न कहलाकर 'दोहे' ही कहलाते रहे हैं। ऐसे दोहों के दो-तीन पुराने ग्रन्थ पाये गये हैं। उनकी चर्चा यहाँ आवश्यक है; क्योंकि आगे चलकर हिन्दी-साहित्य में सन्तों ने जो दोहे लिखे हैं वे इन्हीं दोहों के स्वर में हैं। स्वर भी उनका वही है। जो इन्दु का परमात्मप्रकाश तथा योगसार और मुनिराम सिंह के पाहुड़ दोहे ऐसे ही ग्रन्थ हैं।

यह आश्चर्य की बात है कि तुलसीदास ने जहाँ लोकप्रचलित और जनता को आकृष्ट करनेवाले सभी छन्दों और काव्यरूपों को राममय करने का प्रयत्न किया वहाँ उन्होंने आल्हा या वीर छन्द को नहीं अपनाया। इस बात से यद्यपि निश्चित रूप से तो कुछ नहीं सिद्ध होता; परन्तु अनुमान किया जा सकता है कि तुलसीदास के काल में आल्हा का प्रचार नहीं था। या तो वह उन प्रदेशों में उस समय तक आया ही नहीं जिनमें तुलसीदास विचरण किया करते थे या फिर वह तब तक लिखा ही नहीं गया; क्योंकि इतनी प्रभावशालिनी और लोकाकर्षक काव्यपद्धति को जानते हुए भी तुलसीदास न अपनाते,—यह बात समझ में आने लायक नहीं है। विशेष करके जब राम का चरित्र इस पद्धति के लिए बहुत ही उपयुक्त था। वर्त्तमान आल्हा बहुत बाद में संग्रहीत हुआ है और इसके आधार पर कुछ भी कह सकना सम्भव नहीं।

इस प्रकार पूर्ववर्त्ती और परवर्ती साहित्य के काव्यरूपों से हम अनुमान कर सकते हैं कि हमारे आलोच्य काल में मध्यदेश में कौन-से काव्यरूप प्रचलित थे।

अनुक्रमणिका

ह